SETENTA E OITO GRAUS DE SABEDORIA

Rachel Pollack

SETENTA E OITO GRAUS DE SABEDORIA

Uma Jornada de Autoconhecimento
Através do Tarô e seus Mistérios

Tradução
Karina Jannini

Prefácio
Leo Chioda

Editora
Pensamento
SÃO PAULO

Título do original: *Seventy-Eight Degrees of Wisdom*.

Copyright © 1980, 1983, 1997, 2007, 2019, 2020 por Rachel Pollack.

Publicado originalmente em inglês por HarperCollins Publishers Ltd., sob o título Seventy-Eight Degress of Wisdom, revisto com um Novo Prefácio.

Copyright da edição brasileira © 2022 Editora Pensamento-Cultrix Ltda.

1ª edição 2022.

Todos os direitos reservados. Nenhuma parte deste livro pode ser reproduzida ou usada de qualquer forma ou por qualquer meio, eletrônico ou mecânico, inclusive fotocópias, gravações ou sistema de armazenamento em banco de dados, sem permissão por escrito, exceto nos casos de trechos curtos citados em resenhas críticas ou artigos de revista.

A Editora Pensamento não se responsabiliza por eventuais mudanças ocorridas nos endereços convencionais ou eletrônicos citados neste livro.

Editor: Adilson Silva Ramachandra
Gerente editorial: Roseli de S. Ferraz
Preparação de originais: Alessandra Miranda de Sá
Revisão técnica: Leo Chioda
Gerente de produção editorial: Indiara Faria Kayo
Editoração eletrônica: Join Bureau
Revisão: Marcela Vaz

Dados Internacionais de Catalogação na Publicação (CIP)
(Câmara Brasileira do Livro, SP, Brasil)

Pollack, Rachel
  Setenta e oito graus de sabedoria: uma jornada de autoconhecimento através do tarô e seus mistérios / Rachel Pollack; tradução Karina Jannini. – 1. ed. – São Paulo: Editora Pensamento, 2022.

  Título original: Seventy-eight degrees of wisdom
  ISBN 978-85-315-2247-5

  1. Tarô I. Título.

22-125956
CDD-133.32424

Índices para catálogo sistemático:
1. Tarô: Artes divinatórias 133.32424
Cibele Maria Dias – Bibliotecária – CRB-8/9427

Direitos de tradução para o Brasil adquiridos com exclusividade pela
EDITORA PENSAMENTO-CULTRIX LTDA., que se reserva a
propriedade literária desta tradução.
Rua Dr. Mário Vicente, 368 – 04270-000 – São Paulo – SP – Fone: (11) 2066-9000
http://www.editorapensamento.com.br
E-mail: atendimento@editorapensamento.com.br
Foi feito o depósito legal.

Para Marilyn, que muito me ensinou ao se tornar minha aluna; a Edie, o melhor leitor que conheço; e para Joan Goldstein, que sabe que as melhores cartas são as que contam a verdade.

SUMÁRIO

Prefácio à Edição Brasileira 9

Prefácio à Terceira Edição 15

PARTE UM – OS ARCANOS MAIORES

Introdução 21

1 A Tiragem de Quatro Cartas 31

2 Panorama 41

3 Os Trunfos Iniciais: Símbolos e Arquétipos 45

4 A Sequência Mundana 65

5 Voltando-se para Dentro 95

6 A Grande Jornada 137

PARTE II – OS ARCANOS MENORES

Introdução 173

7 Bastões 191

8 Copas 217

9 Espadas 241

10 Pentáculos 267

PARTE III – LEITURAS

Introdução 299

11 Tipos de Leitura 313

12 Como Usar as Leituras de Tarô 365

13 O Que Aprendemos com as Leituras de Tarô 385

Bibliografia 395

PREFÁCIO À EDIÇÃO BRASILEIRA

Os livros certos sempre aparecem. Lembro-me bem de quando um amigo me enviou pelo correio, por volta de 2005, os dois volumes da primeira edição de *Setenta e Oito Graus de Sabedoria*: dois volumes antigos e já considerados raros na época, ainda conservando as marcas de uso, os sublinhados e os carimbos da livraria esotérica onde haviam sido comprados, muitos anos antes. Mesmo hoje, 17 anos depois, tenho na memória dias e dias de estudo desse presente inusitado – uma das principais obras de tarô já publicadas no mundo.

Escrever sobre um clássico é um dos maiores desafios que um leitor (de livros e cartas) pode receber. Além da responsabilidade de repassar os *Setenta e Oito Graus de Sabedoria*, é um privilégio apresentá-lo às novas gerações de interessados em tarô e poder convidar os leitores da versão mais antiga a conhecer esta nova tradução, preparada a partir da última edição, revista e ampliada pela autora.

A primeira, de 1990/91, foi um divisor de águas para quem buscava maiores informações sobre as enigmáticas cartas do tarô de A. E. Waite e Pamela Colman Smith, popularizadas pelas lojas esotéricas em diversas cidades, como São Paulo, Rio de Janeiro e Brasília. Os baralhos importados, entre os quais se destaca o Tarô Waite-Smith, ganharam o coração e as mesas de leitura dos tarólogos da época. Eles tinham como guia fiel e seguro o livro de Rachel Pollack, até então publicado em duas partes. Contudo, desde o seu lançamento nos Estados Unidos, em 1983, *Setenta e Oito Graus de Sabedoria* tem sido um manual confiável para a compreensão e a aplicação do tarô como prática oracular. Ele abrange todos os tipos de interessados, desde os leigos até os mais experientes na arte de ler as cartas.

Esse fenômeno não é comum no mercado editorial, sobretudo quando se trata de livros de tarô. As reedições em diversos países e esta nova tradução para o português provam que, além da consistência da obra de Pollack, outra de suas grandes qualidades é a coerência. Trinta anos depois da primeira publicação no Brasil, o leitor brasileiro recebe em volume único a análise minuciosa dos Arcanos Maiores e Menores, com prefácio atualizado, parágrafos adicionais e frases reformuladas, ainda que mantendo a estrutura do livro original. Esse cuidado demonstra que a autora não descaracterizou sua escrita, apesar da revisão acurada. Pelo contrário, Pollack preserva o frescor e a novidade de seu texto: estão intactas suas impressões e convicções mais antigas sobre as cartas – as relações preciosas com a Cabala, o sufismo e os mitos gregos, por exemplo –, para fazer o leitor pensar e pesquisar a respeito dessas referências, em vez de simplesmente adotá-las sem reflexão.

Se o tarô nos faz prestar atenção tanto às circunstâncias quanto às pessoas, este livro nos faz desenvolver senso crítico sobre o que lemos e o que sabemos sobre o tarô. Em vez de uma estrutura comum, com atributos e significados das cartas em seções bem demarcadas, *Setenta e Oito Graus de Sabedoria* é um passeio marcante pelos arcanos e suas incontáveis associações: um mar de referências, em que o leitor mergulha sem esforço e emerge enriquecido de informações e *insights*. O resultado é uma obra atemporal, de grande valor para quem se preocupa com a idoneidade de quem ensina e com a qualidade do que se aprende.

Não se engane quem achar que *Setenta e Oito Graus de Sabedoria* se restringe a um baralho ou a uma filosofia específica do tarô. Este livro foi e ainda é responsável por ampliar as noções que gerações de interessados e profissionais têm dos arcanos. Embora o baralho escolhido para análise tenha sido o de Waite-Smith, por suas particularidades e sua relevância na história do esoterismo ocidental, a obra se estende a todos os tarôs que beberam das fontes iconográficas que Pamela Colman Smith condensou em sua obra-prima, ampliando os conhecimentos de quem tem um ou mais baralhos de tarô. Desse modo, além de cumprir como poucos o papel de guia sobre a prática do tarô — rico em exemplos, comparações e diretrizes a cada parágrafo —, este livro serve a todos que estudam e se dedicam ao I Ching e às runas, por exemplo. Um dos esforços genuínos da autora é o de aprimorar a noção de leitura, independentemente do sistema oracular adotado.

Pollack não poupa esforços para tornar seus exemplos de leitura os mais didáticos possíveis e comentar métodos clássicos de disposição de forma sucinta, sem se perder em detalhes insignificantes, que atrasam ou amedrontam quem está começando a trilhar o caminho das cartas. Suas impressões e associações não são alegações impositivas nem incontestáveis, já que ela considera o tarô um ser vivo, inteligente, com respostas sempre sábias e absolutamente necessárias. A autora assegura, de modo transparente e consistente, que o tarô também é um mestre implacável: longe de dizer ou revelar o que queremos ou gostaríamos, ele nos oferece o que precisamos e o que devemos saber.

Com este livro, o leitor brasileiro testemunha e aproveita ao máximo o trabalho dedicado de uma das principais profissionais do tarô em todo o mundo — a maior e mais brilhante expoente do oráculo como ferramenta de magia, meditação, autoconhecimento e reflexo de nós mesmos —, que propõe um verdadeiro letramento simbólico em relação ao tema. Pollack dá as coordenadas para o simples leitor interessado nas cartas empreender suas interpretações com excelência, sempre com os pés no chão e sem se deixar levar por crenças distorcidas a respeito do próprio oráculo e da cartomancia como ofício. Reeditada ininterruptamente há quatro décadas, a obra se mostra digna justamente nesse sentido. Aliás, a dignidade de um autor pode ser percebida por sua maneira de abordar as cartas — com respeito e fascínio, ensinando a tomá-las como "seres sagrados", que sempre nos fornecerão informações preciosas e nunca nos abandonarão durante e depois da jornada. Pollack também nos ensina a considerar todo baralho de tarô como uma grande estrutura arquetípica com incontáveis aplicações, embora uma de suas premissas seja a de que ele representa e propõe uma viagem, um percurso que todos fazemos, cientes ou não, e que podemos aproveitar melhor.

Desse modo, tanto o tarô quanto esta obra tratam da vida em absoluto. E a dignidade de um livro de tarô, longe de ser uma catalogação exaustiva de regras sobre como se deve ou não ler as cartas, está na clareza do texto, na atenção ao que é ensinado. Está, também, na simplicidade com que se propõem ideias, perspectivas e impressões sobre o oráculo e suas infinitas possibilidades.

Singular entre tantos outros, o livro de Pollack cumpre esse papel com maestria. Com um baralho de tarô e os *Setenta e Oito Graus de Sabedoria*, nenhum leitor estará sozinho em sua busca, que é sempre repleta de significados valiosos.

Dentre tantos livros que incentivam a prática oracular, este é um dos mais preciosos, porque não cria nem repete dogmas ou verdades absolutas, mas transforma os muitos anos de experiência de uma profissional extraordinária na voz clara, sincera e aberta a todas as descobertas que ela fez e tem feito há quase meio século de atividade. Não é gratuito o sucesso de *Setenta e Oito Graus de Sabedoria* no mundo todo, mas um fenômeno justo, porque é uma obra diferente, fora do convencional e, ainda assim, muito basilar e atenta ao que um leitor de tarô procura e precisa. Com essa obra de Rachel Pollack, editada com primor pela Editora Pensamento, damos mais sentido ao tarô, mais significado ao ofício de interpretar os símbolos e mais propósito à nossa vida.

É como nos reunirmos com os amigos mais preciosos e falarmos por horas do que mais amamos, como se não houvesse fim para tanta descoberta e tanto aprendizado. Isso porque este livro nos garante que tudo o que há nas cartas nos ajuda a progredir, a crescer e a avançar na vida. A sentir que o destino também é responsabilidade de quem embaralha e sorteia as cartas. O estudo empenhado de cada uma delas desfaz a impressão de que são figuras misteriosas, intocáveis e distantes da nossa realidade. As cartas *são* a nossa realidade. E aprender a lê-las, interpretá-las e compreendê-las nos permite ler, interpretar e compreender melhor a vida e seus caminhos.

Pois, como bem sabemos, os livros certos aparecem na hora certa. São presentes que nos chegam no momento mais propício e carregam o poder de transformar quem os lê. E este, um dos mais importantes e auspiciosos que podemos encontrar sobre o tarô, voltou para ficar.

Leo Chioda

Jaboticabal — Solstício de inverno de 2022.

Leo Chioda é escritor e um dos principais tarólogos em atividade no Brasil. Administra, há mais de 15 anos, o CAFÉ TAROT, um dos canais mais influentes do país sobre o assunto. Nele publica ensaios, análises e associações entre o tarô e a cultura popular, as artes plásticas, o cinema e a literatura. Sua tese de doutorado, na Universidade de São Paulo, é sobre poesia e alquimia. Como especialista em Tarô do Personare, o maior portal brasileiro de autoconhecimento e bem-viver, assina cursos, matérias, artigos e produtos sobre o oráculo.
Site: www.personare.com.br/tarot
Blog: www.cafetarot.com.br
Instagram: @cafetarot

PREFÁCIO À TERCEIRA EDIÇÃO

> *Setenta e Oito Graus de Sabedoria* é meu primeiro livro de tarô e o início de minha jornada pelo tema. Eu estava sofrendo de um distúrbio alimentar, fui parar no pronto-socorro e passei dez dias no hospital. Perdi meu avô depois de ter cuidado dele por um ano e não tinha vontade de fazer nada. Então, li seu livro, e milagres aconteceram. Eu gostaria de lhe agradecer por compartilhar sua sabedoria a respeito do tarô. Seu livro mudou minha vida e me inspirou a prosseguir em minha jornada pelo tarô.
>
> – Peggy Lee, leitora de tarô de Taipei

É uma experiência estranha ter escrito um livro que muda a vida das pessoas de uma maneira tão profunda e importante. Quase escrevi "profunda e *misteriosa*", pois também é assim. Escrever sobre um tema do qual você gosta tanto é uma alegria. Saber que outras pessoas o leram e o apreciaram só aumenta esse sentimento. Mas quando pessoas – totalmente desconhecidas – lhe escrevem ou lhe dizem pessoalmente que este livro abriu o mundo delas e as *salvou* de alguma forma, é mais do que emocionante.

Às vezes, vemos um escritor ou artista falar dessas experiências como "uma lição de humildade". Sem dúvida – pensamos –, isso é pose, falsa modéstia. Não deveriam sentir orgulho em vez de humildade? Bem, é claro que ouvir ou ler esses relatos deixa qualquer um orgulhoso. Somente um tolo ou mentiroso tentaria negar a forte emoção que sente ao saber que *seu* trabalho pode desempenhar um papel significativo na vida das pessoas. Porém, em alguns aspectos, esse orgulho é apenas superficial. Sob a emoção encontra-se uma sensação mais profunda e quase assustadora de que algo feito por você pode tocar profundamente os outros. Não apenas abrir a vida deles, mas, na realidade, *salvá-los* em um momento importante. Isso pode comover você de um modo que ultrapassa o orgulho e alcança uma parte da vida que está aquém da sede constante do ego. É o que queremos dizer quando falamos de uma experiência que é "uma lição de humildade".

Inicialmente, *Setenta e Oito Graus de Sabedoria* foi publicado em duas partes, em 1980 e 1983, e tem sido reimpresso desde essa época. Quando foi lançado, era um tipo diferente de livro sobre tarô em relação aos anteriores. Não era uma lista de fórmulas para ler a sorte nem uma elaboração de diagramas ocultistas e referências místicas. Concentrava-se nas leituras, não apenas como previsões, mas sobretudo como uma maneira de descobrirmos nós mesmos e as maravilhas espirituais da vida.

Enquanto eu escrevia o texto, sempre tentei manter o público-alvo em mente. Para mim, era necessário incluir tanto as pessoas com grande conhecimento sobre concepções espirituais e psicológicas quanto as que talvez nada soubessem a respeito, mas que fossem capazes de assimilar esse tipo de assunto e lidar com ele se tivessem oportunidade. O desafio era não entediar o primeiro grupo e não confundir o segundo. Lembro-me de ter parado várias vezes e perguntado a mim mesma se alguém poderia acompanhar o tema sem um conhecimento prévio. E, igualmente importante, será que ele acrescentaria algo para as pessoas que já conhecem as doutrinas e tradições? Talvez minha tentativa de manter meus leitores sempre em mente – em vez de simplesmente escrever o que *eu* queria dizer – tenha levado ao poderoso efeito do livro para tantas pessoas.

Só tomei consciência dessa qualidade em uma loja de produtos esotéricos na Nova Inglaterra, que visitei com minha amiga Zoe Matoff durante as férias. A loja continha verdadeiros tesouros, como baralhos de tarô lindos e misteriosos, que eu nunca tinha visto, uma variedade impressionante de livros e elegantes joias esotéricas. Uma coisa em especial chamou minha atenção: um pingente prateado de caduceu, com um topázio azul no topo.

O caduceu – duas serpentes enroladas em um bastão, sob um par de asas – tem um significado especial para mim, pois é o bastão de Hermes, deus da magia, do conhecimento, da astúcia, da adivinhação e da escrita, e a luz que ele usou para guiar almas penadas a uma nova existência. Sempre senti uma ligação especial com Hermes e até já me referi a ele como "meu irmão".

As pessoas vinculam o caduceu à profissão de médico, mas, na realidade, isso é um equívoco. O verdadeiro símbolo da cura é o bastão de Esculápio ou Asclépio – uma serpente enrolada em um bastão –, dado por Apolo a seu filho, que se tornaria o deus dos curandeiros. No tarô, vemos o caduceu no Dois de Copas, enquanto Hermes é associado ao Louco e ao Mago.

O proprietário da loja me viu olhando para o caduceu e o tirou do estojo para que eu pudesse segurá-lo. Era lindo... e caro. Eu já o estava devolvendo para ele, claramente com pesar, mas, em vez de pegá-lo e guardá-lo no estojo, ele me disse: "Fique com ele. Por favor". Surpresa, perguntei-lhe por quê.

"Porque você salvou minha vida", respondeu.

Ele havia sofrido uma trágica e difícil perda e, sentindo-se incapaz de lidar com a dor, quase escolheu dar um fim à própria vida. Então, disse que descobriu o tarô e *Setenta e Oito Graus de Sabedoria*. Começou a recorrer às cartas e aproximou-se de outras pessoas que talvez pudessem ajudá-lo. Aos poucos, retornou à vida. Percebeu que o tarô era o instrumento, mas *Setenta e Oito Graus de Sabedoria* era o guia. E, talvez mais do que isso, o livro o ajudou a ver o tarô como uma força viva, um caduceu para conduzi-lo por seu próprio mundo dos mortos.

Quem me conhece, tanto os amigos quanto os que assistiram às minhas palestras sobre tarô, sabe que faço colares com pingentes mágicos de pedras preciosas e semipreciosas. O colar que produzi com o caduceu traz topázio azul, lápis-lazúli e prata de lei. Considero-o um dos meus mais valiosos bens.

Quando escrevi este livro pela primeira vez, não fazia ideia de que ele seria impresso por tanto tempo nem que afetaria a vida de tantas pessoas. Apenas tive a sensação de que havia algo a dizer sobre o tarô, um tema que adoro, e que possivelmente essa abordagem particular nunca havia sido levada em conta, pelo menos não dessa maneira. A resposta de tantas pessoas que compartilharam o que a obra significou para elas, não apenas em sua compreensão do tarô, mas em sua vida, tem sido um incrível presente.

Rachel Pollack, Hudson Valley, 2018.

PARTE UM

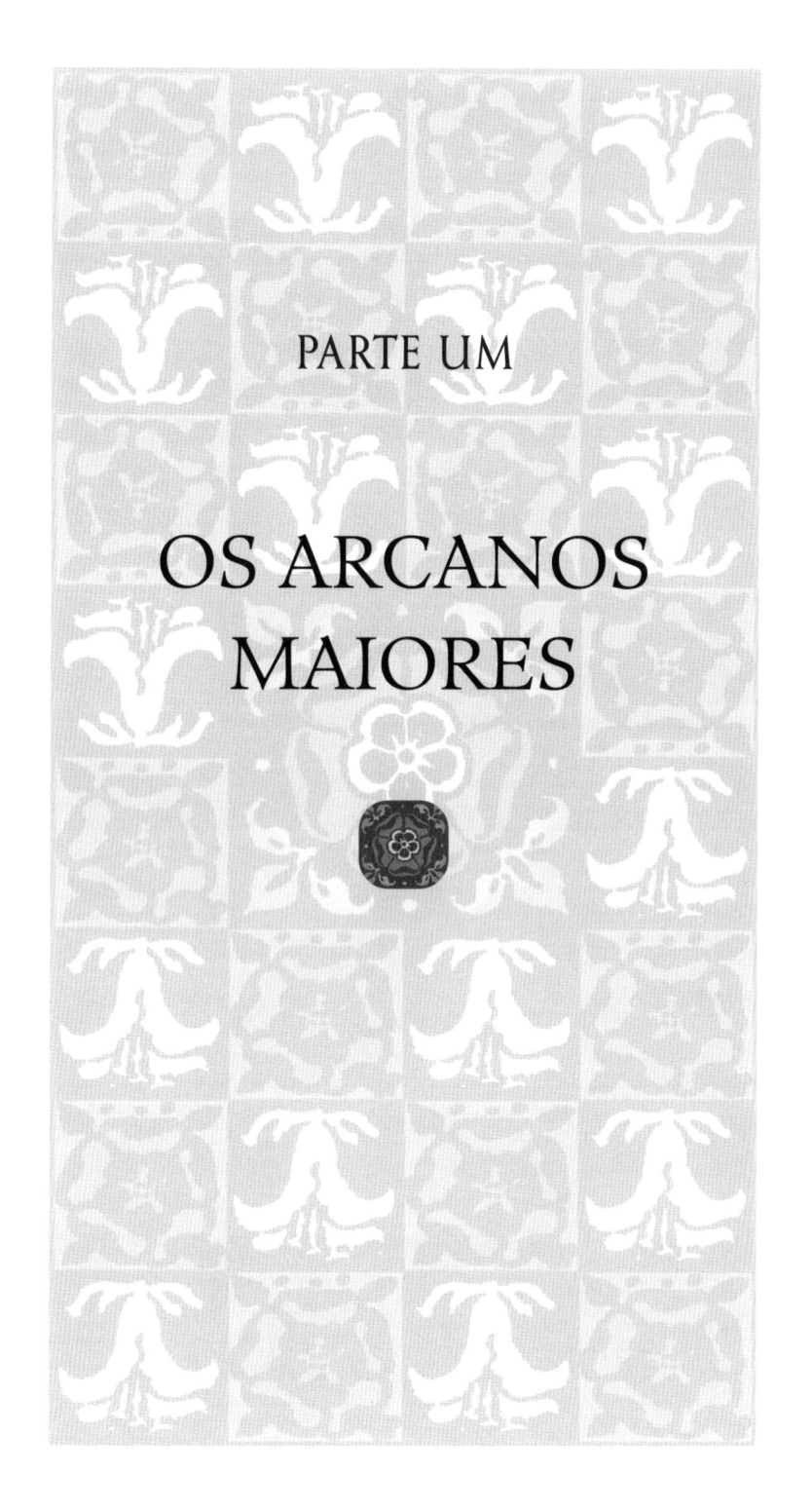

OS ARCANOS MAIORES

INTRODUÇÃO

AS ORIGENS DO TARÔ

Por volta de meados do século XV, não muito depois de as primeiras referências escritas a cartas de todo tipo aparecerem na Europa, um artista chamado Bonifácio Bembo pintou um conjunto de cartas sem nome e sem números para a família Visconti, de Milão. Essas imagens incluem o baralho clássico, usado em um jogo italiano conhecido como *tarocchi*: quatro sequências de 14 cartas cada, mais 22 cartas mostrando diferentes cenas e posteriormente chamadas de *trionfi* (em português, "triunfos" ou "trunfos").

Atualmente, muitas dessas 22 cartas podem ser interpretadas como um simples catálogo de tipos sociais medievais, como "o Papa" ou "o Imperador" (para lhes dar os nomes que receberam mais tarde), ou conceitos morais comuns na Idade Média, como "a Roda da Fortuna". Algumas representam virtudes, como "a Temperança" ou "a Força". Outras mostram cenas religiosas e mitológicas, como a morte saindo do túmulo ao som da trombeta que convoca para o "Juízo Final". Há até mesmo uma carta representando uma heresia popular, a imagem de uma papisa, que pode ser descrita como uma brincadeira com a Igreja, com um significado um pouco mais profundo do que a maioria do humor eclesiástico. Ainda assim, podemos considerar essa imagem herética como profundamente ancorada na cultura popular e, portanto, óbvia para alguém que representa "tipos" medievais.

Entretanto, uma figura se destaca por ser bastante estranha. Ela mostra um jovem de cabeça para baixo, pendurado pela perna esquerda em uma armação simples de madeira. Suas mãos estão casualmente presas às costas, formando um triângulo com a cabeça na parte inferior. Sua perna direita está dobrada atrás do joelho e produz a figura de uma cruz ou do número 4. O rosto parece relaxado, talvez até enlevado. De onde Bembo teria tirado essa imagem? Ela certamente não representa um criminoso na forca, como posteriormente presumiram alguns artistas. Na Itália, às vezes os traidores eram pendurados de cabeça para baixo, e, de fato, alguns baralhos italianos modernos nomeiam essa carta *L'Appeso*, o Traidor. Contudo, não há nenhuma maldade implícita na figura de Bembo. O jovem parece bonito e em paz.

A tradição cristã descreve São Pedro como tendo sido crucificado de cabeça para baixo. Desse modo, aparentemente não se poderia dizer que ele estaria copiando seu Senhor. O Edda em verso[*] descreve o deus Odin pendurado na Árvore do Mundo por nove dias e nove noites, não como punição, mas para receber a iluminação, o dom da profecia. No entanto, essa cena mitológica em si deriva da prática efetiva dos xamãs, curandeiros e curandeiras, em lugares como a Sibéria e a América do Norte. Na iniciação e no treinamento, às vezes se pede aos aspirantes a xamãs que se pendurem de cabeça para baixo. Ao que parece, inverter a posição do corpo produz uma espécie de benefício psicológico, do mesmo modo como a fome e o frio extremos podem induzir visões esplendorosas. Os alquimistas – que com as bruxas possivelmente foram os sobreviventes da tradição xamânico na Europa – também se dependuravam de cabeça para baixo, acreditando que assim os elementos do esperma vital para a imortalidade fluiriam para os centros psíquicos no topo da cabeça. E mesmo antes de o Ocidente começar a levar o yoga a sério, já se conhecia a imagem do yogue apoiado em sua própria cabeça.

---

[*] Coleção de poemas em nórdico antigo, contida no manuscrito medieval islandês *Codex Regius* do século XIII. (N. da T.)

Teria Bembo simplesmente desejado representar um alquimista? Nesse caso, por que não usar a imagem mais comum de um homem barbudo mexendo em um caldeirão ou misturando produtos químicos? A figura, intitulada "o Pendurado" em baralhos posteriores e que mais tarde se tornou famosa no poema *A Terra Devastada*, de T. S. Eliot, não lembra um alquimista nem um jovem iniciado em alguma tradição secreta. Seria o próprio Bembo um iniciado? É o que poderia sugerir a maneira peculiar como as pernas estão cruzadas. E se ele incluiu uma referência às práticas esotéricas, não poderiam outras imagens, consideradas superficialmente como uma análise social, representar na realidade todo o conjunto dos conhecimentos ocultistas? Por que, por exemplo, o baralho original contém 22 cartas, e não 20, 21 ou 25, se todas elas costumam receber mais importância na cultura ocidental? Teria sido por acaso ou Bembo (ou talvez outros copiados por ele) quis sorrateiramente representar os significados esotéricos ligados às 22 letras do alfabeto hebraico? No entanto, se existe alguma evidência relacionando Bembo ou a família Visconti a algum grupo ocultista, isso nunca foi comprovado publicamente.

Uma breve observação das impressionantes correspondências entre o tarô e o conjunto do misticismo judaico e dos conhecimentos ocultistas, coletivamente chamado de "Cabala", demonstrará o modo como as cartas de Bembo parecem quase demandar uma interpretação esotérica, apesar da falta de evidências concretas. A Cabala se aprofunda no simbolismo do alfabeto hebraico. As letras são vinculadas aos caminhos da Árvore da Vida, e cada uma delas recebe seu próprio significado simbólico. Como já mencionado, o alfabeto hebraico contém 22 letras, o mesmo número de trunfos dos *tarocchi*. A Cabala também examina a fundo as quatro letras do nome impronunciável de Deus: YHVH. Elas representam os quatro mundos da criação, os quatro elementos básicos da ciência medieval, os quatro estágios da existência, os quatro métodos de interpretação da Bíblia e assim por diante. Em cada uma das quatro sequências de Bembo existem quatro cartas da corte.

Por fim, a Cabala trabalha com o número 10 – os Dez Mandamentos e as dez *Sephiroth* (estágios de emanação) em cada uma das quatro Árvores da

Vida. E as quatro sequências contêm cartas numeradas de 1 a 10. Devemos nos admirar com a alegação dos estudiosos do tarô de que o baralho foi criado como uma versão pictórica da Cabala, sem significado para as massas, mas altamente poderoso para poucos? No entanto, nos milhares de páginas da literatura sobre a Cabala, não há uma palavra sequer sobre o tarô.

De acordo com alguns ocultistas, as cartas teriam origens secretas, como uma grande conferência de cabalistas e outros mestres no Marrocos, em 1300, mas ninguém jamais produziu uma evidência histórica para essas declarações. Ainda mais condenável é o fato de os próprios estudiosos do tarô não terem mencionado a Cabala até o século XIX. E, obviamente, a sequência de nomes e números, tão vital para suas interpretações, veio após as imagens originais.

Se aceitarmos a ideia de Carl Jung de arquétipos espirituais estruturados na mente humana, talvez possamos dizer que Bembo explorou inconscientemente fontes ocultas de conhecimento, permitindo que mais tarde a imaginação estabelecesse conexões conscientes. Entretanto, correspondências tão exatas e completas como os 22 trunfos, as quatro cartas da corte e as dez cartas restantes (ás a dez) nos quatro naipes, ou a posição e o rosto extático do Pendurado, pareceriam ultrapassar até mesmo uma força tão potente quanto o inconsciente coletivo.

Durante anos, os *tarocchi* eram vistos essencialmente como um jogo de azar e bem menos como instrumento para ler a sorte. Então, no século XVIII, um ocultista chamado Antoine Court de Gébelin declarou que o *tarot* (como os franceses nomeavam o jogo) era o remanescente do Livro de Thoth, criado pelo deus egípcio da magia para transmitir todo o conhecimento a seus discípulos. A ideia de Court de Gébelin parece bem mais extravagante do que real; porém, no século XIX, outro francês, Alphonse Louis Constant, conhecido como Éliphas Lévi, associou as cartas à Cabala e, a partir de então, as pessoas passaram a se interessar cada vez mais pelo tarô, encontrando mais significados, sabedoria e até iluminação por meio da meditação e do estudo aprofundado.

Atualmente, vemos o tarô como uma espécie de caminho para o crescimento pessoal por meio do entendimento de nós mesmos e da vida. Para alguns, a origem do tarô permanece uma questão vital; para outros, importa apenas que novos significados foram acrescentados às cartas com o passar dos anos.

Isso porque Bembo (ou quem quer que tenham sido seus antecessores), conscientemente ou por profundo instinto, acabou criando um arquétipo. Além de qualquer sistema ou de explicações detalhadas, as próprias imagens, alteradas e elaboradas ao longo dos anos por diferentes artistas, nos fascinam e encantam. Desse modo, elas nos atraem para seu misterioso mundo que, em última instância, nunca pode ser explicado, apenas experimentado.

DIFERENTES VERSÕES DO TARÔ

A maioria dos tarôs modernos difere muito pouco do conjunto de cartas do século XV. Eles ainda contêm 78 cartas divididas em quatro naipes – Bastões, Copas, Espadas e Moedas ou Pentáculos –, chamadas coletivamente de "Arcanos Menores", e os 22 trunfos, conhecidos como "Arcanos Maiores" (o termo "arcano" significa "conhecimento secreto"). É bem verdade que algumas dessas figuras mudaram consideravelmente, mas cada versão costuma manter o mesmo conceito básico. Por exemplo, há diversas versões bastante variadas do Imperador. Em geral, as mudanças tenderam para o aspecto mais simbólico e mais místico.

Este livro usa como fonte principal o tarô de Arthur Edward Waite e Pamela Colman Smith, cujo popular conjunto de cartas Rider-Waite (assim chamado devido ao seu editor britânico) surgiu em 1910 como o conhecemos hoje. Waite foi criticado por ter mudado alguns trunfos em relação à versão consagrada editada em dezembro de 1909. Por exemplo, a figura comum do Sol mostra duas crianças de mãos dadas em um jardim. Waite mudou-a para uma criança sobre um cavalo, *saindo* de um jardim. Os críticos declararam que Waite havia alterado o significado da carta de acordo com sua visão pessoal. E provavelmente foi o que aconteceu, pois Waite acreditava mais fortemente em suas próprias ideias do que nas de qualquer outra pessoa. Contudo, poucos se detiveram a considerar que a versão mais antiga do Sol, a de Bembo, não se assemelha absolutamente à suposta versão "tradicional". De fato, esta parece mais próxima da de Waite.

A figura mostra uma única e milagrosa criança voando pelos ares e segurando uma cabeça humana que irradia luz.

A mudança mais flagrante que Waite e sua artista, Pamela Colman Smith, fizeram foi a introdução de uma cena em todas as cartas, inclusive nas numeradas dos Arcanos Menores.* Praticamente, todos os baralhos anteriores, bem como muitos dos posteriores, apresentam desenhos geométricos simples para as cartas de ás a dez. Por exemplo, o dez de Espadas mostra dez espadas dispostas em uma configuração bastante semelhante à de seu descendente, o dez de espadas. O baralho Waite-Smith é diferente. O dez de Espadas de Pamela Smith mostra um homem deitado sob uma nuvem preta com dez espadas cravadas nas costas e nas pernas.

Na verdade, não se sabe exatamente quem desenhou essas cartas. Teriam sido concebidas pelo próprio Waite (que sem dúvida fez os Arcanos Maiores), ou teria ele dito a Smith as qualidades e ideias que queria e a autorizou a inventar as cenas? O próprio livro de Waite sobre o tarô, *The Pictorial Key to the Tarot* (A Chave Ilustrada do Tarot), faz pouco uso das figuras. Em alguns casos, como o do seis de Espadas, a imagem sugere muito mais do que o significado indicado por Waite, enquanto em outros, sobretudo no dois de Espadas, o desenho quase contradiz o significado.

Quer tenha sido Waite ou Smith a desenhar as figuras, elas tiveram um forte efeito sobre os desenhistas posteriores do tarô. Quase todos os baralhos com cenas em todas as cartas se baseiam profundamente no Tarô Waite-Smith.

Waite chama seu baralho de "tarô retificado". Ele insiste no fato de que suas figuras "recuperavam" os verdadeiros significados das cartas e, ao longo do livro, despreza a versão de seus antecessores. O termo "retificado" pode levar muitas pessoas a pensar que o fato de Waite ter sido membro de sociedades secretas lhe deu acesso ao segredo "original" do tarô. No entanto, o mais provável é que ele simplesmente quis dizer que suas figuras davam às cartas seus significados mais profundos, por exemplo, quando alterou de

---

* A popularização deste baralho, a nível mundial, se deve à empresa americana U.S. Games Inc., que só recentemente passou editá-lo como Tarô Waite-Smith, em homenagem à artista plástica Pamela Colman Smith. (N. do R.T.)

maneira drástica a carta do Enamorado, foi porque achava a figura antiga insignificante, e a sua, simbólica e com uma verdade profunda.

Não é minha intenção sugerir que as cartas de Waite-Smith são mera construção intelectual, como a de um estudante que reformula alguns diálogos de Hamlet para que façam mais sentido para ele. Waite foi um místico, um ocultista e um estudioso de práticas de magia e esoterismo. Baseou seu tarô em uma profunda experiência pessoal de iluminação. Acreditava que seu tarô estava certo e que os outros estavam errados porque o seu representava essa experiência.

Escolhi o Tarô Waite-Smith como fonte por duas razões. Em primeiro lugar, achei muitas de suas inovações extremamente válidas. A versão Waite-Smith do Louco me parece mais significativa do que qualquer uma das anteriores. Em segundo, a mudança revolucionária nos Arcanos Menores parece libertar-nos das fórmulas que por muito tempo dominaram a sequência de cartas. Anteriormente, depois de ler e memorizar os significados dados para um Arcano Menor, não era possível acrescentar nada a ele. A figura sugeria muito pouco. No baralho Waite-Smith, podemos permitir que a imagem trabalhe no subconsciente e aplicar nossa própria experiência a ela. Em resumo, Pamela Smith nos deu algo para interpretar.

Pouco acima escrevi que escolhi o Tarô Waite-Smith como fonte "principal". A maioria dos livros sobre tarô usa um único baralho como material ilustrativo. Talvez essa autolimitação derive de um desejo de representar o "verdadeiro" tarô. Ao escolher um baralho em vez de outro, declaramos que um é certo e o outro, errado. Esse tipo de declaração é muito importante para escritores como Aleister Crowley e Paul Foster Case, que veem o tarô como um sistema simbólico de conhecimento objetivo. No entanto, este livro considera as cartas mais como um arquétipo de experiência. A partir dessa perspectiva, nenhum baralho é certo ou errado, mas simplesmente um aprofundamento do arquétipo. O tarô é tanto a soma de todas as diferentes versões ao longo dos anos quanto uma entidade separada de qualquer uma delas. Nos casos em que uma versão diferente da de Waite aprofunda o sentido de uma carta específica, consideraremos as duas imagens. Em alguns exemplos, como o do Julgamento ou da Lua, as diferenças são sutis. Em outros, como o Enamorado ou o Louco, a diferença é brutal. Quando observamos várias versões da mesma experiência, aumentamos a percepção que temos dela.

ADIVINHAÇÃO

Atualmente, a maioria das pessoas vê o tarô como um instrumento para ler a sorte ou para a "adivinhação". Curiosamente, temos menos conhecimento histórico sobre esse aspecto das cartas do que sobre qualquer outro. A julgar pelas poucas referências históricas à adivinhação, em comparação com o jogo de azar, a prática só se tornou comum pouco depois da introdução das próprias cartas. Possivelmente, os ciganos depararam com o jogo dos *tarocchi* em suas viagens pela Europa e decidiram usar as cartas para ler a sorte. Ou então alguns indivíduos desenvolveram o conceito (as primeiras referências escritas são interpretações individuais, embora possam ter derivado de algum sistema anterior, não escrito, mas de uso comum), e os ciganos se apropriaram dele. As pessoas costumavam acreditar que os próprios ciganos haviam trazido as cartas do Egito. A verdade é que eles provavelmente vieram da Índia e chegaram à Espanha alguns séculos depois que as cartas de tarô foram introduzidas na Itália e na França.

Na seção sobre as leituras, consideraremos apenas o papel da adivinhação e de que modo essa prática incomum pode funcionar. Aqui, cabe-nos apenas observar que as pessoas podem ler a sorte – e já o fizeram – com qualquer coisa: as vísceras fumegantes de animais abatidos, desenhos formados por pássaros no céu, pedras coloridas, moedas lançadas e o que mais houver. A prática deriva do simples desejo de saber antecipadamente o que acontecerá e, de maneira mais sutil, da íntima convicção de que tudo está conectado, tem um sentido e de que nada ocorre por acaso.

De fato, a própria ideia de aleatoriedade é bastante moderna. Desenvolveu-se a partir do dogma de que causa e efeito são a única conexão válida entre dois eventos. Sem essa ligação lógica, os eventos são aleatórios, ou seja, sem sentido. Anteriormente, porém, as pessoas pensavam em termos de "correspondências". Eventos ou padrões em uma área da existência correspondiam a padrões em outras áreas. O padrão do zodíaco corresponde ao da vida de uma pessoa. O do chá deixado no fundo de uma xícara corresponde ao resultado de uma batalha. Tudo está conectado. Essa ideia sempre teve seus seguidores, e recentemente até mesmo alguns cientistas, impressionados com o modo como os acontecimentos ocorrem em séries (como uma "maré de azar"), começaram a observá-los com seriedade.

Se podemos usar qualquer coisa para ler a sorte, por que usar o tarô? A resposta é que qualquer sistema tem *algo* a nos dizer; o valor disso depende da sabedoria inerente ao sistema. Como as figuras do tarô carregam, por si só, um significado profundo, as configurações que elas formam nas leituras podem nos ensinar muita coisa sobre nós mesmos e a vida de modo geral. Infelizmente, com o passar dos anos, a maioria dos adivinhos ignorou esses significados mais profundos e preferiu fórmulas simples ("um homem moreno, alguém disposto a ajudar o consulente"), facilmente interpretadas e rapidamente assimiladas pelo cliente.

Muitas vezes, os significados das fórmulas são contraditórios e imprecisos, sem indicações de como escolher entre eles. Essa situação se aplica sobretudo aos Arcanos Menores, que compõem a maior parte do baralho. Quase nenhum trabalho sobre o tarô tratou esse tema a fundo. A maioria dos estudos sérios, que lidam com os significados profundos dos Arcanos Maiores, nem chega a mencionar as cartas dos Arcanos Menores, ou então simplesmente apresenta no final outro conjunto de fórmulas, como se relutasse em acrescentá-las para aqueles leitores que insistem em usar o baralho para ler a sorte. Como já mencionado, até mesmo Waite forneceu apenas suas próprias fórmulas para as notáveis figuras desenhadas por Pamela Smith.

Este livro tratará amplamente dos conceitos incorporados nas cartas e de seu simbolismo; ao mesmo tempo, observará com atenção a aplicação desses conceitos às leituras de tarô. Alguns escritores, em especial Waite, depreciaram a adivinhação como um uso degenerado das cartas. Contudo, o uso adequado das leituras pode aumentar em grande medida nossa compreensão do significado das cartas. Uma coisa é estudar o simbolismo de determinada carta, outra coisa é ver essa carta em combinação com outras. Já vi muitas leituras específicas revelarem significados importantes que não teriam surgido de outra forma.

As leituras também nos dão uma lição geral e muito importante. De uma maneira à qual nenhuma explicação poderia se equiparar, elas demonstram que nenhuma carta, nenhuma abordagem da vida é boa ou ruim, exceto no contexto do momento.

Por fim, a interpretação das leituras confere a cada pessoa uma oportunidade de renovar seu sentimento instintivo em relação às próprias figuras. Todo o simbolismo, todos os arquétipos e todas as explicações dadas neste ou em qualquer outro livro só podem preparar você para observar as figuras e dizer: "Esta carta me diz..."

CAPÍTULO 1

A TIRAGEM DE QUATRO CARTAS

UNIDADE E DUALIDADE

Em sua longa história, os Arcanos Maiores atraíram muitas interpretações. Atualmente, tendemos a considerar os trunfos como um processo psicológico, que atravessa diferentes estágios de nossa existência até chegar ao desenvolvimento pleno. Por enquanto, podemos descrever esse estado como uma união com o mundo ao nosso redor ou talvez como uma libertação da fraqueza, da confusão e do medo. Todos os Arcanos descrevem esse processo em detalhes, porém, para compreendê-lo como um todo, temos de observar apenas quatro cartas; quatro arquétipos básicos, dispostos em uma configuração gráfica de evolução e consciência espiritual.

Se você tiver seu próprio baralho de tarô Waite-Smith,[1] selecione o Louco, o Mago, a Sacerdotisa (ou a Papisa) e o Mundo e disponha-os em formato de cruz, também chamado de "tiragem diamante", conforme mostrado na página seguinte. Observe-os por um momento. Note que, enquanto o Louco e o Mundo mostram figuras que dançam alegremente, o Mago e a Sacerdotisa estão imóveis em suas posições. Olhando para os

---

[1] Em outros baralhos, em especial nos anteriores aos de Waite, o Louco aparece de modo bastante diferente do mostrado aqui. O capítulo sobre o simbolismo do Louco (p. 45) tratará dessa tradição alternativa.

outros Arcanos Maiores, você perceberá que todos os trunfos, exceto o 0 e o 21, são desenhados como se tivessem posado para uma fotografia em vez de estarem em um filme em movimento. Eles se apresentam como estados fixos da existência.

Contudo, há uma diferença entre os dois dançarinos. Ricamente vestido, o Louco corre para a frente, enquanto a figura do Mundo aparece nua. O Louco olha ao redor para saltar no mundo inferior a partir de um lugar elevado e distante. Paradoxalmente, o Mundo aparece fora do universo material, com a dançarina suspensa em uma coroa mágica de vitória.

Vale notar também os números das quatro cartas. O zero não é exatamente um número; representa, antes, a ausência de um número específico. Por isso, podemos dizer que ele contém todos os números em si e simboliza a potencialidade infinita. Todas as coisas permanecem possíveis porque nenhuma forma definida foi assumida. O 1 e o 2 são os primeiros números genuínos, a primeira realidade. Mais uma vez, trata-se de um estado fixo. Eles formam os arquétipos "par" e "ímpar"; por isso, representam todos os opostos, como macho e fêmea, luz e escuridão, passivo e ativo etc. No entanto, o 21 combina esses dois números em uma única figura.

Observemos a postura dos personagens. O Mago ergue uma varinha mágica para o céu. Além dos conceitos de espírito e unidade, a vara fálica simboliza a virilidade. A Sacerdotisa está sentada entre duas colunas, um símbolo vaginal e de dualidade. Essas duas colunas aparecem reiteradamente nos Arcanos Maiores, em lugares bastante óbvios como o templo, no Hierofante (ou o Papa), e de maneiras mais sutis, como os dois namorados na carta 6, ou as duas esfinges atreladas ao Carro. Mas, agora, observemos o Mundo. A dançarina, uma figura feminina (embora alguns baralhos a representem como hermafrodita), carrega duas varas mágicas, uma em cada mão. O masculino e o feminino estão unificados. Mais do que isso, suas qualidades separadas são subordinadas à liberdade e à alegria superiores, que brilham na leveza com que a dançarina segura esses poderosos símbolos.

Portanto, não resta dúvida de que a linha horizontal, composta pelo Mago e pela Sacerdotisa, mostra uma dualidade de opostos, enquanto a vertical, composta pelo 0 e pelo 21, exibe uma unidade, uma vez que o Louco é uma espécie de estado perfeito anterior à dualidade e o Mundo nos permite entrever a emocionante sensação de liberdade, que seria possível se pudéssemos reconciliar os opostos enterrados em nossa psique.

Como muitos sistemas de pensamento, ou melhor, como muitas mitologias, o tarô simboliza a dualidade como a separação entre masculino e feminino. Os cabalistas acreditavam que Adão era originariamente hermafrodita e que Eva só foi separada dele para que ambos pudessem olhar um para o outro como seres independentes. Na maioria das culturas, em maior ou menor grau, homens e mulheres veem uns aos outros como sociedades muito distintas, quase separadas. Atualmente, muitas pessoas pensam que todo indivíduo tem qualidades masculinas e femininas, mas antes essa ideia era encontrada apenas em doutrinas esotéricas de unificação.

Se concebermos a dualidade categoricamente como masculino e feminino, ou preto e branco, também experimentaremos divisões mais sutis em nossa vida comum, sobretudo entre nossas esperanças, o que imaginamos como possível e a realidade do que alcançamos. Com frequência, o resultado de nossas ações não se traduz em cumprir as esperanças que nelas depositamos. O casamento traz menos felicidade do que o esperado; o emprego ou a carreira, mais frustração do que satisfação. Muitos artistas já disseram que as pinturas realizadas nas telas nunca são como eles haviam visualizado; eles nunca conseguem expressar o que realmente queriam dizer. De alguma forma, a realidade da vida é sempre menos do que seu potencial. Perfeitamente conscientes disso, muitas pessoas sofrem diante de qualquer decisão, pouco importa se pequena ou grande, pois não conseguem aceitar o fato de que, depois de realizarem uma ação em determinada direção, perderam a oportunidade de tomar os outros rumos anteriormente disponíveis para elas. Não conseguem aceitar as limitações da ação no mundo real.

Às vezes, a divisão entre potencialidade e realidade é vista como a separação entre mente e corpo. Sentimos que nossos pensamentos e nossas emoções são algo distinto de nossa presença física no mundo. A mente é ilimitada, capaz de ir a qualquer lugar no universo, para a frente e para trás no tempo. O corpo é frágil, sujeito à fome, ao cansaço e à doença. Ao tentarem resolver essa separação, as pessoas partiram para extremos filosóficos. Os behavioristas alegaram que a "mente" não existe; apenas o corpo e os hábitos que ele desenvolve são reais. Na outra ponta, muitos místicos sentiram o corpo como uma ilusão criada por nossa compreensão limitada. A tradição cristã define a "alma" como o eu "verdadeiro" e imortal, existente antes e depois do corpo que o contém. E muitas religiões e seitas, como os gnósticos e alguns cabalistas, consideraram o corpo uma prisão, criada pelos pecados ou erros de nossos ancestrais caídos.

Na origem de todas essas dualidades, sentimos que não conhecemos a nós mesmos. Temos a sensação de que bem no fundo de nossa verdadeira natureza existe algo mais forte e mais livre, com grande sabedoria e poder, ou então algo relacionado a violentas paixões e ao desejo de um animal em fúria. Seja como for, *sabemos* que esse verdadeiro eu se esconde ou talvez esteja bem enterrado em nossa personalidade normal e socialmente restrita. Mas como chegamos a ele? Se presumirmos que esse eu é um objeto de beleza e poder, como fazer para libertá-lo?

As disciplinas chamadas de "ciências ocultas" iniciam-se com um sólido conhecimento de todas essas divisões e limitações. A partir disso, porém, passam para a ideia de que existe uma chave ou um plano para unir todas as coisas e unificar nossa vida com nossas esperanças quando liberamos nossa força e nossa sabedoria latentes. As pessoas costumam confundir os propósitos das disciplinas espirituais. Muitos pensam que o tarô é para ler a sorte, que alquimistas querem enriquecer transformando chumbo em ouro, que cabalistas lançam feitiços pronunciando palavras secretas e assim por diante. Na realidade, essas disciplinas visam a uma unificação psicológica. O "metal de base" que o alquimista deseja transformar em ouro é ele mesmo. Ao aceitar a doutrina de que caímos de um estado perfeito para outro limitado, o ocultista não acredita que devemos esperar passivamente por alguma redenção futura, realizada por um agente externo. Ao contrário, ele ou ela acredita que é nossa responsabilidade promover essa redenção encontrando a chave para a unidade.

O tarô retrata uma versão dessa "chave". Ele não é *a* chave, assim como não é exatamente uma doutrina secreta. Representa um processo, e uma das coisas que nos ensina é que erramos ao presumir que a unificação se dá por meio de uma simples chave ou fórmula. Mais propriamente, ele se dá por meio de um crescimento e de uma consciência mais elevada quando percorremos passo a passo os 21 estágios dos Arcanos Maiores.

O Louco representa a verdadeira inocência, uma espécie de estado perfeito de alegria e liberdade, um sentimento de união com o espírito da vida em todos os momentos; em outras palavras, o eu "imortal" que sentimos ficou preso nas confusões e concessões do mundo comum. Talvez um eu radiante como esse nunca tenha realmente existido. De alguma forma, nós o intuímos como algo perdido. Quase todas as culturas desenvolveram um mito da queda de um paraíso primitivo.

Muitas vezes, a palavra "Inocência" é mal compreendida. Ela não significa "sem culpa", e sim uma liberdade e uma total abertura para a vida, uma falta completa de medo que ocorre graças à fé na vida e em seu próprio eu instintivo. Inocência não significa "assexual", como algumas pessoas pensam. É a sexualidade expressa sem medo, sem culpa, sem conivência nem desonestidade. É a sexualidade manifestada espontânea e livremente, como a expressão do amor e do êxtase da vida.

O Louco traz o número 0 porque todas as coisas são possíveis para quem está sempre pronto a seguir em qualquer direção. Ele não pertence a nenhum lugar específico, não é fixo como as outras cartas. Sua inocência faz dele uma pessoa sem passado e, portanto, com um futuro infinito. Todo momento é um novo ponto de partida. Em algarismos arábicos, o número 0 traz a forma de um ovo para indicar que todas as coisas derivam dele. Originariamente, o zero era escrito com um ponto. Na tradição hermética e cabalística, o universo surgiu a partir de um único ponto de luz. Além disso, na Cabala Deus costuma ser descrito como o "nada", pois descrever Deus como alguma *coisa* seria limitá-lo a um estado fixo e finito. Os estudiosos do tarô que discutem se o Louco deve ser colocado antes, depois ou em algum lugar entre as outras cartas parecem não ter compreendido direito a questão. O Louco é movimento, mudança, o salto constante ao longo da vida.

Para o Louco, não há diferença entre possibilidade e realidade. O zero significa um vazio total de esperanças e medos, e o Louco não tem nenhuma expectativa nem planos. Ele reage instantaneamente à situação imediata.

Outras pessoas assimilarão sua completa espontaneidade. Nada é calculado, nada é retido. Ele não faz isso deliberadamente, como alguém que, de maneira consciente, decide ser honesto com um amigo ou amante. O Louco entrega sua honestidade e seu amor com naturalidade, para qualquer um, sem sequer pensar a respeito.

Estamos nos referindo ao Louco como "ele", e ao Mundo Dançarino como "ela", devido à aparência de ambos nas figuras, mas eles podem ser tanto uma mulher quanto um homem sem nenhuma alteração. Assim como o Louco não se sente separado do mundo físico, ele ou ela não se sente isolado em relação ao "sexo oposto". O Louco e a Dançarina são hermafroditas psíquicos, que expressam sua completa humanidade a todo instante e por suas próprias naturezas.

Agora, observemos novamente a tiragem das quatro cartas. Vejamos como o Louco separa o Mago e a Sacerdotisa, que precisam ser novamente reunidos para formar o Mundo. As duas cartas representam a divisão da inocência do Louco na ilusão dos opostos. O Mundo nos mostra uma unidade restabelecida, porém mais elevada e mais profunda, obtida graças ao crescimento esboçado nas outras 18 cartas. O Louco é inocência, mas o Mundo é sabedoria.

INOCÊNCIA E LIBERDADE

O Louco nos ensina que a vida é simplesmente uma dança contínua de experiências. No entanto, a maioria de nós não consegue manter essa espontaneidade e essa liberdade nem mesmo por breves instantes. Devido a medos, condicionamentos e aos problemas bastante concretos da vida cotidiana, não conseguimos evitar que nosso ego nos isole da experiência. Entretanto, dentro de nós conseguimos sentir vagamente a possibilidade de liberdade; por isso, chamamos essa sensação indistinta de perda ou "queda" da inocência. Contudo, uma vez perdida a inocência, não podemos simplesmente retornar ao nível do Louco. Em vez disso, temos de batalhar e aprender com a maturidade, a autodescoberta e a consciência espiritual até alcançarmos a maior liberdade do Mundo.

O Mago representa ação, masculinidade, consciência; a Sacerdotisa, passividade, feminilidade e inconsciência.

Por "consciência" entendemos não um grau elevado de conhecimento do Mundo, mas a poderosa, embora limitada, consciência do ego, pois ele cria um universo externo de limites e formas. Essa descrição não visa a depreciar nem a diminuir a força criativa do Mago. Afinal, haveria criatividade maior do que dar forma ao caos da experiência? É o Mago quem dá à vida seu sentido e seu propósito. Curandeiros, artistas e ocultistas concentraram-se no Mago como sua carta protetora. No entanto, seu poder representa um isolamento em relação à liberdade do Louco ou ao entendimento do Mundo.

Do mesmo modo, em sua inconsciência, a Sacerdotisa indica um estado muito profundo de consciência intuitiva. Contudo, seu conhecimento interno não pertence ao centro radiante do nada, que permite ao Louco agir tão livremente.

A Sacerdotisa representa o arquétipo da verdade interior; porém, como essa verdade é inconsciente e inefável, ela só é capaz de mantê-la por meio da total passividade. Essa situação se mostra na vida de diversas formas. Todos nós carregamos em nosso íntimo uma vaga noção de quem somos, de um eu genuíno nunca visto por outras pessoas e impossível de ser explicado. Contudo, homens e mulheres que se lançam em competições, carreiras e responsabilidades, mas nada fazem para, ao mesmo tempo, ampliar o autoconhecimento, muitas vezes descobrem, em algum momento, que perderam a noção de quem são e o que um dia quiseram na vida. No extremo oposto dessas pessoas, o monge ou monja budista se retira do mundo porque o menor envolvimento com ele o distrai do centro de suas meditações.

Tanto o Mago quanto a Sacerdotisa são portadores de uma pureza arquetípica. De certo modo, eles não perderam o brilho do Louco, apenas o dividiram entre luz e escuridão. Na divisão tradicional entre as religiões do Ocidente e do Oriente, o Mago representa o Ocidente, com sua ênfase na ação e na salvação histórica, enquanto a Sacerdotisa representa o Oriente, o caminho da separação entre o mundo e o tempo. No entanto, os que mais se aprofundaram em ambas as tradições saberão combinar esses elementos.

A Sacerdotisa está sentada entre os pilares da luz e da escuridão. Embora ela própria simbolize o lado passivo e escuro, sua intuição pode encontrar um equilíbrio entre ambos. Isso é menos paradoxal do que parece. Se temos a sensação de que nossa vida é preenchida com opostos que não conseguimos resolver, podemos reagir de uma maneira ou de outra, retrocedendo ou avançando, indo de um extremo a outro, ou não fazer absolutamente nada. Sentados no meio, sem nos deixarmos seduzir por nenhuma direção, mas permanecendo passivos, permitindo que os opostos nos circundem. A menos, é claro, que isso também seja uma escolha e que eventualmente percamos aquele equilíbrio e aquele conhecimento interno pelo simples fato de que a vida continua ao nosso redor.

No imaginário cabalístico, a Sacerdotisa representa o Pilar da Harmonia, uma força que reconcilia os pilares opostos da Misericórdia e do Julgamento. Por essa razão, ela se encontra sentada entre as duas colunas do templo. Contudo, sem habilidade para se misturar à força ativa do Mago, a percepção de harmonia da Sacerdotisa é eliminada.

Como arquétipos, o Mago e a Sacerdotisa não podem existir em nossa vida mais do que o Louco. Inevitavelmente, misturamos esses elementos (em vez de combiná-los) e, desse modo, experimentamos suas formas menores, como uma ação confusa ou uma passividade insegura e cheia de culpa. Em outros termos, a pureza dos dois polos se perde porque a vida os embaralha.

O objetivo dos Arcanos Maiores é duplo. Em primeiro lugar, ao isolar os elementos de nossa vida em arquétipos, eles nos permitem enxergá-los em suas formas puras, como aspectos da verdade psicológica. Em segundo, eles nos ajudam a resolver efetivamente esses diferentes elementos, a seguir passo a passo pelos diferentes estágios da vida até chegarmos à unidade. Na realidade, talvez a inocência simbolizada pelo Louco nunca tenha existido. De alguma forma, nós a percebemos como algo perdido. Os Arcanos Maiores nos contam como recuperá-la.

CAPÍTULO 2

PANORAMA

AS CARTAS COMO UMA SEQUÊNCIA

A maioria dos intérpretes dos Arcanos Maiores escolhe uma das seguintes abordagens: ou consideram as cartas entidades separadas, ou as veem como uma sequência. De acordo com a primeira abordagem, cada carta representa diferentes qualidades ou situações de importância para o desenvolvimento espiritual do indivíduo. A Imperatriz representa a alma glorificada na natureza; o Imperador, o domínio de si mesmo etc. Esse sistema considera os números nas cartas como parte de sua linguagem simbólica. O número 1 pertence ao Mago não porque ele vem primeiro, mas porque esse número significa ideias – unidade, força de vontade – apropriadas ao conceito do Mago.

A segunda abordagem vê os trunfos como uma progressão. O Mago é 1 porque suas qualidades formam o ponto de partida do padrão de crescimento apresentado nas outras cartas. A carta de número 13, por exemplo, situa-se justamente entre o Pendurado e a Temperança, e não em outro lugar. Cada novo trunfo se baseia no anterior e conduz ao próximo.

De modo geral, segui o segundo método. Se por um lado o simbolismo do número não deve ser negligenciado, por outro, é importante ver onde cada carta se encaixa na tiragem como um todo. Comparações com outros números também podem nos ajudar a enxergar tanto as limitações quanto as virtudes de cada carta. Por exemplo, o número 7 (o Carro) costuma ser mencionado como "vitória". Mas que tipo de vitória? Seria a libertação total do Mundo ou algo mais restrito, mas ainda de grande valor? Olhando para a posição da carta, é possível responder a essas perguntas.

Na maioria das vezes, os intérpretes que adotaram essa abordagem procuraram um lugar para dividir os trunfos a fim de facilitar a compreensão. A escolha mais comum é a Roda da Fortuna. Como número 10, ela simboliza a conclusão de um ciclo e o início de outro. Além disso, se você colocar o Louco no começo, isso dividirá as cartas perfeitamente em dois grupos de 11. O mais importante, a ideia de uma roda que gira, simboliza a mudança de perspectiva a partir de uma relação com coisas externas, como o sucesso e o romance, para uma abordagem mais interna, ilustrada em cartas como a Morte e a Estrela.

Embora seja importante ver os Arcanos Maiores como duas metades, descobri que os trunfos se dividem de maneira ainda mais orgânica em três partes. Se colocarmos o Louco à parte, como uma categoria realmente separada por si só (e colocá-lo à parte nos permite perceber que ele cabe em qualquer lugar e em nenhum lugar), teremos 21 cartas – três grupos de 7.

O número 7 tem uma longa história no simbolismo: os sete planetas da astrologia clássica; 7 como a soma de 3 e 4, eles próprios números arquetípicos; os sete pilares da sabedoria; as sete estações inferiores da Árvore da Vida; as sete aberturas na cabeça humana; os sete chakras; e, é claro, os sete dias da semana. A maioria dos significados do número 7 deriva do fato de que, antes do telescópio, as pessoas podiam ver sete "planetas" no céu, ou seja, sete objetos móveis: o Sol, a Lua, Mercúrio, Vênus, Marte, Júpiter e Saturno. Embora a ideia da semana de sete dias tenha vindo de Israel antigo, que, por sua vez, pode tê-la recebido da Babilônia, os nomes europeus para os dias vêm dos planetas personificados nos deuses romanos e nórdicos.

Um aspecto particular do número 7 está diretamente relacionado ao tarô. A letra grega *pi* representa a proporção existente em todos os círculos entre a circunferência e o diâmetro. Não importa a largura nem a dimensão do círculo, pois tanto a circunferência quanto o diâmetro sempre darão a mesma fração: 22/7. Com o Louco, os Arcanos Maiores são 22, e sem ele se reduzem a 7. Além disso, 22 vezes 7 é igual a 154 (somados, esses algarismos dão 10 como resultado, número da Roda da Fortuna), e 154 dividido por 2, para os dois Arcanos, é igual a 77, o tarô inteiro, com o Louco novamente colocado à parte.

Tal como a concepção cabalística de Deus, o ponto é nada, mas o círculo inteiro irradia dele. E o 0, número do Louco, tem sido representado tanto como ponto quanto como círculo.

As melhores razões para a divisão em três grupos residem nos próprios Arcanos Maiores. Em primeiro lugar, consideremos o simbolismo da imagem. Olhemos para a primeira carta em cada linha. O Mago e a Força são, obviamente, símbolos de poder, mas o Diabo também o é. O Mago e a Força estão interligados pelo símbolo do infinito sobre suas cabeças, enquanto o Diabo carrega um pentáculo invertido. Se olharmos para a postura do Diabo, com um braço para cima e o outro para baixo, notaremos que, de certo modo, a figura é uma paródia do Mago, com a tocha apontando para baixo em vez da varinha apontando para cima. Em alguns baralhos, a carta 15 traz o título de "Mago Negro". (Em muitos baralhos, o número 8 é a Justiça, e não a Força. Se olharmos para a postura da figura da Justiça, veremos uma semelhança ainda maior com o Mago e o Diabo.) O mesmo tipo de correspondência vertical se aplica a todas as três linhas.

AS TRÊS ÁREAS DE EXPERIÊNCIA

A divisão em três nos permite ver os Arcanos Maiores lidando com três áreas distintas de experiência, que resumidamente podem ser chamadas de: consciência, as questões externas da vida em sociedade; subconsciente ou a busca interna para descobrirmos quem somos de fato; e superconsciente, o desenvolvimento de uma consciência espiritual e uma liberação da energia arquetípica. Os três níveis não são, necessariamente, categorias. Derivam das próprias cartas.

A primeira linha, focada em temas como amor, autoridade social e educação, descreve as principais questões da sociedade. De muitas maneiras, o mundo que vemos refletido em nossos romances, filmes e nas escolas é sintetizado pelas primeiras sete cartas dos Arcanos Maiores. Um indivíduo pode viver, morrer e ser julgado como bem-sucedido por todos ao seu redor sem nunca ter ultrapassado o nível do Carro. De fato, muitas pessoas não alcançam esse nível.

A moderna psicologia profunda se ocupa da segunda linha de trunfos, com seus símbolos que remetem a um eremita em isolamento para fins de autoconhecimento, seguida de uma Morte e de um renascimento simbólicos. O anjo da Temperança no final representa aquela parte de nós mesmos que descobrimos ser essencialmente real depois que as ilusões do ego, as defesas e os hábitos rígidos do passado estão autorizados a se apagar.

Por fim, o que dizer sobre a última linha? O que pode superar a descoberta de nosso verdadeiro eu? Para exprimi-lo de maneira simplificada, essas sete cartas retratam um confronto e, em última instância, uma unidade com as grandes forças da própria vida. As outras cartas, anteriormente consideradas muito importantes, tornam-se uma mera preparação para a grande descida na escuridão, a liberação da luz e o retorno dessa luz ao mundo iluminado da consciência.

Para a maioria dos leitores, a última linha parecerá muito vaga e extravagante. Podemos chamar esse tema de questão "religiosa" ou "mítica", mas essas palavras também são de difícil compreensão.

Talvez a imprecisão em nossa mente fale mais a respeito de nós mesmos e de nossa época do que do assunto em si. Qualquer sociedade ensina seu povo automaticamente, apenas pela linguagem que usa, a levantar certas hipóteses sobre o mundo. Exemplos em nossa cultura incluiriam o valor e a singularidade dos indivíduos, a realidade e a enorme importância do amor, a necessidade de liberdade e de justiça social, e – mais complexo, porém tão forte quanto – a individualidade básica de cada pessoa. "Nascemos sozinhos e morremos sozinhos." Nossa sociedade, construída sobre o materialismo dos séculos XVIII e XIX, não se limita a rejeitar a noção de "superconsciência" ou "forças universais". Na realidade, não sabemos o que elas significam.

Quando se trata da última linha dos Arcanos Maiores, lidamos com uma área desconfortável para muitos de nós. Isso tornará a tarefa de compreensão dessas cartas mais difícil – e talvez mais gratificante. Trabalhar com essas figuras antigas pode nos trazer o conhecimento negligenciado em nossa educação.

CAPÍTULO 3

OS TRUNFOS INICIAIS: SÍMBOLOS E ARQUÉTIPOS

(a) (b)

Figura 1

O LOUCO

Já observamos um dos aspectos do Louco, a imagem de um espírito totalmente livre. No entanto, podemos analisá-lo de outro ângulo: o salto no mundo arquetípico dos trunfos.

Imagine-se entrando em uma paisagem estranha. Um mundo de magos, de pessoas dependuradas de cabeça para baixo e dançarinos em um céu iluminado. Você pode entrar nele saltando de um lugar alto, passando por uma caverna escura, um labirinto, ou até descendo por uma toca, em busca de um coelho vitoriano com um relógio de bolso. Seja qual for sua escolha, você será louco se fizer isso. Por que analisar o mundo profundo da mente se você pode permanecer a salvo na paisagem comum do seu trabalho, do seu lar e da sua família? Em *Moby Dick*, Herman Melville advertiu seus leitores para não darem nenhum passo fora do habitual caminho traçado pela sociedade. Talvez eles não conseguissem retornar.

Contudo, para quem quiser se arriscar, o salto pode trazer alegria e aventura e, por fim, para quem tiver coragem de seguir em frente quando o país das maravilhas se tornar mais assustador do que alegre, o salto pode trazer conhecimento, paz e libertação. É interessante notar que o arquétipo do Louco aparece mais na mitologia do que na religião estruturada. Dificilmente uma Igreja institucionalizada encorajará as pessoas além dos limites das instituições. Em vez disso, as igrejas nos oferecem um porto seguro contra os temores da vida. A mitologia conduz diretamente ao coração desses temores, e em toda cultura o cenário mitológico contém a imagem do trapaceiro – empurrando, provocando, incitando, cutucando reis e heróis quando eles se afastam do mudo interior da verdade.

Nas lendas do Rei Artur, Merlin é apresentado não apenas como um mago e sábio, mas também como um trapaceiro. Muitas vezes ele aparece disfarçado de criança, mendigo ou velho camponês diante de Artur. O jovem rei, já seduzido pela magnificência de sua elevada posição social, nunca reconhece Merlin, até seus companheiros ressaltarem que ele foi enganado novamente. Mais importante do que leis ou estratégia militar, é a habilidade a identificar as ilusões. Os mestres taoistas eram famosos por pregar peças em seus discípulos.

O arquétipo do Louco até encontrou uma expressão social como o bobo da corte real. Todos conhecemos a imagem do "louco" em *Rei Lear*, autorizado a contar ao rei as verdades que ninguém mais ousaria exprimir. Atualmente, de certo modo, nossos comediantes e humoristas gozam do mesmo privilégio.

Em muitos países, o carnaval anual libera toda a selvageria reprimida durante o restante do ano. O sexo é mais livre, várias leis são suspensas, as pessoas andam fantasiadas, e o *King of Fools*[*] é escolhido para presidir a

---

[*] Literalmente, "rei dos loucos", que no Brasil é representado pelo Rei Momo. (N. da T.)

festa. Hoje, na Europa e na América do Norte, o dia 1º de abril ainda é o *April Fool's Day* (Dia da Mentira), consagrado a embustes e brincadeiras.

Na figura 1, a imagem ao lado daquela do baralho Waite-Smith mostra o Louco tal como concebido por Oswald Wirth. Pertencente a uma tradição mais antiga do que a de Waite, ela representa o arquétipo como um andarilho grotesco. Essa imagem tem sido interpretada de diversas maneiras como a alma antes da iluminação, um recém-nascido entrando no mundo da experiência e o princípio da anarquia. Elizabeth Haich fez uma interessante interpretação da imagem grotesca do Louco, produzida por Wirth. Colocando-o entre o Julgamento e o Mundo, ela o descreve como o que o mundo exterior enxerga quando olha para alguém realmente iluminado. Como o Louco não segue as regras das outras pessoas nem compartilha suas fraquezas, ele aparece para elas de uma maneira feia e distorcida. Haich descreve o rosto do Louco como uma máscara, colocada não por ele, mas pelo mundo exterior. A última carta, o Mundo, apresenta a mesma pessoa iluminada, mas vista a partir de dentro, ou seja, por ela própria.

Em alguns baralhos antigos de tarô, o Louco aparecia como um bobo da corte gigantesco, elevando-se sobre as pessoas ao seu redor. Seu título era "o Louco de Deus". A expressão também foi usada para identificar os idiotas, os loucos inofensivos e os epiléticos graves, pois se considerava que tivessem contato com uma sabedoria superior justamente por não terem contato com o restante de nós.

O arquétipo também persiste na moderna mitologia popular. Por sua natureza primitiva e fantástica, histórias em quadrinhos costumam exprimir temas mitológicos melhor do que romances. Em *Batman*, o inimigo mais forte do herói é o Coringa, uma figura sem passado e que nunca é vista sem a extravagante maquiagem de um curinga de baralho. O curinga não descende do Louco, como eu e outros estudiosos do tarô havíamos imaginado. Foi inventado por um clube de pôquer nova iorquino como "carta versátil", ou seja, que pode assumir qualquer valor para deixar o jogo mais interessante. No entanto, ela evoca o mesmo arquétipo do Louco, pois se baseia no bobo da corte. A rivalidade entre Batman e o Coringa transmite uma mensagem clara aos leitores: não se rebele contra os valores sociais. Defenda a lei e a ordem. Nos últimos anos, a revista tem descrito o Coringa mais como um insano do que como um criminoso. Para a sociedade, o caminho do Louco, ou seja, o instinto no lugar das regras, é uma insanidade perigosa.

Até o momento, vimos o Louco como o "outro", que nos tira da complacência com suas brincadeiras e seus disfarces. Como o "eu", ele representa a longa tradição do tolo desprezado pelos irmãos mais velhos, mas que no fim é capaz de conquistar a princesa ou o príncipe graças à sua perspicácia instintiva e à sua gentileza.

Curiosamente, a imagem do Louco como indivíduo aparece mais em contos de fadas do que em mitos. Vemos os mitos como se eles representassem forças maiores do que nós mesmos. O conto de fadas mais simples nos permite exprimir nossa própria insensatez.

Assim como "Boots" ou "Gluck"* nos contos de fadas aparecem acompanhados por animais que os ajudam, na maioria dos baralhos o Louco caminha com um companheiro. No de Waite, a figura é de um cão saltitante, em outros, a de um gato ou até mesmo de um crocodilo. O animal simboliza as forças da natureza e o lado animalesco do homem, todos em harmonia com o espírito, que age a partir do instinto. Os cães mitológicos costumam ser assustadores, como o Cérbero, que persegue almas perdidas. Ele é, de fato, o mesmo animal; apenas nossa atitude muda. Negue seu próprio eu, e ele se tornará feroz. Obedeça-lhe, e ele se tornará inofensivo.

O Louco de Waite segura uma rosa branca. Rosas simbolizam paixão, enquanto o branco, a cor tradicional da pureza, junto com a maneira delicada como a flor é segurada, indica as paixões elevadas a um grau superior. Os gregos viam Eros, deus do amor, como um trapaceiro que fazia com que as pessoas mais respeitáveis agissem de maneira ridícula. No entanto, quem já exprime sua loucura não será derrubado pelo amor. Os gregos também falavam de Eros em outros termos como a força animadora do universo.

O saco que o Louco carrega nas costas contém suas experiências. Ele não as abandona, não é negligente; e elas não o controlam, como fazem nossas lembranças e nossos traumas com nossa vida. O saco exibe a cabeça de uma

---

* Personagens dos contos de fadas *Boots and his Brothers* (Boots e seus Irmãos) e *The King of the Golden River* (O Rei do Rio Dourado), respectivamente. (N. da T.)

águia, símbolo do espírito em ascensão. Seu instinto elevado preenche e transforma toda experiência. A águia também é o símbolo do Escorpião, elevado a um nível superior, ou seja, a sexualidade elevada ao espírito. Essa ideia da conexão entre sexo e espírito reaparecerá na carta do Diabo.

O Louco carrega um bastão no ombro, como um mendigo. Porém, na verdade, esse bastão é um cetro, símbolo de poder. O Mago e o condutor do Carro também trazem bastões, mas conscientes de si mesmos, segurando-os com força. Já o Louco e a dançarina do Mundo seguram os seus de maneira tão casual que mal os notamos. O que poderia ser mais tolo do que usar uma varinha de condão para carregar a própria bagagem? Podemos imaginar um conto de fadas em que o irmão mais novo e ingênuo encontra um bastão à beira da estrada e o recolhe sem reconhecê-lo como a varinha perdida de um feiticeiro. Por isso, não é destruído como seus dois irmãos mais velhos, que tentam usá-lo em benefício próprio.

O bastão do Louco é preto; os outros são brancos. Para o Louco inconsciente, a força espiritual sempre permanece em potencial e pronta, pois ele não a rege de maneira consciente. Tendemos a interpretar erroneamente a cor preta como um mal ou como a negação da vida. Em vez disso, o preto significa que todas as coisas são possíveis; ele remete à infinita energia da vida, antes que a consciência construa alguma limitação. Quando temermos o preto ou a escuridão, temermos também a profunda fonte inconsciente da vida em si.

Como o curinga, o Louco realmente cabe em qualquer lugar no baralho, em combinação com e entre qualquer outra carta. Ele é a força animadora que dá vida às imagens estáticas. Nos Arcanos Maiores, pode ser disposto em qualquer lugar onde haja uma transição difícil. Isso explica sua posição no início, onde há uma transição do mundo cotidiano dos Arcanos Menores para o mundo dos arquétipos. O Louco também nos ajuda a pular a lacuna entre uma linha e a seguinte, ou seja, do Carro para a Força, da Temperança para o Diabo. Para chegar ao Carro ou à Temperança, é preciso muito esforço e coragem, e sem a prontidão do Louco para saltar no novo território, provavelmente pararíamos no ponto que já alcançamos.

O Louco também pode ser combinado com as cartas de passagem difícil, como a Lua e a Morte (observe a estrada sinuosa em cada uma delas), nas quais ele nos encoraja apesar de nossos temores.

Nos Arcanos Menores, o Louco está relacionado, em primeiro lugar, ao naipe de Paus– ação, impaciência, movimento irrefletido. No entanto, ele também está conectado ao naipe de Copas, com sua ênfase na imaginação e no instinto. De fato, o Louco combina essas duas sequências. Posteriormente, vemos que essa combinação, fogo e água, representa o caminho da transformação.

Por fim, surge a questão do lugar do Louco nas leituras divinatórias. Já mencionei a importância das leituras para uma compreensão mais completa das cartas. Mais do que isso, elas nos ajudam a aplicar a sabedoria das cartas à nossa vida cotidiana. Nas leituras, o Louco nos fala de coragem e otimismo, estimulando-nos a ter fé em nós mesmos e na vida. Em momentos difíceis, quando somos pressionados pelas pessoas ao nosso redor a sermos práticos, o Louco nos lembra que nosso eu interior é quem melhor pode nos dizer o que fazer.

Com frequência, o Louco pode simbolizar um início, um salto corajoso em uma nova fase da vida, sobretudo quando esse salto é dado a partir de um sentimento profundo, e não de um planejamento cuidadoso.

Isso se refere ao Louco em sua posição normal. Também temos de considerar os significados "invertidos", ou seja, quando o modo como embaralhamos as cartas faz o Louco aparecer com os pés para cima. Significados invertidos geram controvérsia entre os estudiosos do tarô. Normalmente, aqueles que apresentam fórmulas como se fossem significados invertem as fórmulas. Esse método simplista levou muitos intérpretes a abandonar por completo a ideia de significados invertidos. Contudo, também podemos considerar as inversões como um aprofundamento do significado da carta como um todo. De modo geral, uma carta invertida indica que suas qualidades foram bloqueadas, distorcidas ou encaminhadas para outra direção.

No que se refere ao Louco, uma inversão significa, em primeiro lugar, que você não conseguiu seguir seus próprios instintos. Pode significar que você não aproveitou uma oportunidade em um momento crucial por medo ou por depender demais de planejamento e dos conselhos práticos de outras pessoas.

Outro significado invertido do Louco dará, inicialmente, a impressão de contradizer o que acabamos de apresentar. Imprudência, impetuosidade e esquemas insensatos parecem o oposto do excesso de precaução. No entanto, originam-se a partir da mesma fraqueza, da incapacidade de agir a partir de dentro. A pessoa imprudente sobrepõe uma loucura consciente ou artificial à sua vida por duas razões: não confia no inconsciente para agir como um guia e teme não fazer nada.

Esse segundo sentido invertido sugere outra dimensão ao Louco: a consciência de que grandes oportunidades devem ser aproveitadas somente na ocasião adequada. Afinal, há momentos em que a precaução é necessária e outros em que é melhor não fazer nada. A lição básica ensinada por qualquer oráculo é a de que nenhuma ação ou atitude é correta ou errada, a não ser em seu próprio contexto.

À medida que avançamos no tarô, percebemos que esse conceito de momento apropriado permeia as cartas e é, de fato, a verdadeira chave para seu uso correto. No Tarô Waite-Smith, a carta que cai exatamente no meio das três linhas, ou seja, a Justiça, significa uma resposta apropriada.

Figura 2

O MAGO

O Mago surge diretamente a partir do Louco na imagem do trapaceiro-feiticeiro. Como mencionado anteriormente, Merlin cumpre esses dois papéis (tanto o de professor quanto o de sábio), e muitos outros mitos estabelecem a mesma conexão. Baralhos mais antigos de tarô exibiam o trunfo de número 1 como um prestidigitador, e não como um mago, ou até como um malabarista lançando bolas coloridas no ar. Charles Williams o descreveu como um malabarista lançando estrelas e planetas.

A maioria das imagens modernas do trunfo segue o feiticeiro de Waite, que ergue uma varinha mágica para trazer à realidade a força espiritual – a energia da vida em sua forma mais criativa. Ele segura a varinha com cuidado, consciente do poder psíquico que o Louco carrega com tanta leveza no ombro. Por isso, como início dos Arcanos Maiores propriamente ditos, o Mago representa consciência, ação e criação. Simboliza a ideia de manifestação, ou seja, de tornar algo real a partir das possibilidades na vida. Portanto, vemos os quatro emblemas dos Arcanos Menores dispostos sobre a mesa à sua frente. Ele não apenas usa o mundo físico para suas operações de magia (os quatro emblemas são objetos usados por bruxos em seus rituais), mas também cria o mundo, no sentido de dar à vida um significado e uma direção.

O Mago é cercado por flores para nos lembrar que o poder emocional e criativo que sentimos em nossa vida precisa ser fundamentado na realidade física para que dele possamos extrair algum valor. Nossas potencialidades não existem se nada fizermos com elas.

"No princípio, Deus criou o céu e a terra." A Bíblia inicia-se quando o espírito desce à realidade física. No mundo físico, não podemos falar de nada antes desse momento. Quando se associa o tarô ao alfabeto hebraico, o Louco costuma receber a primeira letra, *alef*. (O *alef* não tem som, é um portador silencioso de vogais; portanto, simboliza o nada. É a primeira letra dos Dez Mandamentos.) Por essa razão, o *bet*, segunda letra do alfabeto hebraico, mas a primeira letra com som real, seria atribuída ao Mago. O *bet* é a primeira letra do Gênesis.

Observemos a figura do Mago no Tarô Waite-Smith. Ele não está lançando feitiços nem conjurando demônios. Simplesmente está em pé, com uma mão erguida para o céu e a outra apontando para a terra verde, como um para-raios. Ao se abrir para o espírito, ele o atrai para dentro de si. Como um para-raios enterrado no chão, a mão abaixada direciona a energia para a terra, para a realidade.

São muitas as versões da "descida do espírito", tanto na Bíblia quanto em outros textos religiosos e na experiência religiosa contemporânea. Nas igrejas pentecostais, as pessoas "falam em línguas" (glossolalia), gritam, berram e rolam no chão em encontros evangélicos. Ao dar a comunhão, o padre vê a si próprio como um "recipiente" ou canal para o Espírito Santo. Porém, podemos encarar essa experiência em termos bem mais simples e não religiosos. As pessoas vibram de excitação em eventos esportivos. "Estou a ponto de explodir de tanta empolgação!" Quando iniciamos um romance ou uma carreira, sentimo-nos tomados por uma força. É comum ver pessoas que estão iniciando uma fase importante da vida balançar as pernas ou agitar-se na cadeira, como se estivessem tomadas por uma energia que não conseguem descarregar. Quando seu trabalho vai bem, escritores e artistas veem-se como canais quase passivos para uma força semelhante ao espírito. Originariamente, o termo "inspiração" significava "preenchido com um sopro divino" e deriva da mesma raiz de "espírito".

Vale notar que, de todos esses exemplos, apenas o padre e o artista não são tomados de frenesi. O frequentador fanático da igreja e o adolescente entusiasmado com uma partida de futebol compartilham o sentimento de que seu corpo está tomado por uma força maior do que eles. Longe de ser suave, a onda de energia pode até ser dolorosa. A pessoa em fervor religioso grita e salta para liberar uma energia insustentável.

A força da vida que preenche o universo não é suave nem inócua. Tem de ser descarregada, ancorada em algo real, pois nosso corpo e nosso eu não foram feitos para contê-la, apenas para transmiti-la. Assim, o artista não participa do frenesi físico porque descarrega essa energia na pintura. De modo semelhante, o padre a passa para o pão e o vinho.

Funcionamos melhor como um canal para a energia. A menos que sigamos o caminho da Sacerdotisa e nos retiremos do mundo, vivemos mais plenamente quando criamos ou somos ativos. "Criar" não significa apenas arte, mas qualquer atividade que produza algo real e válido fora de nós mesmos.

A sensação de energia é tão rara que muitas pessoas tentam mantê-la. Sem fazer nada, esperam preservar seus momentos mágicos. Porém, só conseguimos manter a energia na vida se a descarregarmos constantemente. Ao liberarmos a energia criativa, abrimo-nos para receber um novo fluxo. No entanto, ao tentarmos retê-lo, bloqueamos os canais, e a sensação de energia, que é a vida em si, acaba se enfraquecendo em nós. O espectador da partida de futebol ou até o frequentador fanático da igreja descobrirão que seu entusiasmo se apagou ao final do evento que o desencadeou. Já o artesão, o cientista ou o professor – e, nesse caso, também o leitor de tarô – perceberá que, quanto mais descarregar sua energia na realidade física, mais ela crescerá com o passar dos anos.

Quando observamos o Mago, aqueles de nós que sentem uma insuficiência ou uma monotonia na vida serão atraídos pela varinha erguida para o céu. Mas a verdadeira magia reside no dedo que aponta para a terra. Essa habilidade de criar é que lhe confere seu título. Sua imagem deriva não apenas do trapaceiro-prestidigitador, mas também do herói arquetípico. Em nossa cultura, ele seria Prometeu, que trouxe o fogo celeste para a humanidade fraca e fria.

No Ocidente, tendemos a ver os feiticeiros como manipuladores. Eles aprendem técnicas secretas ou fazem acordos com Satã a fim de ganhar poder pessoal. Essa imagem meio decadente vem em parte dos próprios magos, pois eles fazem feitiços para encontrar tesouros enterrados, mas também da Igreja, que os vê como concorrentes que negociam diretamente com o espírito em vez de passarem pelo sacerdócio oficial. Em certo sentido, o tarô e todas as ciências ocultas são revolucionários porque nos ensinam a salvação sem intermediários, nesta vida, e graças a nossos próprios esforços.

Podemos adquirir um conceito diferente do Mago por meio da imagem do xamã ou curandeiro. Como nenhuma igreja hierárquica surgiu para banir os xamãs, eles não foram isolados da comunidade. Atuam como curandeiros, professores e condutores da alma após a morte. Tal como os feiticeiros, os xamãs estudam e aprendem técnicas complicadas. Seu vocabulário mágico costuma ser bem mais amplo do que o repertório linguístico cotidiano das pessoas ao seu redor. No entanto, nada desse treinamento é usado para manipular o espírito nem para ganho pessoal. Ao contrário, o xamã busca apenas tornar-se o canal adequado tanto para si mesmo, a fim de não ficar sobrecarregado, quanto para a comunidade, podendo servir-lhe melhor. Ele conhece a grande força que o penetrará em momentos de êxtase e quer ter certeza de que ela não o destruirá, inutilizando-o para as pessoas ao seu redor.

Assim como o feiticeiro, o xamã desenvolveu sua vontade a ponto de poder comandar o fogo que o preenche. Ao mesmo tempo, permanece aberto, permitindo a seu ego que se desfaça sob o ataque direto do espírito. O fato de nossos magos permanecerem dentro de círculos mágicos para terem certeza de que os demônios não poderão tocá-los diz algo sobre a nossa cultura.

Podemos adotar a atitude do xamã quando usarmos o baralho de tarô. Estudamos as cartas, aprendemos sua linguagem simbólica e até fórmulas específicas a fim de direcionar os sentimentos que elas despertam em nós. Contudo, não podemos nos esquecer de que a verdadeira magia está nas próprias imagens, e não nas explicações.

Os sentidos divinatórios do Mago derivam das duas mãos, ou seja, da que recebe a energia e da que a direciona. Em primeiro lugar, a carta significa uma consciência da energia em sua vida, do espírito ou do simples entusiasmo que toma conta de você. Dependendo da posição da carta e de sua reação a ela, também pode significar que a energia de outra pessoa está afetando você. Tal como o Louco, a carta se refere a começos, mas, nesse caso, remete aos primeiros passos reais. Pode significar tanto a inspiração para iniciar um novo projeto ou uma fase da vida quanto o entusiasmo que o sustentará enquanto você trabalhar duro para alcançar seu objetivo. Para muitas pessoas, o Mago pode se tornar um importante símbolo pessoal para a força criativa ao longo da vida.

Em segundo lugar, o Mago significa força de vontade, a vontade unificada e direcionada a uma meta. Nesse sentido, é uma grande força, porque toda a energia é canalizada para uma direção específica. Pessoas que sempre parecem obter o que querem na vida costumam saber o que desejam e conseguem direcionar sua energia. O Mago nos ensina que tanto a força de vontade quanto o sucesso derivam do fato de se ter consciência do poder disponível a qualquer um. A maioria das pessoas raramente age; em vez disso, reage e é lançada de uma experiência a outra. Agir é conduzir sua força por meio da vontade para onde você quiser que ela vá.

O Mago invertido significa que, de certo modo, o fluxo adequado de energia foi interrompido ou bloqueado. Isso pode exprimir fraqueza, falta de vontade ou uma confusão de objetivos que leva à inação. A energia está ali, mas não podemos tocá-la. A carta invertida pode significar a apatia letárgica que caracteriza a depressão.

O trunfo invertido também pode representar uma energia mal-empregada, uma pessoa que usa seu caráter muito forte para exercer uma influência destrutiva sobre os outros. Obviamente, o exemplo mais evidente disso seria a agressão psíquica da "magia negra".

Por fim, o Mago invertido indica inquietação mental, alucinações e medo, sobretudo da loucura. Esse problema surge quando a energia ou o fogo do espírito penetra uma pessoa que não sabe como direcioná-lo para uma realidade externa. Se não conduzirmos o raio para a terra, ele poderá ficar preso no corpo e impor-se à nossa consciência como ansiedade ou alucinações. Quem já passou por um momento de pânico total sabe que a ansiedade exacerbada é uma experiência física muito intensa, uma sensação de que o corpo está desenfreado, como um incêndio fora de controle. O termo "pânico" significa "possuído pelo deus Pã", ele próprio um símbolo de forças mágicas.

Pensemos novamente no para-raios. Ele não apenas atrai o raio, mas também o conduz para o solo. Sem essa conexão com a terra, o raio incendiaria a casa.

Vários escritores comentaram a respeito da relação entre o xamanismo e o que o Ocidente chama de "esquizofrenia". Os xamãs não costumam ser tão predestinados como se imagina. Em nossa cultura, se um jovem tem visões ou alucinações terríveis, não sabemos o que fazer com essas experiências, a não ser tentar interrompê-las por meio de drogas e autocontrole. Porém, em outras culturas, essas pessoas recebem treinamento. Isso não significa que a loucura não existe nem que não é reconhecida nas culturas arcaicas. Ao contrário, o treinamento seria uma prevenção contra a loucura, pois canalizaria as experiências para uma direção produtiva.

Estudando com um xamã consagrado e por meio de técnicas físicas como o jejum, os iniciados aprendem a compreender, estruturar e, por fim, direcionar essas experiências visionárias para servir a comunidade.

O Mago invertido não deve ser banido nem confinado; em vez disso, temos de encontrar o caminho para colocá-lo na posição correta.

Figura 3

A SACERDOTISA

Em *The Definitive Tarot* [O Tarô Definitivo], Bill Butler comentou as fontes históricas e lendárias desse arquétipo feminino. Ao longo da Idade Média, insistiu-se na história de que, um dia, uma mulher foi eleita papisa. Por anos disfarçada de homem, a suposta "Papisa Joana" trilhou sua trajetória na hierarquia da Igreja até chegar à posição mais elevada, mas acabou morrendo ao dar à luz em uma celebração da Páscoa.

Muito provavelmente, a papisa Joana não passou de uma lenda; já a papisa Visconti foi real. No final do século XIII, um grupo italiano conhecido como Guglielmitas acreditava que sua fundadora, Guglielma da Boêmia, morta em 1281, ressuscitaria em 1300 e começaria uma nova era, na qual as mulheres se tornariam papisas. Contudo, anteciparam-se a isso e elegeram Manfreda Visconti como a primeira papisa. A Igreja acabou categoricamente com essa heresia mandando Irmã Manfreda para a fogueira em 1300, ano da esperada nova era. Cerca de um século e meio depois, a mesma família Visconti encomendou o primeiro baralho de tarô como o conhecemos hoje.

Entre seus trunfos sem números nem nomes havia a figura de uma mulher, que nos baralhos posteriores foi intitulada "A Papisa".

O nome vigorou até o século XVIII, quando Court de Gébelin, acreditando que o tarô se originasse da religião de Ísis do antigo Egito, mudou a designação para Sacerdotisa. Atualmente, ambos os nomes existem (bem como o de "Ísis Velada"), e a imagem da carta de Waite deriva diretamente do traje simbólico da sacerdotisa Ísis, em particular a coroa, que representa as três fases da lua.

A lenda da papisa Joana e de Manfreda Visconti são não apenas curiosidades históricas. Ambas ilustram um importante desenvolvimento social na Idade Média, a reintrodução da mulher e de princípios femininos na religião e na cosmologia. As imagens e os conceitos associados ao papel masculino dominaram tanto a Igreja quanto a religião judaica por séculos. Como resultado, as pessoas comuns percebiam as religiões dos padres e rabinos como algo remoto, severo e inacessível, que enfatizava o pecado, o julgamento e a punição. Queriam virtudes, como misericórdia e amor, que identificaram com as mulheres. Assim como uma mãe que protege seu filho do rigor um tanto distante do pai, uma divindade feminina intercederia em favor dos patéticos pecadores contra o julgamento incansável do Pai.

É interessante perceber que, de diferentes modos, a Igreja via Cristo como Filho, justamente no papel de quem apresenta o amor e a compaixão. Entretanto, as pessoas pediam uma mulher. Nem mesmo a ideia da Igreja como "Mãe" foi suficiente. Por fim, a instituição capitulou ao erigir a Virgem Maria quase ao nível do próprio Cristo.

Muitos autores e estudiosos acreditam que a elevação de Maria – assim como o as longas batinas dos padres – teve sua origem no desejo da Igreja de assimilar uma religião que persistia na consagração de uma deusa e provinha de tempos anteriores ao cristianismo. Se isso for verdade, indicaria menos um conservadorismo cultural do que o poder do arquétipo feminino para preservar o controle e triunfar parcialmente contra a supressão.

No judaísmo, a religião oficial dos rabinos conseguiu resistir a todo feminismo insurgente. No entanto, a necessidade do povo ganhou terreno em outra área: a longa tradição da Cabala. Os cabalistas tomaram uma palavra do Talmude, *Shekinah*, que significava a glória de Deus manifestada no mundo físico, e a reformularam para transformá-la na *anima* de Deus ou em seu lado feminino. Portanto, os cabalistas reformularam a ideia de Adão, transformando-o originariamente em um hermafrodita. A separação entre Adão e Eva e até mesmo a separação entre *Shekinah* e Deus tornaram-se imagens de isolamento e exílio, às vezes relacionadas a Adão e ao pecado da desobediência.

Até esse momento, analisamos as qualidades benevolentes e maternais das figuras mitológicas femininas. No entanto, do ponto de vista histórico, divindades femininas sempre tiveram um lado obscuro e oculto. De certo modo, apresentar o elemento feminino significa apresentar o arquétipo inteiro. O tarô divide o arquétipo feminino em dois trunfos e, na verdade, atribui as boas qualidades ao segundo (trunfo 3), a Imperatriz. A Sacerdotisa, por sua vez, representa um aspecto mais profundo e sutil do feminino, aquele do lado obscuro, misterioso e oculto. Como tal, ela se conecta ao lado virginal da Virgem Maria, o lado da filha pura da *Shekinah* (que simultaneamente foi ilustrada como mãe, esposa e filha).

Deveríamos perceber que essa atribuição de qualidades às mulheres geralmente vem dos homens e das ideias masculinas. Os cabalistas, os ocultistas e os desenhistas de tarô lamentaram a separação de homens e mulheres em categorias e ensinaram a unificação como objetivo final. É o que se vê na dançarina do Mundo do tarô. Eles estavam à frente da religião estabelecida, que chegava a questionar se as mulheres teriam alma. No entanto, ainda eram os homens a determinar as categorias. Para eles, as mulheres sempre pareceram misteriosas, estranhas e, quando estavam em segurança, desempenhando seu papel de mãe, eram amorosas e misericordiosas. Para os homens, as mulheres parecem alienígenas, mais sutis em seu pensamento e irracionais. Em nossa época, romances e filmes constantemente retrataram homens simples manipulados por feiticeiras.

O fato de o ciclo menstrual durar aproximadamente tanto quanto o ciclo lunar associa as mulheres a esse remoto corpo prateado. A menstruação em si, um copioso sangramento do órgão sexual feminino sem perda de vida, simplesmente aterrorizou os homens por séculos. Mesmo atualmente, judeus supersticiosos acreditam que uma gota do sangue menstrual pode matar uma planta. O terrível mistério do nascimento conecta ainda mais as mulheres à ideia de escuridão. O feto cresce, e a alma penetra na escuridão úmida e quente do ventre. A maternidade associa as mulheres à terra, onde a escuridão também predomina. As sementes repousam no solo durante o escuro e mortal inverno, para emergirem como alimento sob os raios quentes e reconfortantes do sol que, em muitas culturas, é considerado masculino.

Assim como os raios do sol penetram a terra, o órgão sexual masculino penetra o feminino para deixar uma semente em seu misterioso ventre. É fácil perceber como os homens viram a si mesmos como ativos e as mulheres como passivas e misteriosas. Muitas vezes, as pessoas relacionam passividade a um aspecto "negativo", ou seja, inferior e frágil. No entanto, a passividade contém sua própria força. Ela fornece à mente a oportunidade de trabalhar. Quem conhece apenas a ação nunca terá a chance de refletir sobre o que essa ação lhe ensinou. Em um sentido mais profundo, a passividade permite que o inconsciente venha à tona. Somente quando nos retiramos do envolvimento externo conseguimos permitir que nossa voz interior de visão e forças psíquicas fale conosco. É justamente para evitar essa voz interior que muitas pessoas nunca descansam da ação e do movimento. Nossa sociedade, totalmente baseada em realizações externas, promove um terror do inconsciente; porém, sem sua sabedoria, nunca poderemos conhecer a nós mesmos nem o mundo por completo.

A Sacerdotisa representa todas estas qualidades: escuridão, mistério, forças psíquicas, o poder da lua de estimular o inconsciente, passividade e a sabedoria adquirida com ela. Essa sabedoria não pode ser expressa em termos racionais; tentar fazê-lo seria limitá-la, estreitá-la e falsificá-la de imediato. Em algum momento, a maioria das pessoas sentiu que compreendia algo de um modo tão profundo que nunca conseguiria explicá-lo. Os mitos servem como metáforas para sentimentos psíquicos profundos; no entanto, eles próprios, assim como as explicações dadas por teólogos e antropólogos, são apenas símbolos. A Sacerdotisa significa sabedoria interior em seu nível mais profundo.

Ela está sentada diante de dois pilares que representam o templo de Ísis e o antigo templo hebraico em Jerusalém, a residência de Deus na terra ou, em outras palavras, o lar da *Shekinah*. Um véu pende entre os dois pilares, indicando que somos impedidos de entrar na morada da sabedoria. A imagem do templo ou do santuário velado aparece em muitas religiões. De fato, dizia-se que a *Shekinah* residia dentro da arca velada do templo.

Hoje, a maioria das pessoas supõe que, de alguma forma, somos proibidos de ultrapassar os pilares da Sacerdotisa. Na realidade, simplesmente não sabemos como fazê-lo. Entrar no espaço atrás do véu seria conhecer conscientemente a sabedoria irracional do inconsciente. Esse é o objetivo de todos os Arcanos Maiores. Observe com atenção a figura de Smith. Você poderá ver o que há por trás do véu se olhar entre ele e os pilares. E o que há por trás é água. Nenhum grande templo nem símbolos complexos, mas apenas uma extensão de água, o delineamento de colinas e o céu. A água significa o inconsciente e a verdade nele escondida. Apresenta-se imóvel, com os segredos em sua profundeza mais sombria, oculta sob uma superfície lisa. Para a maioria de nós, na maior parte do tempo, o inconsciente turbulento permanece escondido sob uma plácida camada de consciência. Não podemos entrar no templo porque não sabemos como entrar em nós mesmos. Por isso, temos de percorrer os trunfos até alcançarmos a Estrela e a Lua, onde finalmente conseguiremos agitar as águas e retornar com sabedoria à luz consciente do Sol.

O templo apresenta a imagem dos dois pilares e o tema da dualidade e dos opostos. A imagem aparece várias vezes ao longo dos trunfos, em lugares tão óbvios quanto as colunas da igreja do Hierofante ou as duas torres da Lua (os pilares da Sacerdotisa vistos do outro lado), mas também de maneiras mais sutis, como as duas esfinges do Carro ou o homem e a mulher do Enamorado. Por fim, o Julgamento, com a criança que se ergue entre um homem e uma mulher, e o Mundo, que segura duas varas, resolvem a dualidade unindo os mistérios internos à consciência externa.

As letras "B" e "J" representam Boaz e Jaquim, nomes dados aos dois pilares principais do templo de Jerusalém. Obviamente, a Boaz escura indica a passividade e o mistério, enquanto Jaquim simboliza a ação e a consciência. Vale notar, porém, que as letras trazem indicações contrárias, um B branco e um J preto. Tal como os pontos no símbolo do Tao, elas significam que a dualidade é uma ilusão, e cada extremo carrega o outro embutido em si.

No colo, ela segura um pergaminho marcado com a inscrição "Torá". Esse nome se refere à lei judaica, aos cinco livros de Moisés, e sua grafia serve de anagrama à palavra "taro". Como último tema de todas as meditações cabalísticas (como a crucificação de Cristo para os místicos cristãos), a Torá contém uma grande carga de significado esotérico. Os cabalistas acreditavam que a Torá lida no sábado de manhã nas sinagogas era apenas uma representação, uma espécie de sombra da verdadeira Torá, a palavra viva de Deus, que existiu antes do universo e contém toda a verdadeira existência. Portanto, a Torá segurada pela Sacerdotisa, enrolada e parcialmente coberta por seu manto, significa um conhecimento superior vedado a nós, que dispomos de uma compreensão inferior. Também podemos descrevê-la como verdades psíquicas, acessíveis a nós apenas na forma distorcida de mitos e sonhos.

Anteriormente, discorremos sobre o Louco que aparece em momentos cruciais de mudança para nos impulsionar. A diferença entre a Sacerdotisa e a Imperatriz é um desses momentos. Podemos ser facilmente seduzidos pela frieza sombria do segundo trunfo, mesmo sem nunca penetrar realmente em seus segredos. Com frequência, o iniciante na disciplina espiritual prefere permanecer no nível visionário a passar pelo lento e árduo trabalho necessário para avançar. Muitas pessoas em situações mais comuns acharão que a vida é demasiado opressiva, vasta e exigente para participarem dela. Podemos fazer melhor uso da passividade da Sacerdotisa como uma forma de contrabalançar a atitude do Mago, voltada para fora, mas muitos acham o aspecto passivo extremamente atraente. Ele representa uma resposta à luta, um recolhimento tranquilo em vez do brilho intenso da autoexposição quando nos envolvemos abertamente com outras pessoas.

No entanto, a mente humana não trabalha dessa forma. Ela requer paixão e precisa conectar-se com o mundo. Se não conseguimos passar pelo véu, o templo permanece um espaço vazio para nós, desprovido de sentido. Quem tenta viver uma vida completamente passiva fica deprimido, cada vez mais preso em um ciclo de apatia e medo.

Praticamente, todas as religiões da deusa da lua apresentam mitos do aspecto cruel da divindade. Ovídio nos conta a história do caçador Acteon, portanto, uma figura devidamente pertencente ao mundo da ação. Certo dia, ele viu um riacho e decidiu segui-lo até sua nascente (mais uma vez, a água como símbolo do inconsciente). Por isso, acabou se afastando de seus cães e dos outros caçadores e, quando alcançou a nascente, distante do mundo ativo, viu um grupo de donzelas. Entre elas, nua, estava Diana, a deusa virgem. Se nesse momento Acteon tivesse retornado de imediato ao mundo exterior, encontraria sua vida enriquecida. Em vez disso, permitiu que a beleza de Diana o fascinasse. Ele se demorou demais, e a deusa, ao descobrir que um homem vira sua nudez (compare as camadas de roupa da Sacerdotisa com a nudez da jovem que representa a Estrela), transformou Acteon em um cervo. Quando ele fugiu, aterrorizado, seus próprios cães o esfacelaram.

Aqui entra o Louco (vale lembrar seu cão, que salta ao seu lado), lembrando-nos de dançar com leveza, longe das duas visões que são o Mago e a Sacerdotisa, até estarmos realmente prontos para assimilá-las.

Em primeiro lugar, os significados divinatórios da Sacerdotisa abordam um sentido de mistério na vida, tanto das coisas que não conhecemos quanto daquelas que não podemos conhecer. Indicam uma ideia de escuridão, às vezes uma área de medo em nossa vida, mas também de beleza. Um período de recolhimento passivo pode enriquecer nossa vida permitindo o despertar de algumas coisas em nosso interior.

Como um emblema do conhecimento secreto, o trunfo indica a sensação de compreender intuitivamente a resposta a um grande problema, caso consigamos expressar essa resposta de maneira consciente. Mais especificamente, a carta pode referir-se a visões e a poderes ocultos e mediúnicos, como a clarividência.

Em seu aspecto mais positivo, a Sacerdotisa significa o potencial em nossa vida – possibilidades muito intensas que não realizamos, embora sejamos capazes de senti-las como possíveis. A ação deve acontecer em seguida, do contrário, o potencial nunca se realizará.

Apesar de sua profunda sabedoria, às vezes a carta pode trazer um sentido negativo. Como a maioria dos trunfos, o valor da Sacerdotisa depende do contexto de outras cartas. Do ponto de vista negativo, o trunfo indica passividade no momento inadequado ou por um tempo muito longo, conduzindo à fraqueza, ao medo da vida e de outras pessoas. Ele mostra uma pessoa com uma forte intuição, que não consegue traduzir sentimentos em ações ou que sente medo de se abrir para outras pessoas. O fato de o aspecto bom ou ruim da carta aparecer em uma leitura específica dependerá das outras cartas que a rodeiam e, por certo, da intuição do leitor (sempre que lemos as cartas, somos parte da Sacerdotisa). É muito comum que ambos os sentidos sejam aplicados. Os seres humanos têm mais de um lado.

A Sacerdotisa é um arquétipo, uma figura obstinada, que reflete um aspecto da existência. Quando a invertemos, introduzimos as qualidades que faltam. A carta invertida significa uma mudança de direção rumo à paixão, a um envolvimento profundo com a vida e outras pessoas, em todos os sentidos — emocional, sexual e competitivo. Contudo, o pêndulo pode oscilar a ponto de a carta invertida simbolizar a perda do conhecimento mais precioso: o sentido de nosso eu interior.

CAPÍTULO 4

A SEQUÊNCIA MUNDANA

OS ARCANOS MAIORES E O CRESCIMENTO PESSOAL

A primeira linha dos Arcanos Maiores nos conduz pelo processo da maturidade. Ela mostra os estágios do crescimento de uma pessoa, desde a infância – quando a mãe é amorosa e o pai, poderoso –, passando pela educação, até chegar ao ponto em que a criança se torna uma personalidade independente. Ao mesmo tempo, essas cartas tratam de uma evolução muito mais ampla, da qual o desenvolvimento individual é um microcosmo. Elas retratam a criação da sociedade humana, fora dos arquétipos da existência e da energia caótica da natureza.

Enquanto estabelecem os princípios para todo o baralho, o Mago e a Sacerdotisa referem-se mais especificamente à primeira linha. O movimento entre os opostos é o ritmo básico do mundo material. Na natureza, nada existe de maneira absoluta. Nas palavras de Ursula Le Guin, "a luz é a mão esquerda da escuridão, e a escuridão, a mão direita da luz". Quando passamos dos dois princípios para a Imperatriz, vemos os opostos misturarem-se na natureza para produzirem a realidade do universo físico.

As três cartas do meio da linha formam um conjunto. Elas nos mostram uma tríade: natureza, sociedade e Igreja. Também significam mãe, pai e educação. No antigo Egito, a divindade costumava ser vista como uma trindade. As entidades variavam de um lugar para outro e ao longo dos anos, mas geralmente eram uma mulher e dois homens, sendo a mulher considerada suprema. No tarô, a natureza, simbolizada pela Imperatriz, é a realidade subjacente, enquanto seus consortes, simbolizados pelo Imperador e pelo Hierofante, são construtos humanos.

As últimas duas cartas da linha representam os problemas do indivíduo: amor e sofrimento, renúncia e vontade. Em determinado momento, cada um de nós tem de aprender a se distinguir do mundo exterior. Antes disso, a personalidade permanece como uma criação vaga e sem forma dos pais e da sociedade. Aqueles que nunca realizam a ruptura são cortados da vida plena. Para a maioria das pessoas, o meio pelo qual elas rompem com os pais é o surgimento (os freudianos e talvez os ocultistas o chamariam de "ressurgimento") da pulsão sexual na puberdade. Não é por acaso que os filhos se rebelam contra os pais em relação às ideias, aos hábitos e às roupas enquanto seu corpo cresce rumo à maturidade.

O desenvolvimento da individualidade é apenas uma parte do crescimento. Cada pessoa tem de encontrar seus próprios objetivos e realizações. Ao mesmo tempo, ele ou ela terá de enfrentar, cedo ou tarde, o sofrimento, a doença e a fragilidade geral da vida, governada pela idade avançada e pela morte. Somente quando alcançamos uma plena compreensão da vida externa da humanidade é que podemos esperar alcançar internamente uma realidade mais profunda.

Figura 4

A IMPERATRIZ

Como mencionado no capítulo anterior, a Imperatriz representa os aspectos mais acessíveis e benevolentes do arquétipo feminino. Ela é maternidade, amor e gentileza. Ao mesmo tempo, significa sexualidade, emoção e a mulher como amante. Tanto a maternidade quanto o sexo derivam de sentimentos que são não intelectuais e básicos para a vida. Paixões em vez de ideias. A Sacerdotisa representava o lado masculino do arquétipo feminino, sua profunda compreensão intuitiva. A Imperatriz é pura emoção.

No papel da "feiticeira", ela aparece em nossos filmes e romances como a mulher irritante, que frustra e agrada ao mesmo tempo, pois seus processos mentais não seguem uma evolução racional. Muitas mulheres tomam essa imagem como um insulto, em parte porque ela representa valores e abordagens considerados negativos por nossa sociedade patriarcal, e em parte porque as pessoas erram ao partir do princípio de que mulheres e homens deveriam expressar pessoalmente essas ideias arquetípicas. No entanto, as imagens sociais também são danosas de outra maneira. São triviais. Junto com suas equivalentes mitológicas, como Afrodite, Ishtar ou Erzulie, a Imperatriz representa algo muito grandioso. Elas significam a abordagem apaixonada da vida; dão e recebem experiência com um sentimento incontrolado.

Enquanto não aprendermos a vivenciar o mundo exterior por completo, não poderemos esperar transcendê-lo. Por isso, o primeiro passo para a iluminação é a sensualidade. Somente por meio da paixão podemos sentir, mais nas profundezas do nosso íntimo do que em uma argumentação intelectual, o espírito que preenche toda existência.

Muitas pessoas veem a religião como uma alternativa ao mundo natural, que, de certo modo, consideram impuro ou sujo. Embora nossa tradição cultural promova essa dualidade, ela não passa de uma ilusão, e a pessoa que se aproxima da espiritualidade como fuga provavelmente nunca alcançará uma compreensão muito evoluída. O corpo e o mundo natural são realidades que precisam ser integradas, não negadas.

Na mitologia do budismo, descobrimos que os deuses manipularam o pai do príncipe Sidarta para que ele proporcionasse a seu filho, Gautama, toda sorte de satisfação sensual. O pai acreditava que o prazer impediria seu filho de renunciar ao mundo e tornar-se um buda. O tiro saiu pela culatra, pois, apenas depois de experimentar a sensualidade por completo, o príncipe conseguiu abandoná-la. Após renunciar ao mundo, Gautama uniu-se aos ascetas, o outro extremo. Porém, só alcançou a iluminação depois de rejeitar os dois extremos em favor do Caminho do Meio. Desse modo, podemos vislumbrar o Buda na dançarina do Mundo, que segura levemente o Mago e a Sacerdotisa.

Como uma combinação de 1 e 2, o número 3 significa síntese e harmonia. O mundo natural combina o Mago e a Sacerdotisa em uma unidade indivisível de vida e morte, escuridão e luz. A ideia de emoção também une o Mago, como arquétipo da atividade, à Sacerdotisa, como arquétipo do instinto.

Considere igualmente o processo de criação. O Mago simboliza a energia da vida, e a Sacerdotisa, as possibilidades de desenvolvimento futuro. A realidade da Imperatriz resulta da combinação de ambos. Há pouco tempo, Carl Sagan demonstrou que a vida na terra pode ter começado quando um raio atingiu o mar primordial. Portanto, mais uma vez, o mundo natural provém do relâmpago do Mago atingindo as águas da Sacerdotisa.

O simbolismo da Imperatriz de Waite-Smith reflete a ideia da natureza, com toda a sua força e sua glória. A própria Imperatriz, voluptuosa e sensual, sugere paixão. Seu escudo é um coração com o signo de Vênus, versão romana da Grande Deusa. No mundo antigo, essa deusa governou como Deméter, Astarte ou Nut, até que os invasores patriarcais a rebaixaram à categoria de esposa (e, por fim, a baniram por completo, colocando em seu lugar uma divindade totalmente masculina). Aos pés da Imperatriz cresce um campo de grãos. A deusa comandava a agricultura e, no nordeste da Europa, era chamada de "Deusa do Milho". Usa um colar com nove pérolas, representando os nove planetas, enquanto sua coroa contém 12 estrelas, que simbolizam os signos do zodíaco. Em resumo, suas joias são o universo. A Grande Mãe não é a representação das formas da natureza, mas o princípio subjacente da vida. As estrelas têm seis pontas, símbolo muito mais antigo do que seu uso corrente como emblema social do judaísmo. A estrela de seis pontas combina dois triângulos; o que aponta para cima simboliza o fogo, o que aponta para baixo, a água. Mais uma vez, a Imperatriz associa os trunfos 1 e 2 em uma nova realidade.

Um rio flui por entre as árvores atrás dela e desaparece sob seu assento. Esse rio é a força da vida, que corre como uma grande corrente sob todas as formas separadas de realidade e é percebida de maneira mais plena quando nos entregamos a uma paixão irrestrita. Em nosso íntimo, podemos sentir o ritmo de um rio, carregando-nos adiante pela experiência, até que, com a morte, nossa vida individual volta ao mar da existência.

O rio também simboliza a unidade da mudança e da estabilidade. Embora sua água nunca seja a mesma, ele permanece um rio especial, com suas próprias qualidades. Os seres humanos mudam a cada dia, as células de nosso corpo morrem e novas assumem seu lugar; no entanto, sempre permanecemos nós mesmos.

O número 3, produzido pela combinação do 1 e do 2, revela outra ideia. Assim como os números 1 e 2 representam especificamente o masculino e o feminino, o número 3 significa a criança gerada pela união de ambos. A criança nasce como uma criatura da natureza, sem o fardo do ego e da personalidade. Ela vivencia diretamente o universo, sem controles nem rótulos. Apenas quando crescemos aprendemos a dispor barreiras entre nós e a vida. Um dos objetivos do tarô é fazer-nos voltar ao estado natural de experimentar diretamente o mundo ao nosso redor.

Contudo, se a Imperatriz significa a criança, então ela também representa a mãe. A maternidade é o meio básico pelo qual a vida continua na natureza. E como o vínculo físico entre a mãe e a criança é muito direto, o amor maternal, em sua forma mais intensa, é puro sentimento, doado sem considerações intelectuais nem morais. (Obviamente, esse é um ideal; na realidade, esse amor pode vir mais do pai do que da mãe ou, infelizmente, não vir de nenhum dos dois.) Ao longo da história, as pessoas identificaram a maternidade com a natureza, de modo que o termo "Grande Mãe" para a terra aparece em todo o mundo. Mesmo hoje, falamos vagamente de "Mãe Natureza".

Nas leituras, a Imperatriz representa um período de paixão, quando nos aproximamos da vida por meio de sentimentos e prazer, e não pelo pensamento. A paixão é sexual ou maternal. De uma maneira ou de outra, é profundamente sentida e, no contexto correto, pode dar grande satisfação. No contexto errado, quando uma análise se faz necessária, a Imperatriz pode significar uma abordagem emocional contumaz, uma recusa a considerar os fatos. Ela também pode indicar outro problema: o prazer autoindulgente quando a restrição é necessária. Contudo, normalmente ela remete à satisfação e até à compreensão, adquirida por meio das emoções. Os significados invertidos das cartas também têm seus contextos positivos e negativos. Por um lado, a imagem pode significar um recuo em relação ao sentimento, seja rejeitando as emoções, seja tentando suprimir os desejos, sobretudo o sexual. No entanto, assim como a Sacerdotisa, quando virada para baixo, adiciona o elemento de envolvimento que está faltando, a Imperatriz invertida pode significar uma nova consciência intelectual, em especial a solução para um problema emocional complicado, mediante uma reflexão tranquila sobre ele.

Em sua posição correta e invertida, os significados dos trunfos 2 e 3 são espelhos um do outro. Às vezes acontece de ambos aparecerem virados para baixo na leitura. Isso significa que a pessoa expressa tanto o aspecto emocional quanto o mental e intuitivo, porém, de maneira negativa. A racionalidade surge como uma reação ao envolvimento emocional excessivo, enquanto uma sensação de isolamento ou frieza conduz à paixão. Se os dois aspectos da deusa puderem ser experimentados com o lado certo para cima, a pessoa adquirirá um equilíbrio mais estável e recompensador.

(a)   (b)

Figura 5

O IMPERADOR

Para toda criança, os pais são arquétipos. Não apenas a mãe e o pai, mas a Mãe e o Pai. Como nossa mãe nos dá a vida, nos alimenta e protege, tendemos a vê-la como uma figura de amor e misericórdia (e ficamos muito decepcionados quando ela age com rigor ou frieza). Porém, o Pai – especialmente em épocas tradicionais, quando o papel dos gêneros era mais estrito – permanecia mais distante, o que justifica a figura de severidade. Era o pai quem tinha autoridade e, por isso, tornava-se juiz; era ele quem punia (e a mãe intervinha) e ensinava as regras da sociedade, exigindo obediência. Para a criança, o pai é, de várias formas, indistinguível da sociedade como um todo, assim como a mãe é a própria natureza. Para muitas pessoas, um dos momentos dolorosos da maturidade se dá quando descobrem a humanidade limitada de seus pais.

No esquema de Freud sobre o desenvolvimento mental, o pai e as regras da sociedade são diretamente associados. A psique infantil requer uma satisfação constante, sobretudo em seu desejo de alimento e prazer físico por parte da mãe. (Os freudianos podem até alegar que a criança deseja uma relação efetiva com a mãe, mas a situação continua mesmo quando a criança busca apenas o prazer de ser segurada contra o corpo da mãe.) Ao interferir na relação entre a criança e a mãe, o pai desperta a hostilidade ainda não reprimida do filho, o que se traduz no desejo de suprimir por completo a interferência. No entanto, o impulso de destruir o pai não pode ser consumado nem mesmo reconhecido; assim, para aliviar o terrível dilema, a psique se identifica com a imagem do Pai, criando um "superego" como um novo guia para o eu (em substituição ao *id* – os impulsos e desejos que levam a essa crise). Mas qual a forma assumida pelo superego? Em termos específicos, aquela das regras da sociedade, tradicionalmente aprendidas sob a orientação do pai.

Os trunfos 3 e 4 do tarô representam os pais em seus papéis arquetípicos. No entanto, assim como a Imperatriz significa o mundo natural, o Imperador carrega o significado mais amplo do mundo social "casado" com a natureza. Ele simboliza as leis da sociedade, tanto as boas quanto as ruins, e o poder que as impõe.

Em tempos antigos, quando a Deusa reinava, o rei desempenhava uma função especial. A nova vida só poderia vir da morte; por isso, a cada inverno, os representantes da Deusa sacrificavam o velho rei, geralmente desmembrando-o e enterrando seus pedaços no solo, para assim fertilizar a terra de maneira mística. Mais tarde, quando as religiões dominadas pelos homens passaram a prevalecer, o rei surgiu para simbolizar o estado de direito e exercer o controle por meio da repressão ao que aos patriarcas parecia a monstruosa e caótica escuridão da antiga ordem. Vemos esse drama (muito parecido com a substituição freudiana do superego pelo *id*) em muitos mitos, como o de Marduk, herói nacional da Babilônia, que matou Tiamat, mãe original da criação, por ela ter gerado monstros. Quer consideremos ou não os antigos métodos como monstruosos ou os novos como civilizados, o Imperador simboliza a abstração da sociedade ao substituir a experiência direta da natureza.

Em Roma, o conceito de lei *versus* caos foi levado ao ponto em que a estabilidade ou a "ordem pública", para usar a expressão moderna, tornou-se uma virtude em si, separada da moralidade inerente às leis. Nenhum progresso pode ser alcançado em condições de anarquia (diz o argumento); leis ruins precisam ser mudadas, mas, antes, a lei tem de ser obedecida a todo custo. Qualquer outra abordagem apenas destruirá a sociedade. Atualmente, vemos esse ponto de vista incorporado em uma abstração chamada de "sistema". Os romanos enxergaram isso de maneira mais concreta na figura pessoal do Imperador, descrito por eles como o pai de todo o seu povo.

Em seu melhor aspecto, o Imperador indica a estabilidade de uma sociedade justa, que permite a seus membros buscar a realização de seu desenvolvimento e de suas necessidades pessoais. O mundo natural é caótico. Sem algum tipo de estrutura social, poderíamos passar a vida lutando para sobreviver. A sociedade nos permite trabalhar em conjunto e tirar proveito da experiência daqueles que viveram antes de nós.

A estabilidade também possibilita o desenvolvimento espiritual. Em muitos países, a sociedade apoia as igrejas (embora seja discutível se esse arranjo realmente promove a espiritualidade). Em alguns países orientais, os monges são livres para prosseguir seus estudos porque os leigos enchem suas tigelas de esmolas. Sem esse costume social, eles teriam de gastar seu tempo trabalhando para ganhar o pão.

Em seus aspectos mais negativos, o Imperador representa o poder das leis injustas em uma sociedade em que a estabilidade prevalece sobre a moralidade. Depois que a ordem pública é estabelecida como suprema, um governante corrupto torna-se um desastre. Porém, se todo o sistema for corrupto, produzindo apenas maus governantes, então a estabilidade se torna inimiga da moralidade. O valor do símbolo do Imperador depende muito da época e do lugar. Em uma sociedade injusta, o poder do Imperador dificulta o desenvolvimento pessoal em vez de promovê-lo. Muitas pessoas já foram presas por atacar leis injustas.

Contudo, mesmo em seu aspecto mais positivo, o Imperador permanece limitado. Ele estendeu uma rede de repressão sobre a espontaneidade da Imperatriz. Se perdermos o contato com nossas paixões, a vida se torna fria e árida. O Imperador do baralho Waite-Smith (ver Figura 5a) é ilustrado como um homem idoso e vigoroso, vestido com uma armadura de ferro, representando a esterilidade de uma vida rigidamente governada por regras. Aqui, o rio que fluía com tanta força pelo jardim da Imperatriz se transforma em um córrego estreito, que mal consegue penetrar em um deserto sem vida.

O outro simbolismo da carta reflete seus aspectos duplos. Ele segura um *ankh*, símbolo egípcio da vida, para indicar que detém o poder da vida e da morte sob a lei e espera usá-lo corretamente. Quatro carneiros, símbolos de Áries, adornam seu trono, enquanto no alto da coroa ele traz o signo de Áries (infelizmente semelhante a uma hélice). Áries simboliza a força, a agressão e a guerra, mas como primeiro signo do zodíaco também significa a nova vida da primavera, que pode surgir da estabilidade de uma sociedade justa.

Como carta do meio da primeira linha dos Arcanos Maiores, o Imperador representa um teste crucial. No processo de crescimento, a maior dificuldade das pessoas é justamente superar as regras da sociedade. Temos de assimilar essas regras, bem como as tradições e crenças de nossa sociedade, depois transcendê-las para encontrar um código pessoal de conduta. Isso não significa adotar a atitude segundo a qual "as regras foram feitas para ser desrespeitadas". Quem se sente compelido a desdenhar de todas as leis permanece tão preso a elas quanto aqueles que as cumprem cegamente.

Como o papel do pai é nos ensinar um comportamento social aceitável, normalmente as pessoas retidas no nível do Imperador nunca aceitaram de fato a humanidade comum de seu pai. Podem reconhecê-la racionalmente, mas ela as perturba e assombra. Problemas semelhantes afligem aquelas pessoas para as quais a Imperatriz continua sendo as paixões e a sensualidade de sua mãe, e não as próprias.

A ideia do Imperador como a de valores limitados da estrutura social surge sobretudo com Waite e seus seguidores. A imagem apresentada no início desta seção, à direita, pertence ao baralho da escola *Builders of the Adytum* [Construtores do Adytum] (BOTA), fundada por Paul Foster Case, e foi desenhada por Jessie Burns Parke para ilustrar outra tradição. Nela, o Imperador simboliza a soma total do conhecimento espiritual. Traçado de perfil (forma de apresentação muito mais comum do que a imagem frontal do baralho Waite-Smith), ele é associado à imagem cabalista de Deus como o "Ancião dos Dias", um rei sentado de perfil. (O rosto do Ancião nunca era visível, apenas sua coroa com um brilho em sua parte inferior.)

Os braços e as pernas do Imperador formam um triângulo equilátero sobre uma cruz, símbolo alquímico do fogo. Mais tarde, essa figura foi invertida (tanto em Waite quanto em Case) no Pendurado. O Imperador de BOTA está sentado em um cubo, não em um trono. Além de símbolo esotérico, o cubo simboliza o mundo e o próprio tarô, o alfabeto hebraico e os caminhos da Árvore da Vida. O simbolismo surge do fato de que um cubo contém doze bordas, seis faces, três eixos e, é claro, um centro. Tudo somado, tem-se 22 como resultado, que é o número de trunfos, letras hebraicas e caminhos. E como se acredita que a Árvore da Vida representa toda a Criação, o cubo simboliza o universo.

Nas leituras, o Imperador indica (de acordo com a imagem do Tarô Waite-Smith) o poder da sociedade, suas leis e especialmente sua autoridade para fazer cumprir essas leis. O aparecimento do trunfo indica um encontro com a lei. Mais uma vez, as qualidades boas ou ruins dependem do contexto.

De forma mais pessoal, o Imperador pode significar um período de estabilidade e ordem na vida de uma pessoa, eventualmente abrindo-se para a energia criativa. Também pode indicar uma pessoa específica que detém um grande poder, tanto objetivo quanto emocional, sobre o consulente. É bastante comum que se trate do pai, mas também pode ser o marido ou amante, em especial no que se refere às pessoas que veem no homem amado um substituto do pai, a quem entregam o controle de sua vida. Já vi leituras tão dominadas pelo Imperador que todas as possibilidades da vida são prejudicadas e deixam de ser cumpridas.

Como uma carta de qualidades pessoais, o Imperador pode indicar a habilidade para defender o território de alguém, criar limites claros e mantê-los de maneira enérgica. Ele simboliza uma abordagem racionalista de questões, que prioriza a análise e a avaliação em detrimento da emoção e da intuição.

Assim como a Imperatriz invertida, quando virado para baixo o Imperador recebe esses elementos como um complemento à suas qualidades na posição correta. Nos termos de Waite, ele é "benevolência e compaixão", uma vida nova em um deserto cheio de pedras. No entanto, o pêndulo pode oscilar bastante. O Imperador invertido pode significar imaturidade e inabilidade para tomar decisões difíceis e colocá-las em prática.

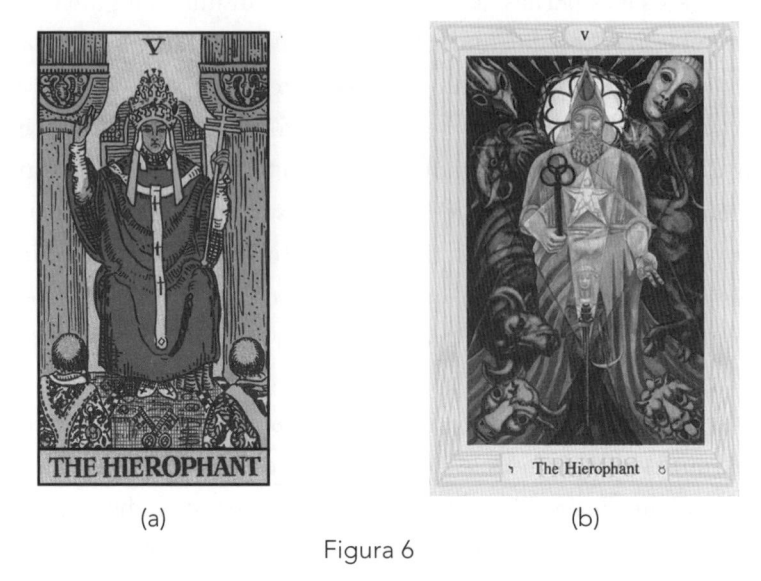

(a) (b)

Figura 6

O HIEROFANTE

Na maioria dos baralhos de tarô, o trunfo 5 é chamado ora de Papa, ora de Sumo Sacerdote, termos que o vinculam, tanto pelo nome quanto pela figura, ao trunfo 2, arquétipo da verdade interior. Waite escreveu que rejeitava a designação "Papa" porque esse título sugeria um exemplo muito específico da ideia geral do trunfo. O nome "Hierofante" pertencia ao sumo sacerdote dos mistérios gregos de Elêusis. Waite descreve sua carta como símbolo da "via externa" das igrejas e dos dogmas. Contudo, seu uso do termo "mistério" sugere outra interpretação, preferida por quem vê o tarô mais como uma doutrina secreta das práticas ocultistas do que como uma materialização mais genérica dos padrões humanos. Essa interpretação é claramente retratada na figura do Hierofante no *Livro de Thoth*, de Aleister Crowley, ilustrado por Frieda Harris. Nele, o trunfo significa a iniciação em uma doutrina secreta, tal como as várias ordens e lojas maçônicas que floresceram perto da virada do século e ressurgiram na Inglaterra e nos Estados Unidos. A Ordem da Aurora Dourada, da qual Waite e

Crowley fizeram parte ao mesmo tempo, possivelmente originou o termo "Hierofante" para o trunfo 5.

Esses dois significados, "via externa" e "doutrina secreta", parecem contraditórios no nível mais elementar. Na realidade, eles são muito semelhantes. Quer os dois acólitos sejam admitidos na Igreja, quer em uma sociedade ocultista, estão entrando em uma doutrina com um conjunto de crenças que eles têm de aprender e aceitar antes de terem acesso a ela. Obviamente, existe uma diferença fundamental entre o catecismo e os rituais da Aurora Dourada. No entanto, para ambos o trunfo indica uma educação e uma tradição. Por isso, se considerarmos a primeira linha como uma descrição da evolução da personalidade, então o Hierofante, que vem após o mundo natural e a sociedade, indica a tradição intelectual da sociedade de determinada pessoa e sua educação nessa tradição.

Seguindo a interpretação de Waite (e pensando especificamente no papa ocidental), podemos ver o Hierofante como um companheiro para o Imperador. O termo "papa" significa "pai" e, tal como o imperador romano, o papa é considerado um pai sábio que orienta seus filhos. Juntos, eles dividem a responsabilidade pela humanidade: um provê às necessidades físicas, e o outro orienta o crescimento espiritual. Em um dos primeiros tratados a insistir na separação entre Igreja e Estado, Dante argumentou que, para evitar a corrupção, as duas funções não devem ser associadas. No entanto, ele nunca questionou a ideia de que a Igreja é responsável por nossas almas.

Atualmente, muitas pessoas não entendem a ideia básica do sacerdócio. Nossa época democrática rejeita as noções de um intermediário entre um indivíduo e Deus. Vale notar, porém, que o Hierofante pode simbolizar a "ditadura do proletariado" ou qualquer outra elite que conduza as massas para onde elas não podem ir por conta própria. Originariamente, a função especial dos sacerdotes era evidente. Eles falavam com os deuses por meio dos oráculos, uma prática que costumava ser assustadora, e a maioria das pessoas ficava muito feliz em deixar que alguém fizesse isso por elas. Quando o cristianismo rejeitou essa relação explícita e imediata com Deus, a ideia do sacerdote tornou-se mais abstrata, como no caso do Imperador. Basicamente, ela depende da noção de que, na realidade, a maioria das pessoas não se preocupa muito com Deus. O cidadão comum é mais feliz quando tenta realizar aspirações mundanas, como dinheiro, família e política. Entretanto, existem algumas pessoas que, por temperamento, sentem de maneira bastante direta o espírito que atravessa toda a nossa vida. Chamadas ao sacerdócio por sua própria consciência interna, elas conseguem conversar com Deus por nós. Mais importante do que isso, conseguem conversar *conosco*, interpretando a lei de Deus. Desse modo, podemos viver de maneira adequada e, eventualmente, após a morte, receber nossa recompensa de retorno a Deus. Depois da ressurreição, seremos acompanhados de perto por Deus. Em vida, porém, precisamos dos sacerdotes para nos guiar.

Essa é a alegação. Mesmo que concordemos com o princípio, na prática ele tende a falhar. As pessoas se tornam sacerdotes por todo tipo de razão – ambição, pressão familiar etc. –, enquanto os que sentem uma vocação genuína para se comunicarem com Deus podem demonstrar pouquíssimo talento na comunicação com as pessoas. Além disso, como as instituições sociais do Imperador, as instituições religiosas do Hierofante podem facilmente ser corrompidas pela autoridade que lhes é dada, de modo que os sacerdotes veem seu poder como um fim em si mesmo e priorizam a obediência em detrimento da iluminação. Obviamente, a posição de defender a doutrina atrairá pessoas doutrinárias.

Mas talvez rejeitemos a ideia de um sacerdócio que sirva como guia por uma razão mais sutil. Desde a Reforma, uma noção que ganhou cada vez mais força no Ocidente foi a da máxima responsabilidade do indivíduo. Toda a ideia de uma doutrina externa, de um código de regras e crenças aceito por fé, depende da suposição de que a maioria das pessoas prefere ter alguém para lhes dizer o que fazer e pensar. Isso pode muito bem ser verdade. Para realmente descobrir Deus em você, é preciso passar por alguns confrontos desagradáveis com sua própria psique. De maneira semelhante, decidir por você mesmo qual a coisa certa a fazer em todas as situações pode implicar uma dificuldade constante de escolha. Contudo, atualmente, muitas pessoas não conseguem aceitar que uma sociedade ou uma Igreja tenham a máxima responsabilidade por sua vida.

Talvez a interpretação do Hierofante como representante secreto das doutrinas se adapte melhor à nossa época. Pois, nesse caso, a doutrina não nos diz o que fazer; em vez disso, nos orienta a começarmos a trabalhar por nós mesmos. E o tarô, como vimos com o Mago, coloca-se contra todas as igrejas ao nos conduzir à salvação pessoal nesta vida. Para Crowley, o Hierofante representa a iniciação como meio pelo qual o indivíduo se torna uno com o universo. A forma e a doutrina da iniciação mudam a cada era. Tendo durado quase dois milênios, a atual Era de Peixes está perto de encerrar-se. Desse modo, o Hierofante deverá mudar, assim como mudarão todas as relações estritamente humanas. Crowley comenta que apenas o futuro poderá nos dizer como será a nova "corrente de iniciação". Porém, a qualidade básica da iniciação como uma fusão com o cosmos nunca se altera.

Na versão BOTA do Hierofante (como no Tarô Waite-Smith), as chaves cruzadas nos pés do Hierofante são de ouro e prata, representando os caminhos externos e internos, o sol e a lua, o Mago e a Sacerdotisa, que a doutrina nos ensina a combinar. Na carta do baralho Waite-Smith, ambas as chaves são de ouro, indicando que o lado escuro é ocultado daqueles que seguem a doutrina externa.

Nas imagens de Waite-Smith, nenhum véu bloqueia a entrada para a Igreja, como no templo da Sacerdotisa. Contudo, as colunas são em tom de cinza fosco. Quem entrar ali poderá receber a proteção que escolher, mas não penetrará os segredos da dualidade. O inconsciente permanece fechado. Em muitos baralhos de tarô, a Sacerdotisa segura não um pergaminho, mas um pequeno livro fechado com um cadeado. E as chaves do Hierofante não se encaixam em seu fecho, que desperta interesse.

Não obstante, não podemos pensar que a doutrina externa da religião não tem nenhuma serventia ao pesquisador. Como a educação em geral, da qual é um exemplo especial, ela confere ao indivíduo uma tradição estabelecida, na qual ele pode ancorar seu desenvolvimento pessoal. O moderno fenômeno ocidental de uma espécie de misticismo eclético, que se inspira em todas as religiões, é uma evolução extremamente incomum. Talvez se baseie em uma consciência global, somada à visão da religião como um estado psicológico, separado da ciência e da história. Desse modo, consideramos a religião mais como uma experiência do que como uma explicação do universo e aceitamos que todas as experiências religiosas são válidas, independentemente das contradições que mostrem na superfície. Se por um lado essa ideia abre grandes possibilidades, por outro, muitas pessoas notaram sua potencial superficialidade. Fato é que, ao longo dos séculos, os grandes místicos sempre se manifestaram a partir de uma tradição, na qual estavam profundamente inseridos. Os cabalistas eram judeus, Thomas de Kempis era cristão, e os sufis se inclinavam na direção de Meca, acompanhando todos os outros muçulmanos ortodoxos. Em seu melhor aspecto, o Hierofante (como doutrina externa) pode nos dar um ponto de partida para criarmos uma consciência pessoal de Deus.

Outro aspecto do simbolismo da carta merece especial atenção. A posição das três pessoas (ou seja, uma imagem ampla, que ocupa uma posição de autoridade em relação a outras duas menores de cada lado) introduz um motivo que se repete, como as duas colunas da Sacerdotisa, ao longo dos Arcanos Maiores, e é resolvido no Julgamento e no Mundo. As próximas duas cartas após o trunfo 5 repetem o motivo, com o anjo acima do Enamorado, e o condutor do Carro acima das esfinges preta e branca.

Podemos ver esse trio como um emblema da ideia de uma tríade, tal como a trindade cristã, ou a representação trina da mente: o id/ego/superego de Freud ou o consciente/inconsciente/superconsciente das três linhas dos Arcanos Maiores. Para compreender o significado da imagem, temos de voltar à Sacerdotisa. Ela está sentada entre duas colunas que simbolizam as dualidades da vida. Ela própria significa um lado, e o Mago, o outro. O Hierofante inicia dois acólitos em sua igreja. Portanto, vemos que o Hierofante, o Enamorado e o Carro representam tentativas de mediação entre os polos opostos da vida e encontram uma maneira não de resolvê-los, mas apenas de mantê-los em equilíbrio. É exatamente o que faz qualquer doutrina religiosa, com seus códigos morais e suas explicações para as questões mais básicas da vida. Se nos entregarmos a uma igreja, as contradições da vida podem ser respondidas, mas não resolvidas.

Na leitura, a carta significa igrejas, doutrinas e educação em geral. Do ponto de vista psicológico, pode indicar ortodoxia, conformidade com as ideias e os códigos de comportamento da sociedade, bem como, de maneira mais sutil, uma renúncia à responsabilidade. O Imperador simbolizava as regras em si e seus executores oficiais; o Hierofante indica nossa própria noção interna de obediência. Invertida, a carta significa falta de ortodoxia, sobretudo mental, formando ideias originais. No entanto, também pode significar credulidade, e essa ideia sugere outra virtude da carta quando ela se encontra na posição correta. Uma sociedade constrói sua tradição intelectual ao longo dos séculos. Quem aceita essa tradição recebe dela um padrão para julgar novas ideias e informações. Quem a rejeita tem de encontrar seus próprios caminhos e pode facilmente perder-se em ideias superficiais. Tendo desistido do dogma que lhe foi imposto na infância, muitas pessoas caem em um novo dogma, em um culto ou grupo político extremista, tão rígido quanto e talvez mais superficial. A rejeição à tradição não significa que elas rejeitaram o Hierofante. Apenas não aceitaram a responsabilidade de encontrar verdadeiramente seu próprio caminho.

(a) (b)

Figura 7

O ENAMORADO

Das várias alterações que Arthur Waite e Pamela Smith fizeram nos desenhos do tarô tradicional, a carta do Enamorado continua sendo a mais impressionante. Enquanto o Tarô de Marselha (acima, à direita) mostra um jovem atingido pela flecha do Cupido e forçado a escolher entre duas mulheres, o Tarô Waite-Smith mostra um homem maduro e uma única mulher, encimados por um anjo. Além disso, enquanto a maioria dos baralhos indica apenas uma situação social, a imagem do Waite-Smith sugere claramente o Jardim do Éden, ou melhor, um novo Jardim do Éden, com as árvores trazendo iluminação em vez da Queda.

Em alguns casos, a primeira versão do trunfo 6 é intitulada de "A Escolha" e, nas leituras divinatórias, significa uma importante escolha entre dois desejos. Como uma mulher é loura e a outra, morena – um simbolismo tradicional na Europa, onde a escuridão sempre indica algo ruim, e as mulheres, de modo geral, são sinal de tentação –, a escolha era vista entre algo respeitável, mas talvez enfadonho, e algo muito desejado, mas moralmente impróprio. A carta pode referir-se a uma escolha menos importante ou até a uma grave crise na vida da pessoa. Hoje vemos esse antigo simbolismo em vários romances e filmes, com homens de meia-idade e classe média, tentados a desistir de sua amada, mas entediante esposa, por uma mulher mais jovem e mais "sensual".

De fato, a escolha pode afetar a vida inteira do indivíduo. Pessoas que nunca questionaram os limites de sua respeitabilidade de classe média fizeram uma escolha tanto quanto as que cometeram crimes a vida inteira. E há muitos que, por fora, parecem levar uma vida socialmente aceitável, mas em seu íntimo combatem os constantes tormentos do desejo, lutando contra a tentação do adultério, da violência ou do simples desejo de sair de casa e tornar-se um andarilho.

No nível esotérico, a escolha entre a mulher loura e a morena indica a escolha entre o caminho externo (simbolizado no Tarô Waite-Smith pelo Hierofante), no qual sua vida é planejada para você, e o interno do ocultista, que pode levar a uma confrontação com seus desejos ocultos. A Igreja rotulava os magos como adoradores do demônio, e nas alegorias cristãs a mulher morena costumava representar Satã.

Todos esses significados consideram a escolha entre luz e escuridão nos termos mais amplos possíveis. No contexto da primeira linha de trunfos, podemos perceber isso de modo bem mais específico: o da primeira escolha real que uma pessoa faz, independentemente de seus pais. Até o despertar do impulso sexual, a maioria das pessoas se contenta em agir para corresponder às expectativas dos pais. Entretanto, o impulso sexual nos indica para onde *ele* quer ir. Como resultado, começamos a fugir para outras áreas. É muito raro que os parceiros que nossos pais escolheriam para nós coincidam com os que nós escolheríamos. Se a diferença for muito grande ou os pais forem muito controladores, a pessoa pode enfrentar uma escolha dolorosa.

Segundo Paul Douglas, a mulher de cabelos escuros, que parece muito mais velha, seria a mãe do rapaz, e a escolha estaria entre manter-se sob sua proteção ou tentar uma vida por conta própria. Quem, como Freud, acredita que o primeiro desejo de um menino se dirige à mãe verá aqui o clássico dilema edipiano. Uma parte da personalidade deseja manter a fantasia oculta de uma união com a mãe, enquanto outra deseja encontrar um verdadeiro amor na realidade da própria geração do rapaz. Contudo, não somos obrigados a aceitar a doutrina freudiana para entrever as implicações mais amplas dessa escolha. Quer o rapaz deseje ou não sua mãe secretamente, a vida sob a proteção dos pais é segura e confortável. No entanto, ele (ou ela, pois as meninas enfrentam basicamente as mesmas questões, embora às vezes de maneiras diferentes) nunca poderá se tornar um verdadeiro indivíduo sem uma ruptura. E não há nada mais expressivo do que a sexualidade para indicar isso.

Portanto, a versão tradicional do trunfo 6 representa a adolescência. Não apenas a sexualidade surge nessa fase, mas também a independência intelectual e moral. As cartas 3, 4 e 5 nos representaram como moldados pelas grandes forças da natureza, da sociedade e dos pais. A carta 6 mostra o indivíduo, uma verdadeira personalidade, com ideias e propósitos próprios, capaz de fazer escolhas importantes, baseadas não nas ordens dos pais, mas em suas próprias análises dos desejos e das responsabilidades.

Esses significados fazem parte da estrutura tradicional da carta. Ao desenhar sua própria versão do Enamorado, Waite levantou uma questão diferente. Em última instância, que funções o sexo e o amor desempenham na vida de uma pessoa? E que significados profundos podemos encontrar no intenso drama de duas pessoas que unem seus corações e corpos? Waite chamou sua ilustração de "a carta do amor humano, aqui exibido como parte do caminho, da verdade e da vida".

O impulso sexual nos afasta do isolamento. Ele nos leva a estabelecer relações vitais com outras pessoas e, por fim, abre o caminho para o amor. Por meio do amor, não apenas nos unimos a outra pessoa, mas também entrevemos os significados mais importantes e profundos da vida. No amor, renunciamos a parte do controle do ego que nos isola das outras pessoas e da própria vida. Por isso, o anjo aparece acima das cabeças do homem e da mulher, uma visão inalcançável para cada pessoa individualmente, mas percebida pelos dois juntos.

A religião, a filosofia e a arte sempre utilizaram o simbolismo do masculino e do feminino como representantes da dualidade. Já vimos essa ideia refletida no Mago e na Sacerdotisa, bem como na Imperatriz e no Imperador. Aqui, o simbolismo é reforçado pelo fato de que a Árvore da Vida, com suas chamas semelhantes às do Mago, encontra-se atrás do homem, enquanto a Árvore do Conhecimento, com uma serpente enrolada em seu tronco (símbolo não do mal, mas da sabedoria inconsciente), encontra-se atrás da mulher. O anjo une esses dois princípios. De acordo com os ensinamentos tradicionais, homens e mulheres conteriam em seus corpos princípios de vida distintos. Esses princípios se uniriam por meio do amor físico.

No entanto, os ocultistas sempre reconheceram esses dois elementos na essência do indivíduo. Hoje, muitas pessoas dizem que todo mundo contém qualidades masculinas e femininas; contudo, normalmente elas estão se referindo a ideias vagas de comportamento social, como agressão e gentileza. Quando masculino e feminino eram vistos como opostos em sua natureza mais profunda, a visão dos ocultistas era muito mais radical. Um modo de descrever o objetivo dos Arcanos Maiores é dizer que eles revelam e unem os princípios masculinos e femininos. Por conseguinte, em muitos tarôs, a dançarina no Mundo é hermafrodita.

De acordo com os cabalistas e os filósofos herméticos, toda a humanidade (na verdade, até mesmo a divindade) era originariamente hermafrodita. Portanto, no nível externo, cada um de nós é apenas a metade de uma pessoa, e somente por meio do amor podemos encontrar um sentido de unidade.

Encontramos a mesma ideia em Platão, mas com uma variação interessante. Um dos mitos platônicos afirma que, em sua origem, os seres humanos eram criaturas duplas, porém, de três tipos: masculino-feminino, masculino-masculino e feminino-feminino. Acreditando que os humanos tinham poder em excesso, Zeus os dividiu com um raio, e agora cada um de nós está procurando sua outra metade. Ao contrário dos mitos judaicos e cristãos, a história de Platão fornece uma realidade idêntica aos homossexuais. Ela nos lembra do perigo presente no simbolismo demasiado simples do masculino e do feminino como opostos fundamentais. O Mago e a Sacerdotisa estão misturados de modo muito sutil em cada um de nós. E o anjo pode ser evocado por qualquer casal de apaixonados. O que importa não são os papéis, mas a realidade da união.

Na interpretação habitual do Gênesis, Eva é quem arca com a maior culpa, não apenas por ter sido a primeira a comer a maçã, mas porque sua sensualidade induziu Adão a pecar. Supostamente, o homem seria comandado pela razão, e a mulher, pelo desejo. Essa divisão levou alguns cristãos a declarar que as mulheres não tinham alma. No entanto, na realidade, todo o mito da Queda, com sua ênfase na desobediência e na punição, destina-se a servir a uma moralidade repressora. As paixões físicas eram vistas como perigosas para a sociedade e, por isso, tinham de ser controladas. Como salienta Joseph Campbell em *The Masks of God* (*As Máscaras de Deus*), a antiga religião da deusa da Palestina continha o mesmo drama envolvendo uma serpente, uma Árvore da Vida e uma maçã. Contudo, nessa história antiga, o iniciado recebia a maçã das mãos da divindade. Essa entrega era uma permissão para que ele entrasse no Paraíso, e não a causa de sua expulsão. Os antigos hebreus inverteram o mito, em parte como forma de rotular a antiga religião como má, mas também porque, como os babilônios, consideravam os velhos costumes "monstruosos".

Entretanto, o tarô é um caminho de libertação. O temor expresso por Jeová de que os seres humanos "se tornarão como nós" é precisamente a finalidade do tarô: revelar toda a centelha divina em nós e uni-la à nossa essência consciente, encerrando, assim, a dualidade entre Deus e o homem e transformando-os em um único ser. Por conseguinte, embora contenha muitos aspectos do simbolismo do Gênesis, o Enamorado do Tarô Waite--Smith inverte sutilmente seu sentido.

Vale notar que, enquanto o homem olha para a mulher, ela olha para o anjo. Se, de fato, o masculino é a razão, então a racionalidade só pode ultrapassar seus limites por meio da paixão. Por natureza, a razão controla e reprime, enquanto a paixão tende a derrubar todos os limites. Nossa tradição colocou o corpo e a mente racional em conflito um com o outro. O tarô nos ensina que temos de uni-los (uma única montanha se eleva entre os dois apaixonados) e que não é o poder controlador da razão o responsável por elevar os sentidos a um nível superior, e sim o contrário.

Podemos ver isso em termos especificamente psicológicos. A maioria das pessoas está presa dentro de seu ego ou das máscaras que apresenta ao mundo. Porém, se podem entregar-se à paixão sexual, também podem, pelo menos por um instante, transcender seu isolamento. Quem não consegue libertar seu ego, nem mesmo por um segundo, faz uso indevido do sexo e é indevidamente usado por ele. O sexo se torna um meio de ganhar poder sobre alguém, mas nunca satisfaz. Quando uma pessoa rejeita o desejo do corpo de se libertar com outra pessoa, o resultado é a depressão. O anjo foi indeferido.

Ao mesmo tempo, as paixões, por si só, não podem nos levar ao anjo. Elas precisam ser guiadas pela razão, tanto quanto a razão precisa das paixões para ser libertada. Quem simplesmente vai para onde seus desejos o conduzem costuma ser lançado de uma experiência a outra.

Paul Foster Case chama de Rafael o anjo que preside o superconsciente. Isso nos reconduz à mente trina. Com ela aprendemos que os três níveis da mente não são separados nem isolados, como os três andares de uma casa, mas que, na verdade, o superconsciente é um produto do consciente e do inconsciente reunidos. O caminho passa pelo inconsciente porque é nele que encontramos a verdadeira energia da vida. De fato, o superconsciente pode ser descrito como a energia do inconsciente, revelada e transformada em um estado mais elevado. Parte dessa transformação encontra-se na consciência, dando forma, direção e significado à energia.

Se no motivo triangular as duas figuras inferiores representam as dualidades da vida, enquanto a figura maior, no topo, simboliza uma força mediadora entre elas, então, no trunfo 6, o mediador é o amor sexual. Quando nos entregamos a ele, experimentamos um lampejo de algo maior do que nós mesmos. Apenas um lampejo, e apenas por um instante. Por fim, a verdadeira libertação requer muito mais do que a paixão. Entretanto, o amor pode nos ajudar a ver o caminho e a conhecer um pouco da alegria que nos espera em seu fim. Vários místicos, em especial Santa Teresa, descreveram a união com Deus em termos de êxtase sexual.

Os significados divinatórios para a imagem de Waite-Smith são simples. Eles se referem à importância do amor na vida de uma pessoa e a um amante específico; muitas vezes, dizem respeito ao casamento ou a um longo relacionamento. A carta sugere que determinado relacionamento foi ou se mostrará muito importante para a pessoa, levando-a a compreender a vida de outra forma. Se um problema específico for considerado na leitura, então o Enamorado indica algum tipo de ajuda, seja concretamente, por meio da assistência do amante, seja por meio de apoio emocional. Mas nem sempre isso é verdade. Na posição do passado, sobretudo em relação a cartas que indicam uma recusa em considerar a situação atual, o Enamorado pode sugerir uma nostalgia danosa por um amor do passado.

Todas as cartas anteriores representavam arquétipos. Quando as invertemos, acrescentamos os elementos que faltavam. Contudo, aqui, o indivíduo avançou, e o significado da carta invertida mostra fraqueza e bloqueios. Antes de tudo, trata-se de um amor destrutivo, sobretudo em um casamento ruim. Pode referir-se a problemas românticos ou sexuais que dominam a vida de um indivíduo, seja por dificuldades com determinada pessoa, seja simplesmente por ele achar o amor um grande problema. Como a ilustração de Waite-Smith indica um amor maduro e a imagem tradicional mostra o processo de uma escolha adolescente, qualquer versão invertida indica imaturidade romântica; a adolescência prolongada que mantém algumas pessoas envolvidas em fantasias infantis muito tempo depois de seu corpo ter amadurecido por completo.

Figura 8

O CARRO

As primeiras versões dessa carta, que mostravam o Carro puxado por dois cavalos em vez de duas esfinges, derivam de uma série de fontes históricas e mitológicas. Originariamente, aparecia nas procissões organizadas em Roma e outros lugares para receber um herói conquistador quando seu carro o conduzia pelas ruas repletas de cidadãos que o aclamavam. Ao que parece, esse costume responde a uma profunda necessidade psíquica de participação em grupo. Dois milênios depois, ainda praticamos esse ritual nos desfiles organizados para presidentes, generais e astronautas, com limusines abertas substituindo a biga.

O Carro sugere mais do que uma grande vitória. Dirigir um veículo puxado por dois cavalos em velocidade requer total controle dos animais; a atividade serve como um veículo perfeito para a vontade poderosa. Em *Fedro*, Platão se refere à mente como uma carruagem puxada por um cavalo preto e outro branco, a imagem exata do tarô.

De acordo com certo mito hindu, Shiva teria destruído a tríplice cidade dos demônios. Para tanto, exigiu que toda a criação fosse subordinada à sua vontade. Os deuses fizeram uma carruagem para ele, utilizando não apenas a si mesmos, mas também os céus e a Terra como materiais. O sol e a lua se tornaram as rodas, e os ventos, os cavalos. (O símbolo na frente do Carro do tarô, como uma porca e um parafuso, ou uma roda e um eixo, é chamado de *lingam* e *yoni* e representa Shiva, o princípio masculino, e Parvati, o princípio feminino, unidos em uma única figura.) Por meio das imagens do mito, aprendemos que a vitória espiritual sobre o mal vem quando conseguimos focalizar toda a natureza, assim como a energia inconsciente incorporada ao próprio Shiva, por meio da vontade consciente.

Essas duas fábulas mostram dois aspectos diferentes da ideia de vontade. A história de Shiva trata de uma vitória real, na qual o espírito encontrou um foco para libertar toda a sua força. Já o *Fedro* nos confere uma imagem do ego triunfante, que controla em vez de resolver os conflitos básicos da vida. Os comentadores do tarô que veem as cartas como um grupo de imagens separadas, cada uma contribuindo com alguma lição vital à nossa compreensão espiritual, tendem a dar ao Carro seu sentido mais amplo. Eles ressaltam que o título cabalístico para o número 7, com toda as suas conotações místicas, é "Vitória".

Em muitos lugares, sobretudo na Índia, o cavalo passou a ser associado à morte e aos funerais. Quando o patriarcado em ascensão aboliu o ritual de sacrifício do rei, um cavalo era morto em seu lugar. O sacrifício do cavalo se tornou o ritual mais sagrado, associado à imortalidade. Mesmo hoje, os cavalos são usados para puxar os féretros dos grandes líderes. (Uma associação estranha de dois aspectos do Carro foi identificada na morte de John Kennedy. Ele foi morto em sua limusine durante um desfile; depois, um cavalo – rebelado contra o comando de seu treinador – puxou seu caixão no funeral oficial.) Essas conexões sugerem a ideia da vitória da alma sobre a mortalidade.

Quando observamos as cartas em sequência, vemos que o número 7 é apenas a vitória da primeira linha dos Arcanos Maiores. Ele coroa o processo de amadurecimento dessa linha, porém, por necessidade, não pode dirigir-se às grandes áreas do inconsciente e do superconsciente. Visto dessa forma, o Carro nos mostra o ego desenvolvido; as lições das cartas anteriores foram absorvidas, o período da adolescência de busca e autocriação terminou, e agora vemos o adulto maduro, bem-sucedido na vida, admirado pelos outros, confiante e contente consigo mesmo, capaz de controlar as emoções e, acima de tudo, de governar a vontade.

Tal como o Mago, o condutor do Carro carrega uma varinha mágica. À diferença do Mago, ele não a ergue para o céu, acima de sua cabeça. Seu poder é subordinado à sua vontade. Suas mãos não seguram rédeas. Sozinho, seu caráter forte controla as forças opostas na vida.

O *lingam* e o *yoni* indicam sua sexualidade madura, que está sob seu controle. Desse modo, ele não é vítima de suas emoções, e sua sexualidade contribui para uma vida satisfatória. O quadrado brilhante em seu peito, um símbolo de natureza vibrante, conecta-o ao mundo sensual da Imperatriz, mas a estrela de oito pontas em sua coroa mostra sua energia mental dirigindo suas paixões (simbolistas consideram a estrela de oito pontas a metade do caminho entre o quadrado do mundo material e o círculo do espiritual). Seu carro parece maior do que a cidade atrás dele e indica que sua vontade é mais forte do que as regras da sociedade. No entanto, o fato de o veículo não estar em movimento leva a crer que ele não é um rebelde. As rodas estão na água, mostrando que ele tira energia do inconsciente, embora o carro em si, estacionado em terra, separe-o do contato direto com a grande força.

Mencionamos o simbolismo sexual do *lingam* e do *yoni*. Enquanto o mito hindu associa o cavalo à morte, o simbolismo freudiano do sonho o associa à energia sexual da libido. Ao controlar os cavalos (ou esfinges), o condutor do Carro controla seus desejos instintivos.

Sinais mágicos variados adornam seu corpo. Sua túnica traz símbolos de um cerimonial de magia, e seu cinto mostra os signos e os planetas. As duas faces da lua em seus ombros recebem o nome de "Urin e Tumim", as ombreiras supostamente usadas pelo Sumo Sacerdote em Jerusalém e que, por isso, sugerem o Hierofante. Ao mesmo tempo, as placas lunares se referem à Sacerdotisa. Vale notar que o pano na parte posterior do Carro lembra o véu da Sacerdotisa; portanto, o mistério do inconsciente está posicionado atrás dele.

Desse modo, no simbolismo do Carro vemos todas as cartas anteriores da primeira linha. A varinha e os símbolos indicam o Mago, enquanto a água, as esfinges e o véu simbolizam a Sacerdotisa. As estrelas em seu dossel lembram as coroas da Imperatriz; a cidade simboliza o Imperador; as ombreiras representam o Hierofante, e o *lingam* e o *yoni* remetem ao Enamorado. Todas essas forças contribuem para a personalidade externa.

No entanto, observe o Carro de aparência pétrea. Observe o condutor fundindo-se a seu veículo de pedra. A mente que subordina todas as coisas ao consciente correrá o risco de se enrijecer, apartada justamente das forças que aprendeu a controlar. Observe também que as esfinges preta e branca não estão em harmonia uma com a outra. Estão olhando para direções opostas. A vontade do condutor as mantém juntas em um equilíbrio tenso. Se essa vontade falhar, o Carro e seu condutor serão separados.

Paul Douglas comparou o Carro à ideia de *persona*, de Jung. À medida que crescemos, criamos uma espécie de máscara para lidar com o mundo exterior. Se tivermos sido bem-sucedidos ao lidar com os vários desafios da vida, então os diferentes aspectos simbolizados pelas outras cartas se integrarão a essa máscara do ego. Porém, também podemos confundir facilmente essa *persona* bem-sucedida com o verdadeiro eu, mesmo a ponto de, se tentarmos tirar a máscara, sentirmos medo de sua perda como de uma espécie de morte. Eis por que a segunda linha dos Arcanos Maiores, que trata precisamente da libertação do eu de suas máscaras externas, traz a Morte como penúltima carta.

Até esse momento, consideramos o Carro como um emblema de maturidade pessoal. Porém, a ideia da vontade humana vai além do indivíduo. Com suas imagens da mente subjugando e utilizando as forças da vida, o Carro é um símbolo perfeito para a civilização, que cria ordem a partir do caos da natureza, usando o mundo natural como matéria-prima para sua agricultura e suas cidades. Uma das principais conotações cabalísticas para a carta expande essa ideia. Por estar vinculado à letra hebraica *zayin*, o Carro traz a qualidade da "fala". Para os humanos, a fala sempre pareceu representar a mente racional e seu domínio sobre a natureza. Até onde sabemos, apenas os humanos têm linguagem (embora os chimpanzés tenham se mostrado capazes de aprender a linguagem humana, e as baleias e os golfinhos possam ter desenvolvido linguagens próprias), e podemos dizer que a fala nos separa dos animais. Adão conseguiu controlar os animais no Éden falando seus nomes. O mais importante é que os humanos usam a linguagem para transmitir a informação que permite a civilização continuar a existir.

No entanto, assim como o ego, a fala também é limitada. Em primeiro lugar, ela restringe nossa experiência de realidade. Ao formarmos a descrição do mundo e darmos um rótulo a tudo, erguemos uma barreira entre nós mesmos e a experiência. Quando olhamos para uma árvore, não sentimos o impacto de um organismo vivo; ao contrário, pensamos "árvore" e seguimos em frente. O rótulo substituiu a coisa em si. Além disso, por confiarmos demais nessa qualidade racional da linguagem, ignoramos experiências que não podem ser expressas em palavras. Já vimos que a Sacerdotisa significa sabedoria intuitiva além da linguagem. Algumas experiências, em especial a união mística com o espírito, não podem ser descritas. A linguagem só pode sugeri-las com metáforas e fábulas. Quem confia totalmente na fala chega a insistir na inexistência de experiências não verbais ou que não podem ser medidas por testes psicológicos. Isso porque essas experiências não podem ser comprovadas cientificamente. Esse dogmatismo tem seu símbolo perfeito na fusão do condutor com seu carro de pedra.

Até o momento, consideramos todos os símbolos da ilustração, exceto, talvez, o mais óbvio: as duas esfinges. Waite tomou essa inovação de empréstimo de Éliphas Lévi, o grande pioneiro do tarô cabalístico. Tal como os dois pilares da Sacerdotisa ou os cavalos preto e branco que elas substituem, as esfinges significam as dualidades e as contradições da vida. Mais uma vez, vemos o desenho triangular. Nesse caso, a força mediadora é o poder da vontade.

O uso de esfinges em vez de cavalos sugere vários significados mais profundos. Na lenda grega, a esfinge era um enigma que apresentava o mistério da vida ao povo de Tebas. O mito nos conta que a esfinge capturava os rapazes da pólis e lhes perguntava o seguinte enigma: "Que criatura caminha sobre quatro pernas de manhã, sobre duas ao meio-dia e sobre três ao anoitecer?" Quem não conseguisse responder era devorado. A resposta é "homem", pois ele engatinha quando bebê, caminha ereto quando adulto e usa uma bengala na velhice. A dedução é clara. Se você não entender sua humanidade básica, com suas forças e fraquezas, então a vida o destruirá. O Carro simboliza a maturidade, que aceita os limites da vida, e a faculdade de falar, ou seja, a compreensão racional, usada para definir a existência e, portanto, controlá-la.

No entanto, outro significado está oculto nessa carta. O homem que respondeu ao enigma da esfinge foi Édipo, que chegou a Tebas depois de matar o próprio pai. A ênfase de Freud no incesto desviou a atenção da mensagem mais profunda da história de Édipo. Esse personagem era a imagem perfeita do homem bem-sucedido. Ele não apenas salvou Tebas de uma ameaça e tornou-se rei da cidade, mas também fez isso graças à sua compreensão da vida. Ele sabia o que era o homem, mas não conhecia a si mesmo. Sua realidade interna permaneceu fechada para ele até os deuses o forçarem a confrontá-la. E os deuses, de fato, o *forçaram* a isso. Se os oráculos não tivessem falado primeiro a seu pai e depois a ele, Édipo nunca teria feito o que fez. Desse modo, embora tenha compreendido o significado externo da vida humana, ele não compreendeu quem ele era realmente nem sua relação com os deuses que controlavam sua vida. E precisamente esses dois temas se referem à segunda e à terceira linhas dos Arcanos Maiores. Na segunda, ultrapassamos o ego para encontrar o verdadeiro eu. Na terceira, lidamos abertamente com as forças arquetípicas da existência e alcançamos uma integração plena das dualidades que o condutor do Carro era capaz de dominar, mas não de conciliar.

Os significados divinatórios do Carro derivam de sua vontade poderosa. Em uma leitura, a carta significa que a pessoa está conseguindo controlar com êxito a situação por meio da força de sua personalidade. A carta indica que a situação contém algumas contradições e que elas não foram reunidas, apenas mantidas sob controle. A intenção não é enfatizar além da conta as nuances negativas da carta. Quando se encontra em sua posição correta, virado para cima, o Carro significa basicamente sucesso, a personalidade encarregada do mundo ao seu redor. Se aparecer como resultado em uma leitura que trate de problemas, então ele indicará vitória.

Na posição invertida, as contradições inerentes à carta ganham uma força maior. O Carro virado para baixo sugere que a abordagem do poder da vontade não foi bem-sucedida e que a situação saiu de controle. A menos que a pessoa consiga encontrar outra maneira de lidar com as dificuldades, ela enfrentará um desastre. Sozinho, o poder da vontade não é capaz de nos sustentar sempre. Como Édipo, às vezes temos de aprender a ceder aos deuses.

CAPÍTULO 5

VOLTANDO-SE PARA DENTRO

A BUSCA DO AUTOCONHECIMENTO

Com a segunda linha dos Arcanos Maiores, movemo-nos do mundo exterior e de seus desafios para o mundo interior do eu. Dessa vez, as contradições encobertas na poderosa imagem do Carro precisam ser enfrentadas abertamente. A máscara do ego tem de morrer.

Por mais dramática que pareça, na realidade, a situação é muito comum, pelo menos na necessidade, se não na concretização. Há muito tempo, o autoquestionamento e a busca são vistos como traços da meia-idade. Na juventude, as pessoas se preocupam sobretudo em vencer as forças da vida, encontrar um parceiro e obter sucesso. No entanto, quando conquistam o sucesso, elas podem se perguntar sobre seu valor. A questão "Quem sou eu diante de tudo o que tenho, diante de todas as imagens que apresento às outras pessoas?" ganha cada vez mais importância. Atualmente, muitos jovens não esperam a meia-idade nem o sucesso para fazer essas perguntas. Uma característica de nosso tempo é o desejo de que a vida tenha um sentido, uma essência interior. E cada vez mais pessoas decidem que o primeiro lugar onde procurar esse sentido é dentro de si mesmas.

Na realidade, essa ideia é apenas uma meia-verdade. O Mago nos ensina que, como seres físicos, encontramos a realidade apenas em conexão com o mundo exterior; a verdade interior da Sacerdotisa é potencial e tem de ser manifestada por meio da consciência do Mago. Porém, enquanto nossas máscaras, nossos hábitos e nossas defesas nos isolarem do autoconhecimento, fazendo com que nunca saibamos *por que* agimos, tudo o que fazemos permanece sem sentido. O fluxo entre o Mago e a Sacerdotisa precisa ser livre para que a vida tenha valor.

Como a linha basicamente inverte a ênfase das sete primeiras cartas, muitas delas aparecem como imagens espelhadas das que estão acima delas. A polaridade sexual dos trunfos 1 e 2 é invertida na Força e no Eremita, enquanto o princípio da luz e da escuridão, do externo e do interno, permanecem nas mesmas posições. A Roda da Fortuna se afasta do mundo natural e irracional da Imperatriz para uma visão de mistérios internos. No final da linha, a Temperança nos mostra um novo tipo de vitória. A força do Carro foi substituída pelo equilíbrio e pela tranquilidade. Enquanto o carro de pedra removia seu condutor do contato direto com a terra e o rio, o anjo da Temperança está com um pé na terra e outro na água, mostrando a personalidade em harmonia consigo mesma e com a vida.

Outro tema aparece na segunda linha. Até esse momento, as cartas nos apresentaram uma série de lições, coisas que temos de aprender sobre a vida para nos tornarmos maduros e bem-sucedidos no mundo exterior. Contudo, a iluminação é uma experiência profundamente pessoal. Não pode ser estudada nem mesmo analisada, mas apenas vivida. A série de lições externas culmina na Roda da Fortuna, que nos mostra uma visão do mundo e de nós mesmos que precisa ser respondida. No entanto, o Pendurado exibe algo completamente diferente. Nele vemos não uma lição, mas a imagem da própria iluminação, a personalidade externa virada para baixo por uma experiência muito real e pessoal.

Entre essas duas cartas e bem no centro dos Arcanos Maiores está a Justiça, equilibrando cuidadosamente a balança entre interno e externo, passado e futuro, racionalidade e intuição, conhecimento e experiência.

Figura 9

A FORÇA

A mudança que Waite fez do Enamorado foi a mais óbvia de suas alterações do tarô. Sua troca da Força pela Justiça é a mais controversa. Ele próprio não dá nenhuma justificativa para essa mudança. "Por razões que satisfazem a mim mesmo, essa carta foi trocada com a da Justiça, que normalmente traz o número 8. Como a variação não implica nenhum significado para o leitor, não há motivo para explicação." Certamente, as razões são mais do que pessoais. Paul Foster Case colocou a Força como número 8 e a Justiça como 11. Aleister Crowley manteve seus números originais, mas atribui-lhes as letras hebraicas que acompanhariam a troca das cartas. Provavelmente, ambos seguiram a Ordem da Aurora Dourada, cujo baralho secreto de tarô também tinha as duas cartas trocadas.

Essa conexão com uma sociedade secreta sugere a ideia de iniciação. Por certo, a Aurora Dourada não deu origem à prática da iniciação, embora alegasse que recebia seus rituais específicos diretamente de instrutores espirituais. A iniciação remonta a milênios e é observada no mundo inteiro, dos templos egípcios ao deserto australiano. Ela representa um recurso especial de transformação psicológica – justamente o tema da linha intermediária do tarô. Ao remeter a Justiça e as cartas ao seu redor a essa antiga ideia, adquirimos uma compreensão mais ampla do tarô como experiência.

Vale a pena considerar as implicações da antiga disposição dos trunfos. A imagem da Justiça sugere que pesemos nossa vida na balança. A segunda linha nos afasta das realizações externas da primeira e nos conduz ao eu. Assim, a Justiça na primeira posição representaria uma análise do que a vida representou para nós, seguida pela decisão de buscar internamente um significado maior. Sem dúvida, isso se encaixa muito bem. Porém, se a Justiça vem primeiro, então, todas essas coisas ocorrem de maneira racional. A análise surge como uma reação consciente à insatisfação. Essa avaliação se mostra ainda mais forte quando surge a partir de dentro, imposta a nós pela poderosa visão da Roda da Fortuna. A espada de dois gumes da Justiça sugere ação, uma resposta ao conhecimento adquirido na análise. A ideia da resposta conduz diretamente ao Pendurado. Se a Justiça veio primeiro, então, o Eremita viria depois dela. Como alguém que busca sabedoria, o Eremita também representaria uma resposta válida à Justiça. No entanto, mais uma vez, se permitirmos que essa sabedoria venha antes da Justiça, o Pendurado mostrará uma resposta a partir de dentro.

Considere agora a Força em ambos os lugares. A figura mostra uma mulher domando um leão. Em resumo, a imagem sugere a energia do inconsciente, liberada e tranquilizada, "domada" pela direção da compreensão consciente. Essa ideia poderia facilmente ser encaixada na posição intermediária. Nesse caso, descreveríamos a carta como o teste central de toda a linha. E, certamente, a serenidade e a grande inversão do Pendurado seguiriam a Força com perfeição.

Contudo, também podemos ver a Força como as qualidades vitais para o início da linha. A busca interior não pode ser realizada pelo ego. Precisamos confrontar os sentimentos e os desejos por muito tempo escondidos de nossos pensamentos conscientes. Se tentarmos nos transformar mediante um processo inteiramente racional, criaremos outro tipo de *persona*. Com efeito, algo muito semelhante a isso ocorre com frequência. Muitas pessoas sentem uma falta de espontaneidade em sua vida. Olham ao redor ou leem livros de psicologia e observam, com certa inveja ou até mesmo vergonha de suas próprias repressões, as características das pessoas espontâneas. Então, em vez de seguirem o temido processo de libertar seus medos e desejos ocultos, elas imitam cuidadosamente a espontaneidade. Desse modo, estendem o Carro a um novo domínio.

Quando atribuímos o número 8 à Força, nós a colocamos contra o Carro, como um tipo diferente de poder, não a vontade do ego, mas a Força interior para confrontar a si mesmo com tranquilidade e sem medo. Os mistérios podem ser revelados porque descobrimos a Força para enfrentá-los. O leão significa todos os sentimentos, medos, desejos e confusões, suprimidos pelo ego em sua tentativa de controlar a vida. O condutor do Carro recorreu a seus sentimentos como fonte de energia, mas sempre foi cuidadoso ao canalizar essa energia para onde decidiu conscientemente que ela deveria ir. A Força permite que as paixões íntimas venham à tona, como o primeiro passo para superar o ego.

Em um nível muito simples, podemos ver esse surgimento de sentimentos suprimidos na pessoa que se permite agir de maneira "infantil", chorando ou gritando, ou seja, fazendo tudo o que anteriormente parecia tolo ou constrangedor. Em um nível mais profundo, o leão simboliza toda a força da personalidade, normalmente atenuada pelas demandas da vida civilizada. A Força libera sua energia a fim de usá-la como uma espécie de combustível, impulsionando-nos pelo caminho interior do Eremita. Esse objetivo só pode ser alcançado porque o leão é "domado" ao mesmo tempo que é libertado. A Força abre a personalidade como Pandora abre sua caixa. No entanto, age desse modo com um senso de paz, com amor pela vida em si e muita confiança no resultado. A menos que realmente acreditemos no processo do autoconhecimento como algo que traz alegria, nunca o cumpriremos até o fim.

O simbolismo das figuras e dos números reforça a comparação entre a Força e o Carro. O último apresenta um homem, e a Força, uma mulher. Tradicionalmente, é claro, eles representam racionalidade e emoção, agressão e renúncia. Também tradicionalmente, o número 7 do Carro pertence à magia "masculina", enquanto o número 8 pertence à "feminina".

Esse simbolismo surge a partir da anatomia. O corpo masculino contém sete orifícios (contando o nariz como um só), e o feminino, oito. Além disso, o corpo masculino possui sete pontos, os braços e as pernas, a cabeça, o centro e o pênis. O feminino possui oito, pois os seios substituem o pênis.

O que entendemos por magia masculina e feminina? A teoria esotérica considera a energia sexual como uma manifestação dos princípios energéticos subjacentes a todo o universo, uma vez que masculino e feminino são aspectos semelhantes aos polos positivo e negativo do eletromagnetismo. A manipulação dessa energia bipolar gera o poder "mágico". O ocultista considera esses princípios uma ciência, nem mais nem menos misteriosa do que a manipulação moderna da energia atômica, feita pelos cientistas. Podemos descrever o Enamorado do Tarô Waite-Smith como um diagrama esquemático da energia. Por isso, o Carro e a Força estão esotericamente associados como a manifestação prática dos princípios simbolizados no Mago e na Sacerdotisa.

Do ponto de vista psicológico, eles também personificam dois tipos de poder. Nossa sociedade enfatiza a força "masculina" do controle, bem como a conquista, a dominação do mundo pela razão e pela vontade. Porém, as qualidades "femininas" da intuição e da emoção espontânea estão longe de representarem fraqueza. Liberar as próprias emoções mais profundas com amor e fé requer muita coragem e força.

O Louco aparece aqui. Somente com uma espécie de salto psíquico podemos passar do consciente para o inconsciente. E somente um louco daria um salto como esse. Afinal, por que desistiríamos do sucesso e do controle? Os deuses obrigaram Édipo. Que necessidades internas obrigarão o restante de nós?

A posição da Força, como primeira na linha, vincula a carta ao Mago, como faz o sinal do infinito, outra referência ao 8, acima de sua cabeça. A inversão dos sexos indica uma união de aspectos dos arquétipos masculino e feminino. O envolvimento ativo do Mago com a vida foi modificado pela paz interior implícita na Sacerdotisa.

A imagem sensual da mulher, seus cabelos louros e o cinto de flores que a une ao leão também conectam a carta à Imperatriz, que representa os instintos naturais e a paixão. Mais uma vez, vemos a imagem da energia emocional, os "desejos animalescos" como alguns comentadores do tarô os chamam, liberados e domados. Waite descreve o cinto de flores como o segundo símbolo do infinito, com uma volta ao redor da cintura da mulher e outra ao redor do pescoço do leão. Podemos descrever a Força como o Mago unido à Imperatriz, ou seja, o poder da consciência e direção do Mago misturou-se à sensualidade da Imperatriz, dando-lhe um propósito e conduzindo ao Eremita. Vale notar que, na primeira linha, 1 mais 3 é igual a 4, o Imperador. Na segunda, 1 mais 3 é multiplicado por 2, a verdade interior da Sacerdotisa.

Outro aspecto do trunfo leva essa unidade de 1 e 3 ainda mais longe. A letra hebraica dada por Case e outros autores para a Força é *tet*, que, do ponto de vista cabalístico, refere-se a "serpente". Contudo, a palavra hebraica para serpente também significa "magia". Pessoas do mundo inteiro fizeram essa associação, desde as serpentes na varinha mágica de Hermes até a energia *kundalini* do ocultismo tântrico na Índia e no Tibete. E a serpente, em *kundalini* e outros lugares, representa a sexualidade. Como vimos no caso da serpente enrolada na Árvore da Vida atrás da mulher no Enamorado, o tarô considera a sexualidade uma força voltada à iluminação. Se, do ponto de vista esotérico, a Força representa a prática real da magia sexual, do ponto de vista psicológico, ela se refere novamente à liberação da energia associada a nossos sentimentos mais fortes. Quando comparamos a Força com o Diabo, vemos que, na verdade, a liberação nesse caso é parcial. O leão é controlado e dirigido, e não autorizado a levar o eu para onde quiser.

Na alquimia, o leão representa o ouro, o sol e o enxofre. Este último é um elemento inferior, e o ouro (na alquimia), o mais elevado. O processo pelo qual o enxofre se transforma em ouro é justamente o que transforma o eu inferior. E o desenho da Temperança, a última carta da linha, com seu líquido sendo vertido de uma taça a outra, retrata o objetivo alquímico de combinar os opostos para produzir uma existência nova e mais significativa.

Quem considera a vida uma questão de controle rigoroso, vê o inconsciente como um "esgoto moral" de repressões (como Jung caracterizou a visão estreita de Freud) e encara as paixões como um tormento, enxergará o leão como as forças naturais que a mente racional tem se superar. Alguns baralhos antigos de tarô, incluindo o Visconti-Sforza, mostravam Hércules matando o leão de Nemeia. As paixões conquistadas pela razão. Contudo, o leão também representa Cristo, o poder radiante de Deus. Quem permite que a energia inconsciente dentro de si mesmo venha à tona e a conduz com amor e fé na vida, descobrirá que essa energia não é uma fera destruidora, mas a mesma força espiritual, descarregada pelo para-raios do Mago.

Nas leituras, a carta da Força indica a habilidade para enfrentar a vida e, sobretudo, um problema difícil ou um período de mudança com esperança e entusiasmo. Mostra uma pessoa forte interiormente, que vive a vida com paixão, mas também com serenidade, sem ser controlada nem arrebatada por essas paixões. A carta representa a descoberta da força para iniciar ou continuar um projeto difícil, apesar do medo e do estresse emocional.

Se a Força aparecer em conexão com o Carro, poderá significar uma alternativa à força e ao poder da vontade, especialmente, é claro, se o Carro estiver invertido. As duas cartas também podem simbolizar lados complementares, sendo a Força a melhor configuração na posição do eu interior, e o Carro na posição do exterior (as linhas vertical e horizontal de uma cruz). Então, veremos uma pessoa que age de maneira enérgica, mas com serenidade.

Invertida, a Força indica, antes de qualquer coisa, fraqueza. Falta coragem para enfrentar a vida, e a pessoa se sente sobrecarregada e pessimista. Isso também significa um tormento a partir de dentro. O lado animalesco do leão se separa da unidade do espírito e da sensualidade. As paixões se tornam inimigas, ameaçando destruir a personalidade consciente e a vida que ela construiu para si mesma.

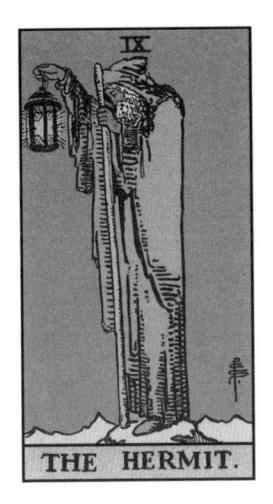

Figura 10

O EREMITA

Tal como a estrela de seis pontas dentro de seu lampião, a ideia do Eremita segue em duas direções: uma interna e outra externa. Fundamentalmente, a carta remete ao indivíduo que se retira do mundo exterior a fim de ativar sua mente inconsciente. Vemos esse processo simbolizado no triângulo da "água", como os alquimistas o chamavam, e que aponta para baixo. No entanto, o Eremita também significa um professor que quer nos mostrar como iniciar esse processo e nos ajudar a encontrar nosso caminho. O triângulo do "fogo", que aponta para cima, simboliza esse guia especial, que pode ser um professor oculto, um terapeuta, nossos próprios sonhos ou até mesmo um espírito guia, evocado de dentro do eu.

A figura do Eremita ocupava um lugar especial na imaginação medieval. Vivendo em florestas ou no deserto, afastado por completo de todas as preocupações normais da humanidade, ele apresentava uma alternativa à Igreja. Versão europeia do yogue ascético, demonstrava a possibilidade de aproximar-se de Deus por meio da experiência pessoal. As pessoas costumavam considerar os eremitas como santos vivos e atribuir-lhes poderes mágicos, assim como os discípulos dos yogues contarão histórias maravilhosas sobre seus mestres.

Embora o eremita vivesse isolado da sociedade, ele ou ela[1] não se isolava da humanidade. Entre outras funções, eles abrigavam e, algumas vezes, abençoavam os viajantes. Incontáveis histórias, especialmente as lendas do Graal, retrataram o eremita em ação como um doador de sabedoria ao cavaleiro em missão espiritual. Mais uma vez, vemos a imagem dupla do Eremita: exemplo e guia.

A imagem do Eremita persistiu por muito tempo depois que a prática especial desapareceu. Durante dias, o filósofo transcendental Ralph Waldo Emerson viajou pela Escócia remota para encontrar a cabana de Thomas Carlyle. Henry David Thoreau, amigo de Emerson, viveu em uma cabana em Walden Pond para descobrir o sentido de si próprio e da natureza. Em seguida, escreveu a respeito como um exemplo para outras pessoas. O livro de Nietzsche *Assim Falou Zaratustra* consagrou a imagem do eremita. A obra começa com o retorno de Zaratustra após sua transformação pessoal. Atualmente, inúmeras pessoas entregam-se a gurus orientais com a esperança de esses professores que lembram eremitas possam transformar a vida delas.

Para aqueles que não conseguem encontrar um guia real, muitas vezes a psique arranja um. Jung e seus seguidores descreveram muitos sonhos de seus pacientes com anciãos sábios guiando-os por itinerários misteriosos em sua psique. Em muitos casos, a análise dos sonhos revelou que, na realidade, o guia do sonho representava o terapeuta. O inconsciente consegue reconhecer um professor eremita antes que a mente consciente o faça.

Abraham Abulafia, grande cabalista do século XIII, descreveu três níveis da Cabala. O primeiro era a doutrina, aquilo que pode ser aprendido a partir dos textos. O segundo vinha da orientação de um professor pessoal, enquanto o terceiro, o mais desenvolvido, era a experiência imediata da união extática com Deus. Esses três níveis conectam-se diretamente com o tarô, não apenas nas três linhas, mas também nos trunfos específicos que, juntos, formam um triângulo isósceles. Vemos o primeiro nível no Hierofante; o terceiro, logo abaixo do Hierofante, depois de removido um nível,

---

[1] Era comum as mulheres se tornarem eremitas, e muitas vezes a aversão medieval às mulheres se transformava em veneração por uma em particular, que supostamente teria vencido o mal de seu sexo.

aparece na criança alegre da carta 19, o Sol. O segundo nível, no entanto, não surge na carta entre eles, o Pendurado, mas na outra extremidade da estrutura, como a segunda carta na segunda linha, o Eremita.

Doutrina e mistério aparecem como o fim de um processo. A doutrina porque, primeiro, é preciso colocar a vida em ordem antes de abordar o estudo de um modo especial (os cabalistas costumavam restringir alguns textos importantes a pessoas acima de 35 anos), e o êxtase porque, primeiro, é necessário superar o confronto arquetípico entre a escuridão e o mistério. No entanto, um guia aparece no início do itinerário, depois que o viajante encontrou a Força para iniciá-lo.

Mais como um símbolo do desenvolvimento pessoal do que como um guia, o Eremita representa a ideia de que somente quando nos retiramos do mundo exterior conseguimos despertar o eu interior. Quem vê o tarô em duas metades, com a Roda da Fortuna como ponto intermediário, visualiza o Eremita como o período de contemplação antes que a Roda da Fortuna gire na direção de sua segunda metade. Quando vemos o tarô em linhas de sete, percebemos que esse afastamento e a visão da Roda da Fortuna são passos rumo a um objetivo maior.

O Eremita aparece em um pico gelado e solitário. Ele deixou o mundo dos sentidos para entrar na mente. Essa imagem da mente como austera e fria transmite apenas uma verdade parcial ou, antes, uma ilusão. A mente é rica em símbolos, alegria, luz e amor do espírito. Porém, antes de podermos assimilar essas coisas, temos de vivenciar a mente como uma alternativa silenciosa ao mundo barulhento dos sentidos. Para os xamãs, o pico árido costuma ser uma realidade direta. Em lugares tão distantes como a Sibéria e o Sudoeste americano, os candidatos a xamãs se deslocam sozinhos para as regiões selvagens em busca dos guias espirituais que lhes ensinarão como exercer a cura.

O Eremita representa uma transição. Por meio das técnicas de meditação, da disciplina psíquica ou da análise, permitimos que as partes ocultas da psique comecem a falar conosco. Mais tarde, experimentaremos uma sensação de renascimento, primeiro como um anjo (a parte eterna do eu, além do ego); depois, sentindo de maneira mais profunda, como uma criança partindo livremente do jardim da experiência passada. Por enquanto, o caminho pertence à imagem do ancião sábio e sozinho, amparado e aquecido por seu sóbrio manto cinza de contemplação.

O símbolo do lampião nos faz voltar ao Eremita como guia e professor. Ele estende a luz em nossa direção, indicando sua disposição para nos conduzir e nossa habilidade para encontrar o caminho se usarmos a Força que temos para continuar. Em alguns tarôs, o Eremita esconde seu lampião sob o manto, simbolizando a luz do inconsciente ocultada sob o manto da mente consciente. Ao torná-la visível mesmo dentro de um lampião, o Tarô Waite-Smith indica que liberamos a luz por meio de um processo definido de autoconsciência e que esse processo é acessível a qualquer pessoa.

Vimos a estrela como um símbolo do Eremita, como um professor e como uma luz do inconsciente, atraindo-nos para descobrir seus segredos. Além disso, ela simboliza o objetivo de resolver os opostos da vida. Tradicionalmente, os triângulos da água e do fogo representam não apenas dois elementos opostos, mas também o masculino e o feminino unidos em uma única forma.

O cajado do Eremita sugere um bastão de feiticeiro e, por conseguinte, a varinha mágica do Mago. Enquanto o Louco usava o bastão instintivamente, o Eremita se apoia nele como em um suporte consciente. Desse modo, ele simboliza o ensinamento que nos ajuda a abrir a consciência interior.

Logo abaixo da Sacerdotisa, o Eremita está relacionado ao princípio dela de retirar-se, indicando mais uma vez que, em certo sentido, temos de deixar o mundo exterior se quisermos nos analisar. Assim como acontece com a Força, a segunda linha inverte o arquétipo sexual. Nela o papel do simbolismo nos ensina que um esforço mental deliberado, baseado em técnicas e ensinamentos específicos, leva-nos para além da intuição guardada a sete chaves no templo fechado da Sacerdotisa. As águas desse templo não estão totalmente liberadas; o véu permanece no lugar até ser rasgado pela iluminação da Torre, abaixo do Eremita. No entanto, sob a influência do trunfo 9, o inconsciente nos fala por detrás do véu, mediante símbolos, sonhos e visões.

A distinção entre o simbolismo masculino-feminino e a realidade do indivíduo nos conduz a algumas importantes percepções sobre os arquétipos. Tendemos a ver eremitas e professores como *homens* idosos e sábios, até mesmo em nossos sonhos. Isso porque nosso patriarcado de cinco milênios imprimiu essa imagem em nossa mente. Em tempos remotos, os guias costumavam ser mulheres, que representavam a Grande Deusa. Mesmo em nossa época, mulheres como Madame Blavatsky exerceram essa antiga função. O fato de que, na maioria das vezes, nossos sonhos escolhem homens idosos e sábios demonstra a importante evidência de que o inconsciente também extrai seu material do histórico cultural de cada sonhador. Muitas pessoas consideram os arquétipos como imagens rígidas e fixas, compartilhadas por todos em todas as épocas. Em vez disso, os arquétipos são tendências da mente a formar alguns *tipos* de imagens, como a de um guia, e a forma específica assumida por uma imagem dependerá muito do histórico cultural e da experiência de uma pessoa. As iniciações medievais do Graal e os ritos do deserto australiano seguem o mesmo padrão arquetípico, que é subjacente a eles como uma grade. No entanto, as formas externas desse padrão variam muito.

Os significados divinatórios do Eremita derivam de seus dois aspectos. Por um lado, ele simboliza um afastamento das preocupações externas. A pessoa pode se retirar fisicamente, mas, na verdade, isso não é necessário. O que importa é a transferência interna da atenção do "obter e gastar", como Wordsworth chamou nossas atividades mundanas, para as necessidades internas de uma pessoa. Portanto, isso requer um afastamento emocional de outras pessoas e atividades, antes consideradas extremamente importantes. A carta carrega um sentido de propósito deliberado, de afastamento para que se possa trabalhar o autoconhecimento. Em conexão com esse senso de propósito e com a figura de um ancião, a carta simboliza maturidade e conhecimento do que realmente importa na vida de uma pessoa.

A carta também pode significar assistência por parte de determinado guia, às vezes, como indicado antes, um guia psíquico a partir de dentro, mas geralmente uma pessoa real que o ajudará em suas autodescobertas.

Algumas vezes, não reconhecemos que esse guia existe para nós. Se o Eremita aparece em uma leitura de tarô, é aconselhável observar cuidadosamente as pessoas a seu redor. Se você está empenhado em ajudar os outros a encontrar entendimento, então o Eremita pode simbolizar você em seu papel como guia e professor.

Quando invertemos a carta, adulteramos a ideia de afastamento. Assim como a Sacerdotisa invertida pode significar medo da vida, o Eremita invertido pode indicar medo de outras pessoas. Se nos afastamos da sociedade como se batêssemos em retirada, então, o afastamento se torna cada vez mais dominante, conduzindo a fobias e à paranoia. Como acontece com outros trunfos, os aspectos negativos e positivos do Eremita dependem do contexto. Às vezes, o Eremita invertido pode simplesmente significar que, no momento da leitura, a pessoa precisa envolver-se com outras pessoas.

Como a carta, quando colocada na posição certa, sugere maturidade, às vezes o Eremita invertido pode indicar uma atitude de Peter Pan em relação à vida. A pessoa se aferra a atividades basicamente sem sentido ou reproduz um entusiasmo infantil (como a imitação da espontaneidade), como um modo de evitar a responsabilidade de fazer algo com a própria vida. A primeira vez que encontrei essa interpretação do Eremita invertido foi em uma leitura feita por um homem em Nova York para um amigo meu. A partir de então, achei que ela seria útil em várias situações. Curiosamente, conheci esse homem por meio de outro amigo que o considerava um guia pessoal em seu desenvolvimento espiritual.

(a)

(b)

(c)

Figura 11

A RODA DA FORTUNA

Como outros trunfos (sobretudo a Morte), a Roda da Fortuna deriva de uma homilia medieval. A Igreja considerava o orgulho o maior de todos os pecados, pois nele o homem se coloca antes de Cristo. Uma das lições contra o orgulho era a ideia da queda de um grande rei. Em muitas versões da lenda do Rei Artur, às vésperas de sua batalha final, ele sonha ou tem uma visão com um rei rico e poderoso, sentado no topo de uma roda. De repente, a deusa Fortuna gira a roda, e o rei é esmagado em sua parte inferior. Ao se recompor, Artur percebe que não importa quanto poder secular acumulamos, pois nosso destino sempre permanece nas mãos de Deus. As cartas do baralho Visconti-Sforza (acima, à direita) sacramentam esse sermão prático.

Podemos considerar essa bela fábula moral como muito distante dos poderosos e misteriosos símbolos que nos observam a partir do baralho Waite-Smith, no alto à esquerda, e da versão de Oswald Wirth, embaixo, também à esquerda. No entanto, a Fortuna e seu aro brilhante têm uma história curiosa. Em primeiro lugar, a imagem medieval deriva de uma época bem mais remota, quando a Fortuna representava a Grande Deusa, e o rei esmagado foi um acontecimento real. Todos os anos, na metade do inverno, as sacerdotisas sacrificavam o rei. Simulando a morte do ano, elas se submetiam ao poder da Deusa e, ao escolherem um novo rei, lhe sugeriam sutilmente que, mais uma vez, ela poderia criar a primavera a partir do inverno – um acontecimento nada automático para pessoas que não acreditavam em "leis naturais" como a gravidade. Desse modo, originariamente a Roda simbolizava tanto o mistério da natureza quanto a habilidade humana para participar desse mistério por meio de um ritual de sacrifício. Vale notar que a carta aparece logo abaixo da Imperatriz, emblema da própria Grande Mãe.

Na Idade Média, a Roda perdeu seu significado original, mas isso não significa que perdeu seu poder de sugerir o mistério da vida. Na versão da história do Rei Artur, elaborada por Thomas Malory, encontramos a sugestão de que a Roda simboliza as voltas aleatórias da "sorte". Por que algumas pessoas ficam ricas e outras, pobres? Por que um rei poderoso haveria de cair e outro, que antes era fraco, ascenderia ao poder? Quem ou o que controla o giro da roda da vida? Malory sugere que, na realidade, a sorte, bem como seus altos e baixos aparentemente sem sentido, é o destino, ou seja, o destino que Deus escolheu para cada indivíduo, baseado em razões que apenas Ele é capaz de compreender. Como não podemos entender essas razões, dizemos que os acontecimentos na vida das pessoas provêm da sorte, mas tudo faz parte do plano de Deus.

Portanto, com a Roda, chegamos à grande questão de como e por que as coisas acontecem no universo. O que faz o sol brilhar? Elementos em combustão, sim, mas o que os leva à combustão. Como a energia atômica passou a existir? Por que a primavera tem de vir depois do inverno, afinal? Por que e como a gravidade funciona? Indo mais além, descobrimos que o destino também é uma ilusão, uma artimanha para encobrir o fato de que, com nossa visão limitada, não conseguimos enxergar a conexão interna entre todas as coisas. "Enfim, é o destino", dizemos – uma declaração sem sentido, pois não somos capazes de compreender seu significado. As coisas não acontecem simplesmente, elas são feitas para acontecer. De acordo com Malory, o poder de influir nos acontecimentos e de dar vida, forma e propósito ao universo pertence ao Espírito Santo, que habita o mundo físico como uma presença no Santo Graal (o Ás de Copas), do mesmo modo como a Shekinah habitava fisicamente o santuário velado do tempo de Jerusalém.

Chegamos, então, à verdade de que tanto os eventos aleatórios da vida quanto as chamadas "leis" do universo físico são mistérios que nos conduzem a uma consciência da força espiritual, atraída pelo braço erguido do Mago e manifestada no mundo natural da Imperatriz. Muitos místicos e xamãs disseram que suas visões lhes mostravam como todas as coisas estão interligadas e como tudo se encaixa, pois o espírito une o universo inteiro. Possivelmente todos nós veríamos e entenderíamos esse grande esquema da vida, não fosse o fato de não vivermos o suficiente. Nossa vida curta estreita nossa visão a uma porção tão minúscula do mundo que a vida parece desprovida de sentido.

Essa ideia da Roda como o mistério do destino, com seu significado oculto, combina muito bem com a versão moderna do arcano de Waite e Smith, sobretudo quando a consideramos como a metade do caminho para o trunfo final. Se colocarmos a Roda do Tarô Waite-Smith ao lado do Mundo, imediatamente veremos a ligação entre elas. Em uma, temos uma roda preenchida com símbolos; em outra, encontramos uma coroa de vitória e, dentro dela, uma dançarina que personifica a verdade por trás dos símbolos. Ainda mais surpreendente é o fato de encontrarmos os mesmos quatro animais nos cantos de cada carta. Entretanto, os seres mitológicos da carta 10 foram transformados em algo real e vivo no Mundo. Desse modo, no ponto intermediário, recebemos uma visão do significado interno da vida. No final, essa visão se tornou real, personificada em nosso próprio ser.

Na Índia, o rei também perdia sua vida a cada ano para a Deusa. Quando os arianos patriarcais encerraram essa prática, a imagem da roda do ano girando tornou-se um símbolo ainda mais poderoso da nova religião. A Roda da Vida em moto contínuo passou a significar as leis do karma, que levam o indivíduo a reencarnar em um corpo após o outro. De certo modo, o karma é outra explicação para o mistério do destino. Pelas ações que realiza em uma vida, você constrói certo destino para si mesmo na próxima. Assim, se você cometeu muitas maldades, criou em seu eu imortal uma espécie de necessidade psíquica de punição. Quando chegar o momento de sua próxima encarnação, inevitavelmente você escolherá uma casta inferior ou um corpo doente. (Talvez essa simples explicação psicológica do karma se baseie mais no budismo do que no hinduísmo.)

Mais uma vez, nossa compreensão limitada nos impede de conhecer a verdade por trás da roda do destino ou do karma. Quando Buda alcançou a iluminação, lembrou-se de cada momento de todas as suas vidas passadas. Com efeito, a memória era a iluminação. Ao adquirir total conhecimento, ele era capaz de perceber que todas aquelas vidas eram apenas formas criadas por seus desejos. Quando concluiu seus desejos, ele "saiu da Roda". Poderíamos dizer que a iluminação significa (ou, em todo caso, inclui) penetrar os eventos externos até o espírito que reside dentro deles, ou seja, encontrar o Espírito Santo dentro da Roda da Fortuna.

É significativo que o Rei Artur experimente a Roda da Fortuna como uma visão em um sonho. Pois, quer a vejamos como o ponto intermediário dos Arcanos Maiores, quer simplesmente como uma das etapas para completar a segunda linha, a roda é, de fato, uma visão que nos é dada pelo inconsciente. O Eremita afastou-se do mundo exterior. Como resultado, o inconsciente lhe mostra uma visão da vida como uma roda em movimento, repleta de símbolos.

A Roda da Vida só se torna visível depois que saímos dela. Quando estamos envolvidos nela, vemos apenas os eventos que estão logo à nossa frente ou atrás de nós; as preocupações cotidianas que nosso ego considera tão importantes. Quando recuamos, enxergamos o sistema como um todo. Do ponto de vista psicológico, conseguimos perceber essa visão como a análise que uma pessoa faz de onde sua vida foi ou está indo parar. Em um nível mais profundo, a visão permanece misteriosa e simbólica. Podemos ver o que fizemos com nossa vida particular, mas o destino continua um mistério.

Todos os símbolos na Roda possuem um significado. Eles nos ajudam a compreender a verdade dentro das visões. Entretanto, não vivenciamos a força plena da vida. A luz do inconsciente permanece velada.

Também é significativo que Malory associe a Roda da Fortuna ao Santo Graal, pois os símbolos do Graal, que também são os dos Arcanos Menores, provavelmente retrocedem quase tanto quanto o sacrifício anual do rei. Quando o candidato à iniciação nos antigos mistérios europeus recebia sua "visão" dos segredos internos do culto, o mais provável é que se tratasse dos quatro símbolos de Copas, Espadas, Lança e Pentáculos, que lhe eram mostrados com uma grande cerimônia mística. E os instrumentos básicos para o ritual de magia, depositados na mesa do Mago, são os mesmos quatro símbolos, além dos naipes dos Arcanos Menores.

Embora não vejamos diretamente os quatro símbolos no trunfo 10, vemos dois de seus muitos equivalentes. As quatro criaturas nos cantos da carta derivam da visão de Ezequiel 1,10. Elas também aparecem no Apocalipse 4,7. Originariamente, essas quatro figuras representavam os quatro signos "fixos" da astrologia babilônica: Leão, Escorpião, Aquário e Touro. Os primeiros cristãos a identificavam com os quatro evangelistas, razão pela qual os vemos segurando livros. Às vezes chamados de "guardiões do céu", passaram a simbolizar os quatro elementos básicos da ciência antiga e medieval. No canto direito, em sentido anti-horário, eles são Fogo, Água, Ar e Terra, e esses elementos também correspondem a Bastões, Copas, Espadas e Pentáculos. Tal como os signos fixos, os quatro animais evocam o zodíaco como um todo. Como um plano circular criado pelo movimento aparente do Sol ao longo do ano, o zodíaco forma a Grande Roda do universo visível.

A outra conexão com os quatro elementos aparece no nome de quatro letras de Deus no aro da Roda. Começando pelo canto superior direito, e novamente lendo em sentido anti-horário, as letras são *yod, he, vav, he*. Como esse nome aparece na Torá sem as vogais (todas as quatro letras são consoantes), ele é impronunciável. Por isso, o "verdadeiro" nome de Deus permanece um segredo. Pelo menos há dois milênios, judeus e cristãos consideraram esse nome mágico. Místicos meditam sobre ele (o terceiro nível extático da Cabala de Abulafia era alcançado por meio da análise do nome de Deus), e os magos o manipulam. Para os cabalistas, as quatro letras são o símbolo dos mistérios do mundo. Considerava-se que o processo da criação do universo tivesse ocorrido em quatro etapas, correspondendo às quatro letras. E, obviamente, as letras também estão associadas aos quatro elementos, aos símbolos do Graal, e aos Arcanos Menores.

As letras romanas intercaladas entre o hebraico são um anagrama. Lidas em sentido horário a partir do topo, formam a palavra "TARO"; em sentido anti-horário, a palavra "TORA" (vale lembrar o pergaminho da Sacerdotisa). Também é possível encontrar as palavras "ROTA", termo latino para "roda", "ORAT", termo latino para "fala" e "ATOR", deusa egípcia (também conhecida como "Hathor"). Seguindo MacGregor Mathers, fundador da Aurora Dourada, Paul Foster Case formou a frase "ROTA TARO ORAT TORA ATOR", que pode ser traduzida como: "A Roda do tarô fala a lei de Ator". Case chama isso de "lei das letras". Como Ator se tornou mais conhecida no Egito como a deusa dos mortos, na verdade, essa é a "lei" da vida eterna, ocultada no mundo natural. Embora o corpo morra, a alma continua. Case também nota que os valores numéricos das letras hebraicas de "TARO" somam 691, e que esse resultado, somado a 6, valor da soma das quatro letras do nome de Deus (chamado de "tetragrama"), dá 697. Esses algarismos somam 22, número das letras do alfabeto hebraico e dos trunfos nos Arcanos Maiores. E, é claro, 22 nos faz voltar a 4.

Os quatro símbolos nos raios da Roda são alquímicos. A partir do topo, em sentido horário, eles são: mercúrio, enxofre, água e sal e se referem ao objetivo alquímico da linha dois, ou seja, a transformação. A água é o símbolo da dissolução. Em outros termos, significa que dissolve o ego para libertar o verdadeiro eu que ficou imerso em hábitos, medos e defesas. Veremos exatamente o que isso significa quando tratarmos da Morte e da Temperança.

A ideia de morte e renascimento também se encontra simbolizada nas criaturas que ornam a Roda. A serpente representa Seth, deus egípcio do mal e lendário portador da morte ao universo. É ele quem mata Osíris, deus da vida. É bem provável que essa lenda, como a própria Roda, tenha surgido na prática pré-histórica de matar o deus-rei, especialmente quando consideramos que Seth foi um deus heroico e que a serpente era sagrada para a Deusa que receberia o sacrifício. A serpente segue a Roda para baixo; o homem com cabeça de chacal subindo é Anúbis, guia para as almas mortas e, portanto, doador de uma nova vida. De acordo com algumas lendas, Anúbis é filho de Seth. Desse modo, vemos que apenas a morte pode trazer uma nova vida e, quando tememos a morte, estamos enxergando apenas uma verdade parcial. Do ponto de vista psicológico, somente a morte do eu exterior pode libertar a energia de vida dentro dela.

A esfinge no topo da Roda representa Hórus, filho de Osíris e deus da ressurreição. A vida triunfou sobre a morte. No entanto, a esfinge, como vemos no Carro, também significa o mistério da vida. O Carro controlava a vida com um ego forte. Agora, a esfinge ascendeu acima da roda. Se permitirmos que o inconsciente fale, sentiremos que a vida tem um grande segredo, mais importante do que o infinito ciclo de eventos aparentemente sem sentido.

Seth, a serpente, também foi chamado de deus da escuridão. Mais uma vez, considerar a escuridão um "mal" é uma ilusão e, de fato, o medo do escuro, como o medo da morte, é parte do ego. O ego ama a luz, assim como o inconsciente ama a escuridão. À luz, tudo é simples e direto; o ego pode ocupar-se das impressões sensoriais vindas do mundo exterior. Quando a escuridão chega, o inconsciente começa a se agitar. Eis por que as crianças veem monstros à noite. Uma razão para tornarmos o eu exterior tão forte é que, desse modo, não temos de enfrentar demônios sempre que as luzes se apagam.

No entanto, quem deseja ir além do Carro, tem de encarar esses terrores. Serpentes e água, escuridão e dissolução são símbolos da morte, ou seja, morte do corpo e do ego. Mas a vida existe antes e depois da personalidade individual, que, sem dúvida, é apenas uma bolha na superfície de nossa essência. A vida é poderosa, caótica, cheia de energia. Dê lugar a ela, e Hórus, o deus da ressurreição, fará surgir uma nova vida a partir do caos. A Roda gira tanto para cima quanto para baixo.

A versão de Wirth da Roda da Fortuna evidencia essa ideia de maneira ainda mais intensa. A Roda está em um barco na água. Dissolução e caos surgem como a realidade essencial e subjacente ao universo físico. Todas as formas de existência, bem como a grande variedade de coisas e acontecimentos, são meras criações momentâneas dessa poderosa energia que preenche o cosmos. No mito hindu, Shiva destrói periodicamente todo o universo quando as formas externas, como o ego, se esgotam ou se apagam, liberando a energia básica da qual o universo tinha originariamente surgido.

O número 10 sugere o 0. O Louco não é nada e não tem personalidade. Porém, como o número 0, o Louco também é tudo, pois sente diretamente aquela energia da vida, aquele mar que cresce sob o barco. No Tarô Waite-Smith, a Roda da Fortuna não traz nenhum símbolo em seu centro. Quando chegamos ao centro silencioso da existência, sem ego nem medo, todas as formas externas desaparecem. Podemos compreender isso de maneira intuitiva, mas, para realmente passar por essa experiência, temos de permitir que nosso eu entre no mar escuro, deixar que a personalidade morra e se dissolva, e dar lugar à nova vida que surge da escuridão.

Nas leituras divinatórias, a Roda da Fortuna significa certa mudança nas circunstâncias da vida de uma pessoa. Provavelmente, essa pessoa não entenderia o que causou essa mudança; pode não haver uma razão direta e visível e, de fato, a pessoa talvez não seja responsável em nenhum sentido normal da palavra. Uma grande corporação compra a empresa para a qual um homem trabalha, e ele se torna dispensável. Um caso de amor termina, não porque os parceiros cometeram "erros" no relacionamento, mas apenas porque a vida continua. A Roda gira.

O importante a respeito da mudança é a reação. Por acaso aceitamos a nova situação e nos adaptamos a ela? Será que a usamos como uma oportunidade e descobrimos algum significado e valor nela? Se a Roda aparecer na posição correta, virada para cima, isso significa adaptação. Em seu sentido mais forte, pode indicar a habilidade para penetrar o mistério dos acontecimentos e descobrir uma compreensão maior da vida. Apesar da dor que provoca, o fim de um caso amoroso pode trazer um autoconhecimento maior.

Invertida, a carta significa uma luta contra os acontecimentos, normalmente condenada ao fracasso, pois a mudança aconteceu e a vida sempre vencerá a personalidade que tenta opor-se a ela. No entanto, se a pessoa em questão sempre reagiu de maneira passiva a qualquer coisa que a vida lhe fez, então a Roda invertida pode significar uma mudança mais importante do que simplesmente um novo conjunto de circunstâncias. Ela pode abrir o caminho para uma nova consciência da responsabilidade pela própria vida.

Figura 12

A JUSTIÇA

A imagem desse trunfo deriva da titã grega Têmis, que, de olhos vendados e segurando uma balança, aparece em afrescos dos palácios de justiça em todo o mundo ocidental. A *Justitia* jurídica, como é chamada em latim, tinha os olhos vendados para demonstrar que a lei não faz discriminação e é aplicada do mesmo modo aos fracos e aos poderosos. No entanto, o princípio da justiça *social* pertence, na verdade, ao Imperador, logo acima da Justiça. A carta 11 indica que as leis psíquicas da Justiça, pelas quais avançamos de acordo com nossa habilidade de entender o passado, depende de nossa capacidade de enxergar a verdade sobre nós mesmos e a vida. Por isso, a *Justitia* do tarô não tem os olhos vendados.

Até o momento, falamos da segunda linha como um processo de afastamento das preocupações externas para despertar a visão interior de nós mesmos e da vida. No entanto, uma visão da natureza subjacente às coisas não faz sentido se não produzir uma resposta ativa. Sempre temos de agir (o princípio do Mago) com base na sabedoria recebida do eu interior (o princípio da Sacerdotisa). Não apenas a balança perfeitamente estabilizada, mas também todas as imagens na carta apontam para um equilíbrio entre a compreensão e a ação. A figura, representada por uma mulher, tem uma aparência andrógina. Embora esteja firmemente sentada em seu banco de pedra, ela parece prestes a se levantar. Um pé está para fora de sua toga, e o outro permanece oculto. A espada, emblema da ação, aponta para cima, indicando tanto a resolução quanto a ideia de que a sabedoria é como uma espada que perfura a ilusão dos acontecimentos para encontrar seu significado interno. Por ter dois gumes, a espada significa escolha. A vida exige que tomemos decisões. Ao mesmo tempo, cada decisão, uma vez tomada, não pode ser revogada. Ela se torna parte de nós. Somos formados pelas ações que empreendemos no passado; formamos nosso futuro eu pelas ações que empreendemos agora.

A balança também representa o equilíbrio perfeito entre passado e futuro. Ambos equilibrados, não no tempo, mas na visão clara da Justiça, que olha para você exatamente do centro dos Arcanos Maiores.

Ao longo de toda a primeira metade dos Arcanos Maiores, quando uma pessoa se envolve com o mundo exterior, ela sofre da ilusão de que está vivendo uma vida com base no princípio ativo. Isso acontece porque confundimos fazer coisas com ação. Quando nos voltamos para dentro de nós mesmos, admitimos que nos afastamos da ação; e, de fato, o processo da linha dois não pode ser cumprido sem uma pausa em nossa vida exterior ou, pelo menos, uma mudança na atenção. Contudo, a ação real, enquanto oposta ao movimento sem sentido, sempre traz significado e valor para nossa vida. Esse tipo de ação provém da compreensão. Do contrário, permanecemos realmente passivos, como máquinas sendo empurradas de um acontecimento a outro, sem compreendermos o que nos leva a fazer o que fazemos. O verdadeiro propósito da linha dois não é abandonar o princípio ativo, e sim despertá-lo.

As imagens do trunfo 11 combinam o Mago e a Sacerdotisa de maneira mais completa do que em qualquer momento anterior. Em primeiro lugar, somados os algarismos do número 11, temos 2 como resultado, mas o número também significa uma versão mais elevada de 1 (bem como uma versão inferior de 21). A mulher sentada diante de duas colunas com um véu entre elas remete à Sacerdotisa, mas sua toga vermelha e sua postura, com um braço para cima e outro para baixo, aludem ao Mago. A verdadeira ação surge do autoconhecimento; a sabedoria surge da ação. Na vida, assim como na figura, o Mago e a Sacerdotisa estão inextricavelmente combinados, como uma serpente macho e outra fêmea, enroladas uma na outra (símbolo tanto da energia *kundalini* quanto do caduceu de Hermes), ou a hélice dupla do DNA. A cor do véu é púrpura, símbolo da sabedoria interior; o fundo, a coroa, os cabelos e a balança são amarelos, o que significa força mental. A sabedoria não surge de maneira espontânea. Temos de pensar em nossa vida se quisermos compreendê-la. Porém, todo o nosso pensamento não vai a lugar nenhum se não se desenvolver a partir de uma visão clara da verdade.

No nível microcósmico da psicologia pessoal, a Roda da Fortuna representava a visão da vida de um indivíduo; os acontecimentos, quem você é, o que fez de si mesmo. A Justiça indica uma compreensão dessa visão. O caminho para a compreensão passa pela responsabilidade. Enquanto acreditarmos que nossa vida passada acabou de acontecer e que não trazemos nosso eu para a existência por meio de tudo o que fazemos, então o passado permanecerá um mistério, e o futuro, uma roda que girará infinitamente, sem nenhum significado. Mas se aceitarmos que todo acontecimento em nossa vida ajudou a formar nosso caráter e que no futuro continuaremos a criar a nós mesmos por meio de nossas ações, então a espada da sabedoria rasgará o mistério.

Além disso, ao aceitarmos a responsabilidade por nós mesmos, paradoxalmente nos libertamos do passado. Como Buda relembrando todas as suas vidas, só podemos nos desprender do passado conscientizando-nos dele. Do contrário, repetimos constantemente o comportamento de antes. Isso explica por que a Justiça está no centro de nossa vida. O ego pode ser apenas uma *persona*, uma espécie de máscara, mas essa máscara pode nos controlar enquanto não admitirmos que nós mesmos a forjamos.

A ideia de responsabilidade por nossa própria vida não implica nenhum tipo de controle invisível sobre o mundo exterior. Isso não significa, por exemplo, que se um terremoto destruir sua casa foi porque, por alguma razão oculta, você desejou isso. A compreensão inclui a aceitação dos limites de sua existência física. O universo é vasto e estranho, e nenhum indivíduo tem o poder de controlar o que nele acontece.

A responsabilidade tampouco implica algo moral. Gostemos ou não, ela simplesmente significa que, seja qual for nossa ação ou nossa experiência, elas contribuirão para o desenvolvimento de nossa personalidade. A vida demanda nossa reação a cada acontecimento. Não se trata de uma exigência moral, mas apenas de um fato da existência.

No entanto, todos os nossos instintos, a psicologia, a religião, bem como o testemunho dos místicos, dizem-nos que a vida contém algo a mais, um núcleo interior independente daquele eu exterior, lançado de uma experiência a outra. A segunda linha mostra a personalidade exterior morrendo e o núcleo interior, o anjo da Temperança, tendo a permissão para emergir. Antes que essa libertação possa ocorrer, temos de aceitar a "justiça" de nossa vida; somos o que nós próprios fizemos.

Nossa época vê essa conscientização principalmente como algo psicológico, e o melhor exemplo disso está no difícil processo de psicanálise. Outras épocas exteriorizaram o processo de transformação nos dramáticos rituais de iniciação. Há dois tipos de iniciação. Em muitas sociedades tribais, todos os membros eram levados a cerimônias especiais no início da puberdade. Na Grécia e na Roma pré-cristãs, as pessoas escolhiam submeter-se à iniciação nos "Mistérios" de determinados deuses ou deusas. Esse tipo de iniciação seguia um padrão especial. Depois de criar coragem para se tornar um neófito, primeiro o candidato recebe instruções durante o ensinamento do culto ou mistério. Nesse período, medidas são tomadas por meio da meditação, de rituais e do consumo de drogas para abrir os canais ao inconsciente e tornar a pessoa receptiva. Esses primeiros estágios aparecem simbolizados na Força e no Eremita. Então, em uma grande atmosfera de mistério e drama, ao candidato é mostrada uma visão dos mistérios secretos do culto. (Eles são mantidos em segredo em parte para serem protegidos dos incrédulos, mas, sobretudo, para se tornarem eficazes quando revelados.) Nos cultos do Graal, essa visão era uma procissão dramática do Graal e dos símbolos a ele associados, carregados por mulheres que choravam por um rei ferido. Vemos um equivalente dessa visão na Roda da Fortuna.

E agora é chegado o momento crucial. O candidato tem de reagir. Se ele ou ela simplesmente ficar parado, esperando passivamente os próximos acontecimentos, a iniciação não poderá prosseguir. Nos cultos do Graal, era bem provável que a reação necessária fosse uma pergunta: "Qual o sentido dessas coisas?" ou, mais sutilmente: "A quem o Graal serve?" Ao fazer essas perguntas, o candidato dá ao culto a oportunidade de responder, ou seja, de continuar a iniciação por meio do ritual da morte e do renascimento. Mais importante do que isso, ele ou ela mostra que reconhece ser parte do processo e responsável por seu resultado adequado. Isso é mais difícil do que parece. O ritual simboliza a vida, a morte, o renascimento da natureza e o corpo morrendo para libertar a alma eterna. Falar em um evento tão impressionante (vale lembrar que o iniciado acreditava em seus deuses e suas deusas de um modo que hoje seria impossível para a maioria de nós) exigia uma coragem no mínimo tão grande quanto a necessária para aceitar as verdades reveladas por meio da análise psicológica e do despertar.

Em nossa época, a ênfase no individualismo nos leva a pensar apenas na morte e no renascimento pessoais. Por outro lado, as grandes iniciações serviram não apenas para transformar determinada pessoa, mas também para vinculá-la aos mistérios mais amplos do universo. Seguindo essa linha de pensamento, podemos ver outra razão pela qual a Justiça se encontra no centro dos Arcanos Maiores. Falamos do mundo como uma grande interação de opostos, uma roda de luz e escuridão que gira constantemente, vida e morte. Também dissemos que no centro da roda está o ponto estacionário em torno do qual os opostos giram sem parar. Mais uma vez, a balança equilibrada da Justiça sugere esse ponto estacionário. Quando encontramos o centro de nossa vida, tudo entra em equilíbrio. Quando todos os opostos, incluindo passado e futuro, entram em equilíbrio, somos capazes de ser livres dentro de nós.

Muitas pessoas se perguntam o que o tarô, o I Ching ou a astrologia nos dizem sobre o livre-arbítrio. Se as cartas podem prever o que faremos, isso significa que o livre-arbítrio não existe de fato? A questão surge a partir de uma má interpretação do próprio livre-arbítrio; pensamos nele como algo simples e independente do passado. Acreditamos que somos livres para fazer o que quisermos a qualquer momento. Mas nossas escolhas, supostamente livres, são governadas por nossas ações passadas. Se não entendermos a nós mesmos, como podemos esperar fazer uma escolha livre? Somente quando vemos e aceitamos o passado é que podemos nos libertar dele.

Uma pessoa pode consultar as cartas sobre determinada situação. As cartas esboçam de maneira bastante direta as consequências de certa decisão, por exemplo, se devemos ou não continuar um caso amoroso ou iniciar um novo projeto. Digamos que as cartas indiquem um desastre e que a pessoa realmente possa ver a probabilidade do que as cartas preveem. Ela poderia dizer: "Bem, isso pode acontecer, mas meu livre-arbítrio me permitirá mudar a situação". Então, ela segue em frente, e a situação se dá exatamente como previsto pelas cartas. A pessoa não usou nada de seu livre-arbítrio; em vez disso, essa ideia lhe serviu como uma desculpa para ignorar o que ela havia reconhecido como uma projeção válida. Essa situação não é hipotética, ela se repete com frequência nas leituras de tarô. Não basta prever um resultado provável para mudarmos ou evitar determinado acontecimento. Temos de compreender por que ele é iminente e trabalhar nas causas presentes em nós mesmos, pelas coisas que fazemos e pelo modo como reagimos. Certamente o livre-arbítrio existe. Só não sabemos como usá-lo. A coisa mais importante que podemos aprender com as leituras de tarô é que exercitamos muito pouco nossa liberdade.

Nas leituras de tarô, deve-se sempre prestar muita atenção na carta da Justiça. Em primeiro lugar, seu aparecimento indica que os acontecimentos evoluíram da maneira como estavam "destinados" a evoluir, ou seja, o que está acontecendo a você vem de situações e decisões do passado. Você tem o que merece. Em segundo lugar, essa carta indica uma necessidade e uma possibilidade de enxergar a verdade desse resultado. Ela significa uma honestidade absoluta. Ao mesmo tempo, mostra que suas ações no futuro podem ser mudadas por uma lição aprendida na situação atual.

Não podemos nos tornar honestos conosco sem estender essa honestidade ao nosso relacionamento com outras pessoas. Nesse sentido, a carta carrega os significados óbvios da Justiça: honestidade, imparcialidade, ações corretas e, é claro, em questões legais e outros assuntos, uma decisão justa – embora não necessariamente aquela que a pessoa possa preferir.

Invertida, a carta indica desonestidade da pessoa consigo mesma e com os outros. Mostra uma relutância em ver o significado dos eventos e, sobretudo, que se está perdendo uma oportunidade de compreender melhor a si mesmo e a própria vida. No nível externo, ela indica desonestidade e ações e decisões injustas. Às vezes, refere-se a outras pessoas que são injustas conosco. O significado da carta invertida também pode referir-se a decisões legais injustas ou mau tratamento por parte de outra pessoa.

Por outro lado, não podemos permitir que a sugestão de injustiça sirva de desculpa para negarmos nossa própria responsabilidade pelo que nos acontece. Invertida, às vezes a Justiça reflete a seguinte atitude: "Isso é injusto. Veja como todos me tratam". E assim por diante. Quer esteja na posição correta para cima, quer invertida, o olhar claro da Justiça nos envia uma mensagem avassaladora. Nas palavras de Emerson, "nada pode salvá-lo, apenas você mesmo".

(a)   (b)

Figura 13

O PENDURADO

Após a crise de ver o que você fez da sua vida, vem a paz da aceitação. Depois da Justiça, o Pendurado. Artistas, escritores e psicólogos sentiram-se atraídos por essa carta, com suas insinuações a grandes verdades em um simples desenho. Já nos referimos à tradição ocultista por trás da posição de cabeça para baixo e das pernas cruzadas. Ao tratar da Força, dissemos que os ocultistas buscam libertar a energia dos desejos e transformá-la em energia espiritual. Muitos deles, seguindo as ideias do yoga tradicional, acreditaram que uma forma bastante direta de fazer isso é literalmente apoiar-se na cabeça, de modo que a gravidade possa empurrar a energia dos genitais para o cérebro. Sem dúvida, apenas os ocultistas mais ingênuos e otimistas esperariam que algo do gênero pudesse literalmente acontecer. Talvez acreditassem que oligoelementos encontrados no fluido genital escorreriam para baixo e afetariam o cérebro; mais especificamente, a inversão da postura física serviria como um símbolo direto da inversão da atitude e da experiência que passam pelo despertar espiritual. Enquanto todos os outros estiverem em frenesi, você conhecerá a paz. Enquanto outras pessoas acreditarem que são livres, mas, na verdade, forem empurradas de uma coisa a outra por forças que elas não entendem, você alcançará a verdadeira liberdade ao compreender e aceitar essas forças.

O Pendurado pende de uma árvore em forma de T. Isso é a metade inferior de um *ankh*, símbolo egípcio da vida, algumas vezes chamado de "cruz tau". De acordo com Case, no Egito, o *ankh* representava a letra hebraica *tav*, que pertence ao Mundo. Desse modo, o Pendurado encontra-se a meio caminho do Mundo. Também vemos isso no fato de que 12 é 21 ao contrário, e se você virar o Pendurado para baixo (fazendo com que ele fique de cabeça para cima), você terá quase a mesma figura da Dançarina do Mundo. Portanto, quando perguntamos qual carta serve como ponto intermediário para os Arcanos Maiores, a resposta é não apenas uma, mas três: a Roda, a Justiça e o Pendurado, simbolizando mais um processo do que um momento.

Vale notar que, enquanto a Dançarina estende os braços com suas varetas mágicas, o Pendurado os mantém cruzados às costas. Também é importante lembrar que ele *está* de cabeça para baixo. Nessa fase, uma consciência espiritual profunda só pode ser mantida com um afastamento da sociedade. No Mundo, vemos a mesma consciência mantida em meio a todas as atividades externas da vida.

O homem está pendurado em um *ankh*, o que faz de sua árvore a Árvore da Vida. Relembrando Odin, que se sacrificou na Yggdrasil, também podemos chamar a forca de Árvore do Mundo. Essa árvore começa no mundo subterrâneo (o inconsciente) e se estende pelo mundo físico (o consciente) até o céu (o superconsciente). As ideias inicialmente representadas pelo diagrama do Enamorado começaram, de fato, a acontecer. Depois da Justiça, o que antes vimos como conceitos se torna uma experiência genuína. O número 12 do Pendurado é 2 vezes 6, ou seja, a Sacerdotisa elevando o Enamorado a um nível superior.

Além de todo o seu simbolismo, o Pendurado nos afeta porque mostra uma imagem direta de paz e compreensão. A calma aparece com muita intensidade na carta porque o Pendurado se rendeu aos ritmos da vida. Nas antigas iniciações, a rendição implicava participar dos rituais, em vez de apenas observá-los. Para muitas pessoas modernas, ela implica liberar as emoções reprimidas por anos. Vale notar que essas duas coisas são ações. Render-se à Árvore do Mundo é um passo real que damos, não uma espera passiva.

O poema *A Terra Devastada*, de T. S. Eliot, relaciona a ideia de uma rendição individual às emoções tanto com a esterilidade da vida europeia após a Primeira Guerra Mundial quanto com os antigos mistérios do Graal. O Rei Pescador ferido pode ser curado por "um momento de entrega que uma era de prudência jamais anulará". Em uma passagem anterior do poema, dizem ao herói para "temer a morte por afogamento". O ego vê a rendição como morte – a dissolução no mar da vida. Quem adverte é uma cartomante. O poema de Eliot ajudou a popularizar as cartas de tarô na década de 1920. Especificamente, tornou o Pendurado famoso. Na realidade, o Pendurado não aparece no poema, mas é importante por sua ausência.

Eliot declarava não saber nada sobre o tarô e que apenas usou algumas imagens dele. Se isso for mesmo verdade, então ele compreendeu intuitivamente que o Pendurado traz uma conexão com a água. A maioria dos cabalistas do tarô atribui a letra *mem* ao trunfo 12. *Mem* significa "mares" e, portanto, o elemento água. Madame Sosostris adverte seu cliente, cegado pelo ego, de que ele precisa "temer a morte por afogamento". Ela comenta: "Não encontro o Pendurado", mas, então, aponta para outra carta (não um título padrão), "O Marinheiro Fenício Afogado", e diz: "Esta é sua carta".

As pernas cruzadas representam o número 4 invertido. O 4 simboliza a terra com suas quatro direções. Ao inverter seu próprio senso de valor, o Pendurado também inverte o mundo. Juntos, os braços e a cabeça formam um triângulo de água que aponta para baixo. O caminho para o superconsciente passa pelo inconsciente. A carta da Aurora Dourada à direita da versão Waite-Smith mostra o Pendurado suspenso sobre a água.

Desse modo, vemos o 4 (o mundo, a consciência) e o 3 (que aqui representa a água ou o inconsciente) no corpo do Pendurado. Multiplicados, esses números dão 12 como resultado. Na multiplicação, os números originais se dissolvem e formam algo maior do que sua soma.

Tal como o 21, o número 12 sugere tanto o 1 quanto o 2. A carta reflete o Mago no sentido de que o poder atraído para baixo pela varinha entrou no Pendurado. É o que vemos no círculo de luz ao redor de sua cabeça. A experiência de realmente sentir a força espiritual na vida revela um grande poder e uma emoção em meio à tranquilidade completa. O número 2 e a imagem da água sugerem a Sacerdotisa. As duas cartas indicam um recolhimento, mas enquanto o trunfo 2 alude ao arquétipo da receptividade, o 12 mostra a experiência dele.

Um mais 2 é igual a 3. Enquanto a Imperatriz sentiu a vida diretamente pelo envolvimento emocional, o Pendurado o fez pela consciência interior.

Nas leituras, o Pendurado traz uma mensagem de independência. Como o Louco, que significa que o melhor é fazer o que se sente, mesmo que outras pessoas pensem que é tolice, o Pendurado indica que você deve ser quem é, mesmo que os outros pensem que está fazendo tudo ao contrário. Ele simboliza a sensação de estar profundamente conectado à vida e pode significar uma paz que chega após uma difícil provação.

O trunfo invertido indica uma inaptidão para se libertar das pressões sociais. Em vez de ouvir nosso eu interior, fazemos o que os outros esperam ou exigem de nós. Nossa consciência da vida permanece de segunda mão, nunca é uma experiência direta, mas apenas uma série de estereótipos, como a pessoa que modela seu comportamento com base nas ordens dos pais e nas ações de estrelas de cinema.

A carta invertida também significa lutar de algum modo contra seu eu interior. Pode representar alguém que tenta negar uma parte básica de si mesma ou que simplesmente não consegue aceitar a realidade e, de certo modo, está sempre lutando contra a vida. Ao colocar seu ego contra o mundo, esse indivíduo nunca vive a vida plenamente. Nenhum de nós pode conhecer o significado pleno de estar vivo sem antes, como Odin, dependurar-se na Árvore do Mundo, com suas raízes muito além do conhecimento, no mar da experiência, e seus galhos perdidos entre as inúmeras estrelas.

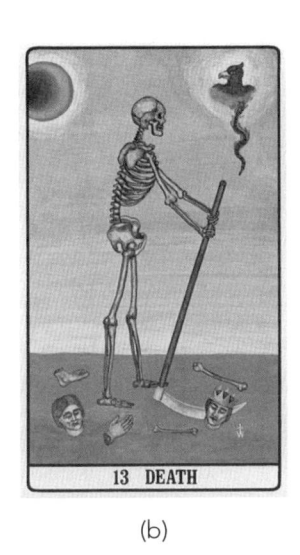

(a) (b)

A MORTE

Assim como o Enamorado (logo acima da Morte), o desenho de Pamela Colman Smith para o trunfo 13 desvia-se do padrão das imagens do tarô. A figura à direita, oposta a ele, vem do tarô esotérico da Aurora Dourada, mas, mesmo assim, ilustra a mensagem mais antiga e essencialmente social da Morte. A morte atinge a todos da mesma forma, tanto reis quanto plebeus. Essa democracia básica da morte era o tema favorito dos sermões medievais. Como conceito, ela remonta pelo menos até a prática judaica de enterrar todos do mesmo modo, com uma mortalha branca e um caixão simples de pinho, para que na morte o rico se equipare ao pobre.

Como é de imaginar, o grande poder da morte nos conduz para além da democracia, tanto do ponto de vista filosófico quanto psicológico. Como a vida, a morte é eterna e está sempre presente. As formas individuais estão sempre morrendo enquanto outras passam a existir. Sem a morte para remover o que é antigo, nada novo poderia encontrar lugar no mundo. Muitos romances de ficção científica mostraram a sociedade tirânica que haveria se os líderes do mundo não morressem. A libertação da Espanha após a morte de Franco demonstrou oportunamente a importância da morte.

Quando morremos, nossa carne se decompõe, deixando apenas o esqueleto, que, com o tempo, também desaparecerá, mas dura o suficiente para, pelo menos, sugerir a eternidade. Por isso, o esqueleto na carta da Aurora Dourada implica que a eternidade triunfa sobre a transitoriedade. O esqueleto também tem um significado oculto. Em todo o mundo, o treino de xamãs inclui métodos para ver o próprio esqueleto por meio do consumo de drogas, da meditação e até raspando a pele do rosto. Ao liberar o osso da carne, os xamãs se conectam com a eternidade.

Por temerem a morte, as pessoas buscam sua razão e seu valor. A religião cristã nos ensina que a morte liberta nossa alma da carne pecaminosa, para que assim possamos nos unir a Deus na eternidade. Carl Jung escreveu sobre o valor de se acreditar em uma vida póstuma. Sem isso, a morte poderia parecer-nos monstruosa demais para que a aceitássemos.

Outras pessoas ressaltaram que a morte nos une à natureza. A consciência que nos isola do mundo será eliminada; embora o corpo entre em decomposição, isso significa apenas que ele está alimentando outras criaturas. Cada morte traz uma nova vida. Muitas pessoas acham horrível a ideia de serem consumidas. A prática moderna de embalsamar e pintar cadáveres para que pareçam vivos, e depois enterrá-los em caixões de metal lacrados, deriva do desejo de manter o corpo separado da natureza mesmo na morte.

O fato é que, como não sabemos o que acontecerá com nosso corpo depois que o espírito o deixar, o que realmente tememos é a destruição da personalidade. O ego vê a si mesmo como separado da vida. Por ser apenas uma máscara, ele não quer morrer. Ao contrário, deseja tornar-se superior ao universo.

Se pudermos aceitar a morte, seremos capazes de viver com mais plenitude. O ego nunca quer liberar energia; ele tenta armazená-la contra o medo da morte. Como resultado, não consegue assimilar uma nova energia. É o que vemos nitidamente na respiração de pessoas em pânico. Elas tentam engolir o ar sem deixá-lo sair e acabam perdendo o fôlego.

No sexo, o ego também armazena energia. Ele luta contra o clímax e a entrega porque, nesse momento, o ego se dissolve parcialmente. Na Inglaterra elisabetana, a relação sexual costumava ser chamada de "agonia", no sentido de se estar morrendo. E, no tarô, a Morte vem abaixo do Enamorado.

Como o ego resiste à ideia de morte e, portanto, impede-nos de aproveitar a vida, às vezes temos de tomar medidas extremas para superá-lo. Os ritos de iniciação sempre conduziam a uma morte simulada e a um renascimento. O iniciado era levado a acreditar que, de fato, estava para morrer. Tudo era preparado para tornar a morte o mais real possível, de modo que o ego era enganado e realmente experimentava a temida dissolução. Em seguida, quando "renascia", o iniciado sentia uma nova maturidade e uma nova liberação de energia. Nos últimos anos, muitas pessoas experimentaram algo muito parecido com esses ritos usando drogas psicodélicas. Elas acreditavam que estavam morrendo e sentiam seu próprio renascimento. No entanto, sem a preparação simbolizada no Pendurado, muitas vezes, essa experiência pode ser profundamente perturbadora.

Ao contrário do que muitos acreditam, na realidade, a carta da Morte não se refere à transformação. Ela nos mostra, antes, o exato momento em que desistimos das antigas máscaras e permitimos que a transformação aconteça. Talvez possamos entender isso melhor se considerarmos o paralelo do tarô na psicoterapia. Por força da vontade (Força) e com o auxílio do guia terapêutico (o Eremita), a pessoa permite que venha à tona o conhecimento de quem ela realmente é e quais hábitos ou temores ela deseja perder (Roda da Fortuna). Esse conhecimento traz calma e desejo de mudança (o Pendurado). Porém, um medo se instala. "Se eu desistir do meu comportamento", pensa a pessoa, "talvez não reste mais nada. Vou morrer." Vivemos sob o controle do ego por tantos anos que acreditamos que nada mais existe. A máscara é tudo o que conhecemos. Com frequência, as pessoas ficam presas à terapia durante anos porque temem libertar-se. O vazio do Louco as aterroriza. O fato é que estão certas. O "eu" criado a partir desses comportamentos ao longo da vida realmente vai morrer. Essa pessoa deixará de existir. Mas algo diferente surgirá.

A imagem de Waite e Smith para o trunfo 13 enriquece o significado psicológico da carta. As quatro pessoas demonstram diferentes abordagens em relação à mudança. O rei, derrubado, mostra o ego rígido. Se a vida vem até nós com poder suficiente, o ego pode desmoronar; insanidade pode resultar de uma falta de habilidade para se adaptar à mudança extrema. Em pé, o sacerdote enfrenta a Morte de frente; ele pode fazê-lo porque sua túnica e seu chapéu rígidos o protegem e lhe dão apoio. Vemos aqui o valor de um código de crenças para nos ajudar a superar nosso medo da morte. A donzela simboliza uma inocência parcial. O ego não é rígido, mas ainda tem consciência de si mesmo e não quer se entregar. Por isso, ela se ajoelha, mas se vira para o outro lado. Apenas a criança, que representa a completa inocência, encara a Morte e lhe oferece flores.

A Morte usa uma armadura preta. Já vimos o quanto essa cor e a escuridão simbolizam tanto a fonte da vida quanto seu fim. O preto absorve todas as cores; a morte absorve todas as vidas individuais. O esqueleto cavalga um cavalo branco, cor que repele todas as outras e, por isso, simboliza pureza, mas também o vazio. A rosa branca representa o desejo purificado, pois, quando o ego morre, as necessidades egoístas e repressivas morrem com ele.

No verso da carta, vemos um sol nascente entre duas colunas. O ego pertence ao mundo exterior da dualidade, separando e categorizando a experiência. Por meio da Morte, sentimos o poder radiante da Vida, que conhece apenas a si mesma. A paisagem diante das colunas nos lembra a "Terra dos Mortos", descrita em todas as mitologias. Tememos a morte de nosso antigo eu porque não sabemos o que esperar depois dela. Uma das principais funções dos xamãs que enxergam o próprio esqueleto é avançar pela Terra dos Mortos e, assim, conseguir guiar as almas dos outros.

Um rio corre no meio da carta. Conforme vimos na Imperatriz, os rios indicam a união entre a mudança e a eternidade. O fato de conduzirem ao mar nos relembra o caráter amorfo e único do universo. O barco, reminiscente das embarcações fúnebres dos faraós, simboliza o verdadeiro eu carregado ao longo da Morte para uma nova vida.

Independentemente da figura, todas as cartas do tarô trazem o número 13. Embora muitas pessoas considerem 13 um número de azar, elas não conhecem a razão disso. Em nossa cultura, o 13 refere-se a Judas, pois ele era o décimo terceiro homem na Última Ceia e, portanto, o número indica a morte de Cristo (e de todas as outras pessoas). A sexta-feira 13 é especialmente desafortunada porque Cristo morreu em uma sexta-feira. Porém, também podemos descrever Cristo como o décimo terceiro homem. A morte leva à ressurreição.

Em um sentido mais simbólico, o 13 remete ao azar porque nos leva para além do 12, que, de certo modo, é um número "perfeito". Ele combina os arquétipos 1 e 2, simboliza o zodíaco e, portanto, o universo. Além disso, pode ser dividido por 1, 2, 3, 4 e 6, mais algarismos do que qualquer outro número. O 13 destrói essa elegância. Só pode ser dividido por 1 e por ele mesmo. Mais uma vez, podemos ultrapassar os aspectos negativos do simbolismo. Justamente por acabar com a perfeição do 12, o 13 significa uma nova criação; a morte rompe com as antigas formas e abre caminho para as novas.

O 13 também é considerado um número de azar porque sugere a assustadora penumbra da Lua. Um ano contém aproximadamente 13 lunações (a Lua leva 29,5 dias para girar ao redor da Terra). Além de ser associada à escuridão e ao mistério, a Lua passa por sua própria morte e por seu renascimento a cada mês. Os três dias da morte de Cristo no seio da terra sugerem um empréstimo de antigas figuras lunares, pois a Lua desaparece por três dias entre a porção final do quarto minguante e a entrada no quarto crescente. Em virtude da associação entre o ciclo menstrual e a Lua, a adoração desse satélite no mundo antigo se dava principalmente entre as mulheres. Muitas pessoas acreditam que as bruxas medievais eram realmente sobreviventes subterrâneas da adoração à Lua pagã. Essa é outra razão pela qual nossas culturas cristãs (e patriarcais) consideram o 13 um número de azar. Ele significa feitiçaria e remete a mulheres subversivas que seguiam a Lua em rituais secretos.

Os algarismos do número 13 somam 4, o Imperador. Por meio da Morte, superamos nosso eu "social" exterior. Como o 13 é uma forma superior de 3, a carta também evoca a Imperatriz e nos lembra novamente que na natureza a vida e a morte são inseparáveis.

Em leituras divinatórias, a Morte representa tempo de mudança. Muitas vezes, ela indica um temor da mudança. Em seu aspecto mais positivo, a Morte mostra a eliminação dos velhos hábitos e da rigidez para permitir o surgimento de uma nova vida. Em seu aspecto mais negativo, ela indica um medo paralisante da morte física. Esse medo é mais profundo do que as pessoas imaginam, e com frequência uma leitura com muitas indicações positivas termina mal por causa da Morte na posição do medo.

O trunfo invertido mostra um apego aos velhos hábitos. Waite fala de "inércia, sono, letargia" na vida. A sensação de vida lenta e tediosa mascara a batalha por vezes desesperada do ego para evitar a mudança. A carta sempre indica que a Morte, com seu subsequente renascimento, é não apenas uma possibilidade, mas também, em certo sentido, uma necessidade. É chegado o momento de morrer. Ao nos afogar na letargia, o ego impede que o conhecimento desse fato chegue à consciência. A inércia, o tédio e a depressão costumam esconder terrores internos.

A TEMPERANÇA

O Carro simboliza a construção bem-sucedida de um ego capaz de lidar com a vida de maneira vitoriosa. À medida que o tempo passa, esse ego se enrijece. Aos poucos, o comportamento se torna menos uma reação à realidade e cada vez mais uma série de hábitos. O objetivo da segunda linha dos Arcanos Maiores é nos libertar dessa personalidade artificial e, ao mesmo tempo, permitir-nos vislumbrar as verdades maiores dentro do universo. A Temperança, que aparece abaixo do Carro, mostra uma pessoa cujo comportamento mais uma vez está vinculado ao mundo real, mas de um modo mais significativo do que antes. Pois, se a criança tem uma relação direta com a vida, ela o faz inconscientemente, e à medida que a consciência cresce, o ego também cresce. A Temperança indica a habilidade para combinar espontaneidade e conhecimento.

O termo "temperança" significa moderação. Para a maioria das pessoas, isso quer dizer autocontrole. No entanto, a Temperança do tarô não vai a extremos, simplesmente porque os extremos não são necessários. Não se trata de uma inibição artificial de acordo com um código moral, mas justamente do contrário: uma resposta verdadeira e adequada a todas as situações que possam surgir.

(a)

(b)

(c)

Figura 15

A palavra "temperança" deriva do latim *temperare*, que significa "misturar" ou "combinar de maneira adequada". A pessoa que libertou seu eu interior caracteriza-se não apenas pela moderação, mas também por uma habilidade para combinar os diferentes aspectos da vida. Muitas pessoas só conseguem lidar com a vida dividindo-a em seções. Elas criam uma personalidade para os negócios e outra para a vida privada; ambas são falsas. Consideram alguns momentos e situações como "sérios" e outros como "divertidos", e tomam cuidado para nunca sorrir diante de um assunto sério. Com frequência, as pessoas que elas amam não são as que consideram sexualmente atraentes. Todas essas separações derivam da dificuldade para aceitar a vida como ela é em cada momento. A Temperança combina os elementos da vida. Na realidade, ela combina os elementos da personalidade, de maneira que a pessoa e o mundo exterior fluam juntos, naturalmente.

O trunfo exibe os sinais da mistura em toda a figura. Quando olhamos para a imagem de Waite-Smith à esquerda, vemos, em primeiro lugar, a água sendo vertida de uma taça para outra, os elementos da vida fluindo juntos. Vale notar que a taça inferior não está diretamente abaixo da superior, de modo que a figura mostra uma impossibilidade física. Para outras pessoas, a habilidade de um indivíduo moderado para encarar todos os problemas da vida com alegria parece mágica.

No Tarô Waite-Smith, a Temperança apresenta as duas taças como mágicas. Na figura de Wirth, à direita, a taça superior é de prata, indicando um fluxo que parte da Lua, ou seja, do inconsciente, para o Sol, a consciência. A segunda linha se inicia com um afastamento do mundo para encontrar o eu interior. É chegado o momento de voltar às atividades normais da vida.

Sobretudo a estrada significa retorno. Descemos ao eu e agora estamos voltando, enriquecidos, para participar do mundo exterior. Vale notar que as duas colunas das cartas anteriores se tornaram duas montanhas. Ideias abstratas estão se tornando realidade. A Temperança é uma carta de comportamento, não de conceitos.

O anjo está ereto, com um pé na terra e outro na água. Assim como a água representa o inconsciente, a terra simboliza o "mundo real" dos acontecimentos e as outras pessoas. A personalidade moderada, que age a partir de um sentido íntimo da vida, une os dois reinos. A água também indica potencialidade, ou seja, as possibilidades da vida, enquanto a terra simboliza manifestação ou realidade. Por meio de suas ações, a pessoa moderada traz à realidade as maravilhas sentidas pelo Pendurado.

A Temperança do baralho BOTA (ver Figura 15b) mostra a água sendo vertida em um leão e uma tocha pingando chamas sobre uma águia. O leão simboliza o fogo (o Mago), enquanto a águia, como forma "superior" do Escorpião, representa a água (a Sacerdotisa). O anjo mistura a dualidade básica e combina de maneira inseparável os diferentes aspectos da vida, que já pareceram irremediavelmente estranhos um ao outro. A águia simboliza o Escorpião superior porque este representa a energia do inconsciente. Como a forma inferior, o escorpião, essa energia se mostra sobretudo como sexualidade, os "desejos animalescos" da personalidade não desenvolvida. Quando a energia é transformada, sendo canalizada por meio da consciência, ela se torna a águia da espiritualidade. A Força mostrou essa energia revelada na forma do leão. Na Temperança do baralho BOTA, vemos o processo encerrado, com a águia e o leão associados.

O anjo lembra a deusa grega Íris, cujo símbolo era o arco-íris. Um arco-íris aparece na carta BOTA, e flores de íris ilustram a versão do Tarô Waite-Smith. O arco-íris aparece como um sinal de paz após uma tempestade, o que nos lembra que a Temperança mostra a personalidade liberta pela experiência assustadora da Morte. O arco-íris provém da água, mas brilha como uma luz através do céu, um símbolo do eu interior, que antes se mostrava escuro, caótico, temeroso, revelado e alegremente transformado na promessa de uma nova vida. Na tradição judaico-cristã, o arco-íris é um sinal de renovação após o Dilúvio. Tal como a destruição do universo por Shiva, o Dilúvio representa, do ponto de vista psicológico, a morte de antigos padrões, que não refletem a verdade e a alegria da vida e levam as pessoas para o "mal" – comportamento destrutivo em relação a elas mesmas e aos outros.

Como mensageira de Zeus, Íris viajava ao submundo para encher sua taça dourada com a água do rio Estige. Os gregos acreditavam que as almas mortas viajavam pelo Estige para a terra dos mortos. Somente uma descida ao submundo do eu pode renovar a vida.

Do ponto de vista religioso, o anjo simboliza a alma imortal, libertada pela morte. Olhando com atenção abaixo da gola, é possível ver o nome de Deus bordado no tecido da túnica. Na tradição cristã, a alma se une a Deus após a ressurreição. O triângulo no quadrado indica que o Espírito emerge do corpo material.

Do ponto de vista psicológico, o anjo indica a energia da vida que surge após a Morte do ego. Desta vez, o triângulo mostra que essa energia trabalha no quadrado das atividades rotineiras. Não precisamos fazer nenhum milagre para sentir nossa conexão com o universo imortal. Temos apenas de ser nós mesmos.

Vale lembrar que o tetragrama aparece na Roda como um mistério do destino. Aqui, o nome torna-se parte de nós. Nós nos tornamos "mestres" de nosso destino quando aprendemos a lidar com a vida como ela é, e não de acordo com rotinas de hábitos e defesas.

Tal como as ideias das cartas, os significados divinatórios começam com moderação, equilíbrio em todas as coisas e a escolha do caminho do meio. A carta significa ação correta, fazer a coisa certa em qualquer circunstância. Muitas vezes, isso significa não fazer nada. A pessoa imoderada sente a necessidade de sempre fazer alguma coisa, mas com frequência a situação requer que ela simplesmente espere. Às vezes, a carta aparecerá como um antídoto a cartas de imprudência e histeria.

A Temperança significa misturar elementos discrepantes, combinar atividades e sentimentos para produzir uma sensação de harmonia e paz. Por significar equilíbrio e combinação dos diferentes aspectos da vida, a Temperança traz um significado especial para os Arcanos Menores. Se a leitura mostrar uma pessoa dividida, por exemplo, entre Paus e Copas, atividade e passividade, ou entre Copas e Ouros, fantasia e realidade, então a Temperança, a moderação e a ação a partir de um sentido interior da vida podem dar uma dica de como unir todas essas coisas.

Como o Louco invertido, a Temperança virada para baixo indica uma selvageria beirando os extremos. Na Temperança, isso acontece porque a pessoa não dispõe da consciência interior para saber o que é apropriado à situação. O trunfo invertido pode agir como uma advertência de que você permitiu que sua vida se tornasse fragmentada e de que você está deslizando de um extremo a outro. De fato, ele pode indicar um fracasso na importante tarefa de deixar no passado velhos hábitos e temores. Em um nível simples, a Temperança invertida nos diz para nos acalmarmos e evitarmos extremos. Em seu sentido mais profundo, ela nos manda de volta à Força para que iniciemos aquele longo processo de morte e renascimento, que às vezes é doloroso, outras vezes é assustador, mas sempre nobre em sua essência.

CAPÍTULO 6

A GRANDE JORNADA

O OBJETIVO DA ILUMINAÇÃO

A maioria das pessoas sente-se realizada depois de destruir a máscara da *persona* e ser capaz de voltar, renovada, ao mundo comum. No entanto, há sempre aquelas que buscam algo maior – uma união total e absoluta com os fundamentos espirituais da realidade. Para elas, não é suficiente apenas sentir o espírito atravessando sua vida. Querem conhecer essa força em plena consciência, e sua iluminação, seus ensinamentos e exemplos enriquecem o restante de nós. Para essas pessoas, alcançar a segunda linha é uma preparação e um modo de liberar o caminho dos obstáculos.

Em sua forma mais verdadeira, a vida é energia pura e não diferenciada, na qual tudo o que vive existe ao mesmo tempo. Não há formas, partes nem fragmentos de eternidade. A consciência nos protege dessa experiência tão avassaladora. Ela decompõe a totalidade da vida em opostos e categorias. No Pendurado e na Temperança, ultrapassamos parcialmente essas ilusões restritivas até alcançarmos um sentido do grande poder da vida e um sentido de nós mesmos como parte desse poder. Porém, mesmo na Temperança, a ilusão de separação retorna. A carta abaixo dela é chamada de Mundo, porque é ao vivenciá-lo que nós e o universo nos tornamos uma coisa só.

A linha começa com um paradoxo, uma aparente queda nas ilusões do Diabo. Pesquisando o significado da carta nesse lugar particular, chegamos a uma nova compreensão do que está envolvido na libertação. No início dos Arcanos Maiores, dissemos que a escuridão e a luz estavam ligadas. No entanto, o lado escuro do inconsciente encontra-se escondido no templo da Sacerdotisa para ser vivenciado apenas por meio da intuição. Para ir além do véu, primeiro temos de entrar na escuridão do eu. Muitas religiões celebram a passagem pela escuridão para a terra da vida eterna. Quando estabeleceu sua religião de luz, a Igreja cristã baniu todas as evocações da escuridão como mal. A imagem comum do Diabo é simplesmente uma mistura do deus grego Pã com vários outros rivais de Cristo.

O significado da Torre depende de como consideramos o Diabo. Se o virmos como meras ilusões, então a Torre as mostra despedaçadas por uma violenta agitação. Entretanto, se o Diabo significar liberação da energia reprimida, então a ilusão despedaçada pelo raio nada mais é do que o próprio véu da consciência.

Em cada linha, as três cartas do meio formam um grupo especial. Para a primeira, era a tríade "natureza, sociedade e educação"; para a segunda, a mudança, mediante a Justiça, da visão exterior da Roda para a experiência interior do Pendurado. Na última linha, as três cartas mostram a passagem da revelação interior da Estrela de volta à consciência do Sol. No meio, repleta de mistérios, encontra-se a Lua.

O Sol não é o fim. Mais uma vez, descemos à escuridão para vivenciar, no Julgamento e no Mundo, uma completa união com o universo e o espírito que o preenche. Agora somos capazes de agir no mundo exterior sem nunca perdermos a sensação de amplidão e admiração. O Mago e a Sacerdotisa estão unidos em uma dança alegre.

Figura 16

O DIABO

Por que essa imagem sombria de opressão aparece tão tarde no tarô? Depois de alcançar o equilíbrio da Temperança, por que essa queda tão abrupta? O Diabo traz o número 15, cujos algarismos somados resultam em 6, número do Enamorado. De fato, podemos dizer que Waite trabalhou de trás para a frente, partindo do Diabo, quando desenhou sua versão radical do Enamorado. Por isso, no Tarô Waite-Smith, o Diabo, com seus demônios capturados, aparece como uma deturpação do trunfo 6. Mas por que a "verdadeira" carta vem tão próxima do início, e a deturpação, tão próxima do fim?

O Diabo abre a última linha. Isso sugere que ele gera alguma energia vital para o trabalho dessa linha, que lida com forças arquetípicas além do eu. Será que a estrada rumo à iluminação nos faz passar pelo mundo escuro do Diabo? Vale lembrar que Dante passa pelo Inferno antes de conseguir chegar ao Purgatório e ao Paraíso e que William Blake, o poeta ocultista, descreveu o Diabo como o verdadeiro herói de *Paraíso Perdido*, poema moralista de Milton.

Para compreendermos o valor esotérico do Diabo, antes temos de considerar seus significados mais comuns como uma força de ilusão e opressão. A principal ilusão é o materialismo, termo que costumamos associar a uma preocupação excessiva com dinheiro, mas que, de maneira mais apropriada, significa a visão de que nada existe além do mundo dos sentidos. O Diabo está empoleirado em um bloco de pedra semelhante ao cubo do Imperador no baralho BOTA (ver figura 5). Contudo, enquanto esse cubo simboliza todo o universo, o retângulo do Diabo, que é metade de um cubo, indica um conhecimento incompleto.

Negando qualquer componente espiritual à vida, o materialista procura apenas satisfazer desejos pessoais – financeiros, sexuais e políticos. Como esse pensamento limitado costuma levar à infelicidade, o Diabo chega para simbolizar o sofrimento. No entanto, quando olhamos para as duas figuras, não observamos nenhum desconforto em seus rostos nem em sua postura. Vale notar também que, na realidade, as correntes não os estão prendendo; o laço solto poderia ser facilmente retirado. O poder do Diabo permanece na ilusão de que nada mais existe. Em inúmeras situações, desde a opressão política até o sofrimento pessoal de uma vida familiar ruim, as pessoas só se tornam conscientemente infelizes quando percebem que a vida dispõe de alternativas.

A postura do Diabo, com uma mão para cima e outra para baixo, lembra o Mago. Enquanto o trunfo 1 ergue uma varinha para o céu, atraindo para baixo o poder espiritual, a tocha do Diabo aponta para a terra, indicando a crença de que nada existe além do material.

A palma do Diabo traz o glifo astrológico de Saturno, planeta que costuma ser visto como símbolo do mal ou do infortúnio, mas que, mais apropriadamente, representa limitações, fraquezas ou restrições. Os dedos abertos e a presença do número 5 em 15 evocam os dedos do Hierofante, dois para cima e dois para baixo. Enquanto o último gesto significa que há mais coisas no universo do que você consegue enxergar à sua frente, a palma aberta do Diabo indica, mais uma vez, que nada existe além do óbvio.

O Diabo tem na testa um pentáculo invertido, símbolo associado à magia negra mas que, na verdade, contém muitos significados. Se você se colocar em pé, com as pernas afastadas e os braços abertos, verá que o pentáculo simboliza o corpo humano. Virado para cima, a cabeça é o ponto mais elevado, e quando o invertemos, os genitais ficam acima da cabeça. No ensinamento cristão tradicional, o poder da razão, a habilidade para distinguir o certo do errado, regula os desejos. Portanto, o pentáculo invertido indica deixar que os desejos dominem o julgamento. A tocha do Diabo inflama a cauda do homem, e as pessoas que sentem suas necessidades sexuais como dominantes e destrutivas costumam descrever a experiência como um fogo ardendo dentro delas. O fundo da carta é preto, o que simboliza a magia negra e a incapacidade para enxergar a verdade e a depressão.

Desse modo, vemos os significados tradicionais do Diabo: ilusão, materialismo, sofrimento e obsessão sexual. Contudo, a carta carrega uma grande força. O Diabo nos observa intensamente. Praticantes do tantra descrevem a energia *kundalini* como um fogo no corpo, que se inicia na base da espinha dorsal, o cóccix, e é evocado por ritos sexuais.

Observemos novamente o pentáculo. Os órgãos sexuais acima da cabeça. A imagem nos lembra a carta do Enamorado do Tarô Waite-Smith, na qual a mulher, símbolo do inconsciente e das paixões, olha para o anjo. Também podemos evocar a carta da Força, logo acima do Diabo, na qual o leão simboliza a energia animal elevada e domada. Já abordamos a crença ocultista de que a energia sexual e espiritual são, na verdade, uma coisa só, simbolizada pela dupla imagem do escorpião e da águia no signo de Escorpião. Por mais estranha que pareça, essa ideia não é tão misteriosa assim. Tampouco é necessário ser um ocultista ou um especialista em Freud para reconhecer o grande poder do sexo em nossa vida. Quanto da cultura popular, com suas canções de amor, filmes românticos, piadas e gírias sexuais, é consagrado a ele? Se o impulso sexual é tão dominante para a pessoa comum, então faz sentido que o ocultista busque utilizar essa energia e elevá-la a um nível em que, com o tempo, ela se transforme por completo na arrebatadora experiência da iluminação.

Há um aspecto mais sutil: o sonho vem sempre acompanhado pela excitação sexual, um pênis ou clitóris ereto, além de outras indicações. Além do mais, o sonho é o inconsciente manifestando-se como imagens. A indicação é de que o inconsciente é de natureza sexual e de que os sonhos são uma transformação parcial dessa energia em uma forma mais ampla. De fato, o termo "inconsciente" não se refere exatamente aos sonhos e mitos que o revelam a nós, mas, antes, à grande fonte de energia que nos mantém ao longo da vida.

A cultura ocidental nos ensinou que o corpo e o espírito são, em essência, opostos. Presumimos que o monge e a freira se abstêm de sexo para não se contaminarem. Entretanto, podemos considerar o celibato de outra maneira. Ao se abster do sexo, o celibatário pode canalizar essa energia para outra direção. Na Índia, a conexão entre energia sexual e espiritual sempre foi reconhecida. O símbolo de Shiva é um falo, enquanto os ritos tântricos apelam para a copulação como um modo de carregar o corpo de energia. Os gnósticos, que tiveram grande influência nas ideias ocultistas europeias, praticavam ritos muito semelhantes aos tântricos. E os gnósticos, como Blake depois deles, consideravam Satã o verdadeiro herói do Jardim do Éden, que procurava dar a Adão e Eva o conhecimento de suas verdadeiras essências.

Se o caminho para o espírito passa pelos desejos, então, por que a sociedade os reprime? E se o caminho rumo à libertação foi conhecido e mapeado por séculos, por que mantê-lo em segredo? As respostas a essas perguntas estão no terrível poder da energia sexual e espiritual. Se elevada ao nível mais alto, ela nos liberta das limitações da dualidade. No entanto, se o poder é libertado, e não transformado, ele pode resultar em obsessões, crimes sexuais, violência e até a destruição da personalidade. Não foram apenas as políticas sexuais que levaram os patriarcas gregos a atacar os mistérios do arrebatamento extático, dominados pelas mulheres. Oprimidos pelas forças liberadas dentro deles, os devotos chicoteavam-se, mutilavam-se e, às vezes, enfureciam-se pelos campos, despedaçando animais, homens e até crianças que não estivessem em segurança dentro de casa. Apenas a pessoa que foi treinada, que atingiu um nível profundo de paz interior e que, de fato, conseguiu alcançar a compreensão que o tarô chama de Temperança é capaz de lidar de maneira segura com as forças implícitas no Diabo.

Na verdade, o Diabo implica muito mais do que ritos sexuais e energia violenta. Em um sentido mais amplo, ele simboliza a energia da vida presa nas áreas escuras e ocultas do eu, nas quais não se pode entrar pelos meios habituais. É chamado de Diabo porque, para aqueles que não estão preparados para receber essa energia, ele pode se manifestar como monstros, como uma sensação de universo repleto de maldade ou a tentação de entregar-se à violência. Dissemos, a respeito da segunda linha de cartas, que a criança desenvolve um ego forte, de modo que deixa de sentir medo da escuridão. A ação da segunda linha nos permitiu vislumbrar as águas escuras sob a Roda da Vida. A terceira linha requer uma liberação completa da energia do inconsciente. Essa torrente só pode fluir se entrar nessa área escondida, com todas as suas ilusões, seus horrores e desejos, que podem facilmente afastar os despreparados do objetivo final.

Observemos mais uma vez os gestos dos Hierofante (ver figura 6) e do Diabo. Os dois dedos do sacerdote, voltados para baixo, significam que há mais coisas na vida do que conseguimos enxergar. Ao mesmo tempo, os dedos implicam que o caminho para esse conhecimento profundo está fechado. Os dedos abertos do Diabo podem simbolizar ora a estreita ilusão de que o que vemos é tudo o que existe, ora o fato de que vemos tudo. Nada está oculto. O gesto específico, feito pelo Diabo, com um espaço a cada par de dedos, é o mesmo feito pelo Sumo Sacerdote em Jerusalém para atrair a força espiritual para a terra. Ainda hoje, esse gesto é visto nas celebrações do Ano-Novo judaico como parte da "bênção sacerdotal".

Paul Douglas descreveu o trunfo 15 como "lado sombrio do inconsciente coletivo". Quando o chamado "mago negro" (outrora um dos títulos do Diabo) invoca um demônio, na verdade está revelando uma força interna do eu. Se a operação der certo, o mago domina o demônio, tornando-o seu servo, ou seja, o mago usa a energia liberada em vez de se tornar presa dela. Para tanto, ele tem de ser purificado dos desejos do ego e do medo. Em resumo, precisa ter alcançado a Temperança, do contrário, o demônio pode "vencer" a luta, tornando o mago um escravo das ilusões do Diabo.

Aprofundamo-nos bastante em uma interpretação radical do Diabo. Os significados divinatórios da carta tendem a seguir as interpretações mais comuns. Tomamos os mais óbvios porque, na leitura, a carta aparece fora de contexto. O Diabo pode indicar uma visão estreita e materialista da vida. Também pode significar qualquer forma de sofrimento ou depressão, especialmente a sensação de estar acorrentado ou aprisionado, com a ilusão de que não há nenhuma alternativa possível. Se aparecer vinculado ao

Enamorado, mostra que um relacionamento que começou com amor transformou-se em uma armadilha.

O Diabo significa ser escravo dos próprios desejos em vez de agir da maneira que se considera ser a melhor. Também pode significar uma obsessão por controle, sobretudo sexual, quando a pessoa se sente levada a cometer atos que considera moralmente repugnantes. O exemplo extremo é o do criminoso sexual. Em um nível bem mais comum, muitos homens e mulheres sentem-se fortemente atraídos por pessoas das quais, na prática, não gostam. A sensação de desamparo e vergonha depois que cedem a esses desejos é própria do Diabo.

Pouco antes, observamos a tranquilidade no rosto dos homens e mulheres acorrentados. Isso indica a aceitação da situação ruim. Por fim, chegamos a considerar nossas condições infelizes como normais e talvez até tenhamos lutado contra uma mudança. Por outro lado, o Diabo invertido indica uma tentativa de se libertar do sofrimento e da servidão, tanto real quanto psicológica. A pessoa não aceita mais a própria situação e se move rumo à libertação. Paradoxalmente, é nesse exato momento que sentimos com mais intensidade nossa infelicidade e as limitações de nossa vida. Antes de conseguirmos nos soltar das correntes, temos de nos conscientizar delas. Portanto, quem passa por algum processo de libertação – como sair de casa, psicoterapia ou um divórcio difícil – costuma sentir-se bem mais infeliz do que quando aceitava cegamente sua condição de opressão. Esse período pode ser crucial para o desenvolvimento do indivíduo. Se conseguir sobreviver a ele, a pessoa se sentirá mais feliz e com uma personalidade mais desenvolvida. Às vezes, podemos achar o período de transição insuportavelmente doloroso e voltar correndo para nossos grilhões.

O Diabo invertido na posição do passado costuma significar que a mudança ocorreu, mas as sensações de tristeza, raiva e depressão permanecem, talvez escondidas da visão consciente, mas ainda exercendo sua influência. Muitas vezes, temos de lidar com os demônios do passado, inclusive aqueles que já superamos há muito tempo em termos práticos. A psique nunca deixa as coisas passarem nem se esquece de nada. O caminho para a libertação está em usar e transformar o conhecimento e a energia vinculados a cada experiência.

Figura 17

A TORRE

Como o Diabo, esse trunfo carrega muitos significados, e as explicações dadas pela maioria dos livros de tarô indicam suas lições morais superficiais. Dizem que a Torre é a concepção materialista do universo, e o raio, a destruição que vem para uma vida baseada em princípios puramente materialistas. Até mesmo nesse caso encontramos uma grande sutileza. Embora possa parecer que uma pessoa tacanha é derrubada por uma força externa, na verdade, a violência mostrada na carta deriva de princípios psicológicos. Quem vive apenas para satisfazer as demandas de riqueza, fama e prazer físico do ego e ignora tanto a introspecção quanto a beleza espiritual do universo acaba erigindo uma prisão ao redor de si mesmo. Vemos essa prisão como a Torre: cinza, ancorada em uma rocha e com uma coroa dourada. Ao mesmo tempo, uma pressão se forma na mente à medida que o inconsciente tenta romper seus grilhões. Os sonhos se tornam conturbados; as discussões e a depressão, mais comuns. E se a pessoa também reprimir essas manifestações, na maioria das vezes o inconsciente encontrará uma forma de explodir.

A explosão pode parecer um desastre externo. Seus amigos e sua família se voltam contra você, seu trabalho entra em colapso, e você se vê cercado por algum tipo de violência. É bem verdade que um dos mistérios da vida é que a má sorte nunca vem sozinha. No entanto, quantos desses problemas resultam de situações há muito tempo negligenciadas ou mal-conduzidas, que nos afetam quando nos tornamos vulneráveis? E se alguns problemas – como a doença ou a morte de pessoas próximas, crises econômicas na sociedade e até desastres naturais, como tempestades ou raios – acontecem ao mesmo tempo que problemas pessoais, essa coincidência mostra mais uma vez que a vida de fato contém mais do que conseguimos enxergar.

Não deveríamos pensar que a psique ou a vida provoca desastres simplesmente para nos punir. As chamas caindo de cada lado da Torre têm o formato da letra hebraica *yod*, a primeira letra do nome de Deus. Elas simbolizam não a ira, mas a graça. O universo e a mente humana não permitirão que permaneçamos para sempre aprisionados em nossas torres de ilusão e repressão. Se não pudermos nos libertar pacificamente, as forças da vida arranjarão uma explosão.

Não é minha intenção sugerir que, de algum modo, gostamos das experiências dolorosas que nos libertam, ou que conseguimos ver os fins benéficos desses meios, ou até que o processo sempre resulta em liberdade. Muitas vezes, uma série de desastres ou um período de emoções violentas paralisam uma personalidade que já foi forte. O fato é que, sem outras saídas, o inconsciente irromperá ao nosso redor, e podemos usar essa experiência para encontrar um equilíbrio melhor. Alguns tarôs chamam essa carta de "A Casa do Diabo", mas outros a nomeiam "A Casa de Deus", lembrando-nos de que é a força espiritual a destruir nossas prisões psíquicas.

Há um significado mais profundo no vínculo da Casa de Deus com a do Diabo, implícito mais diretamente no fato de o termo hebraico para "serpente" trazer o mesmo valor numérico (e, portanto, ser visto como equivalente) da palavra "messias". O Diabo é a sombra de Deus. No trunfo 15, vemos que a pessoa que busca unir-se à vida tem de revelar a energia normalmente reprimida pela personalidade consciente. No entanto, ao acolhermos o Diabo, comprometemos a tranquilidade e o equilíbrio mostrados na Temperança. Colocamos a psique em uma trajetória de violência, que conduz à explosão da Torre. Jung descreveu a consciência como um dique que bloqueia o livre curso do rio do inconsciente. A Temperança age como uma espécie de comporta, permitindo que a água passe a uma velocidade controlada. A Torre explode o dique por completo, liberando a energia represada como uma inundação.

Por que tomar um caminho tão perigoso? A resposta é que não há outra forma de ultrapassar a barreira da consciência ou de nos libertarmos do que separa a vida em opostos e nos segrega da energia pura, contida em nós mesmos. O véu através do templo é a personalidade consciente que nos protege da própria vida. Conforme demonstrado por místicos, xamãs e extáticos, a eternidade está ao nosso redor, cegando-nos e dominando-nos. A mente despreparada não consegue abranger esse poder; desse modo, a consciência vem para nos resgatar, isolando a maior parte de nossa energia espiritual e dividindo a experiência em tempo e categorias opostas.

Os místicos também nos dizem que a revelação vem como um raio que destrói as ilusões do mundo material em um único *flash* ofuscante, como aquele visto por Paulo em sua trajetória rumo a Damasco ou o que atingiu Buda sob a Árvore Bodhi. Pouco importam o tempo dedicado à meditação e os anos de orações ou treinamento ocultista, pois a verdade vem de uma só vez ou simplesmente não vem. Isso não significa que a preparação foi em vão. O trabalho mostrado nas duas primeiras linhas dos Arcanos Maiores serve a um duplo propósito. Não apenas nos fortalece o suficiente para que possamos suportar o raio quando ele cair, mas também nos coloca em uma posição na qual provocamos o raio. Todas as práticas ocultistas começam com os seguintes pressupostos: é possível atrair o raio da revelação e uma pessoa pode tomar medidas concretas para que isso ocorra.

Essas medidas incluem o ensinamento, as meditações a morte do ego e, por fim, a aceitação do Diabo. Ao liberar essa energia, ultrapassamos as barreiras da repressão e nos abrimos para o raio. Pois o espírito está sempre presente; nós é que não o enxergamos. Ao penetrarmos na escuridão do eu, abrimo-nos para a luz.

Obviamente, esse é um processo perigoso. A pessoa despreparada pode cair na armadilha das ilusões do Diabo. Também veremos que a liberação de energia comporta seus próprios perigos quando a psique tenta integrá-la à percepção consciente. Ao retornar do centro do labirinto, o herói pode se perder se não se preparou cuidadosamente.

A Torre aparece abaixo da Sacerdotisa, pois mostra o véu sendo rasgado. Ao mesmo tempo, o raio lembra o Mago. A energia e a verdade que passam pelo Mago irrompem aqui com força total. Também vemos os trunfos 1 e 2 nas duas pessoas; uma de azul, e a outra de capa vermelha. A polaridade simbolizada em tantas cartas anteriores é aqui dominada pela unidade da existência. Conte as gotas de fogo em forma de letra *yod* e você descobrirá que são 22, o número de trunfos. Descobrirá igualmente que são separadas em 10 e 12. Os sumérios usavam um sistema numérico baseado no número 10 (relativo a dez dedos) para as questões mundanas, mas um sistema separado, baseado no número 12 (relativo ao zodíaco), para a contagem espiritual. Essa dualidade também é uma ilusão. Os dois mundos são manifestações do mesmo fogo espiritual.

A imagem de uma torre destruída faz pensar na torre de Babel. Em um nível literal, essa história explica por que as pessoas falam tantas línguas, enquanto moralmente nos ensina que não devemos depositar nossa fé nas habilidades humanas (a Torre como materialismo). No entanto, podemos ver outro significado na destruição da torre de Babel. O raio que a atingiu era Deus falando diretamente com a humanidade, e não indiretamente por meio dos fenômenos comuns do mundo físico.

Em um piscar de olhos, a fala de Deus substitui a do homem que construiu a torre; a revelação substitui o conhecimento gradual dos sentidos. Vale lembrar que a descida do Espírito Santo no Pentecostes embaralha a linguagem humana. As pessoas "falam em línguas" (glossolalia) ou produzem sons de animais. Em seus transes, os xamãs falam a linguagem de animais e aves. A linguagem humana é um aspecto da cultura e uma limitação da consciência. Muitos linguistas, em especial Benjamin Whorf, demonstraram que nossas linguagens restringem nossa habilidade para perceber a realidade, como um filtro sobre o universo. E, de acordo com os místicos, a verdade não pode ser expressa em palavras.

Somados, os algarismos do número 16 da Torre dão 7, número do Carro, que Case e outros autores associam à fala humana. A fala do Deus da Torre destrói em um instante todas as acuradas construções da cultura, da linguagem e da consciência. Ao fazer isso, ela nos remete ao caos do mar sob a Roda da Fortuna e para a extensão de água atrás do véu da Sacerdotisa.

Em alguns aspectos, a Torre é o mais complexo de todos os trunfos. Seus significados mais sutis estão em desacordo com os mais óbvios. Como o Diabo, seus significados divinatórios costumam referir-se a um período de violenta perturbação (tanto literalmente quanto do ponto de vista psicológico), à destruição de situações há muito tempo estabelecidas, ao rompimento de relacionamentos em meio à raiva ou até mesmo em meio à violência.

Como a carta carrega esse sentido virulento, muitas pessoas recuam ao vê-la. A reação remete à questão vital de como considerar as imagens mais assustadoras do tarô. Temos de aprender a usar toda a experiência, a Torre e o Enamorado. Quando a Torre aparece, é necessário lembrar que ela pode conduzir à liberdade. As explosões estão tirando do caminho uma situação que gerou uma pressão intolerável. Elas podem levar a um recomeço.

Dizer que o aparecimento da Torre costuma significar uma experiência difícil não é declarar que os significados mais profundos nunca surgirão. A carta representa um *flash* de iluminação, particularmente se essa iluminação substituir uma visão limitada da vida. Somente a intuição e a experiência do leitor, bem como as sugestões dadas pelas outras cartas, podem indicar o significado específico.

A Torre invertida indica uma versão modificada do significado da carta quando ela está com o lado certo para cima. A violência e a tempestade ainda estão presentes, mas de forma mais atenuada. Ao mesmo tempo, o trunfo invertido carrega o significado extra de "aprisionamento", para usar o termo de Waite. Esse paradoxo é resolvido quando consideramos que, com o lado certo para cima, a Torre liberta. Invertida, a carta significa que não nos permitimos passar pela experiência plena. Mantendo um controle rígido sobre nossas reações, aliviamos a dor e não liberamos todo o material reprimido. A experiência dolorosa continua dentro de nós sem nunca percorrer todo o seu caminho. Ao protegermos a Torre do raio, tornamo-nos seus prisioneiros.

Figura 18

A ESTRELA

Após a tempestade vem a bonança. Depois de passar por uma perturbação emocional, a pessoa tem uma sensação de calma e vazio. Tire as cartas para alguém que nunca as tenha visto, e a Estrela quase não precisará de interpretação. Tudo nela fala de plenitude, abertura e cura.

Vale a pena comparar a Estrela com a Temperança, na qual também vemos uma figura vertendo água e segurando duas taças, com um pé na terra e outro na água. Ambas as cartas vêm após uma crise, mas enquanto a Temperança é controlada, a Estrela é livre. Não está vestida, mas nua. Não está em pé, rígida, mas flexível e relaxada. Por fim, enquanto a Temperança despeja a água de uma taça a outra, misturando, mas ao mesmo tempo conservando, a moça da Estrela a verte livremente, confiante de que a vida sempre a proverá com energia renovada. A figura sugere todos aqueles cálices míticos que nunca puderam ser esvaziados.

A liberação de energia da Torre rasgou o véu da consciência. Aqui, na Estrela, estamos atrás do véu. Embora pequeno, o lago representa o inconsciente. É a mesma água que vimos escondida atrás das colunas da Sacerdotisa. Dessa vez, essa energia universal da vida foi estimulada quando a pessoa verteu as águas de sua própria vida dentro dela.

A água sendo despejada na terra indica que a energia liberada pela Torre é direcionada tanto para fora quanto para dentro. Ela vincula o inconsciente à realidade externa do mundo físico. Um modo de descrever as correntes de água é como arquétipos míticos, as imagens por meio das quais o inconsciente se exprime. O inconsciente é um conjunto, sem forma nem divisão, mas surge na consciência mediante as várias correntes mitológicas. Com a Estrela, ultrapassamos o mito até sua fonte de energia sem forma, como uma luz saindo da escuridão. A transformação da escuridão em luz é o inconsciente, a vastidão oculta dentro de nós, transformada em consciência extática da superconsciência.

Uma corrente de água flui de volta para o lago, o que indica que todos os arquétipos voltam a se misturar na verdade sem forma. O valor do arquétipo reside apenas em seu poder de despertar o eu interior e conectar-nos à fonte. O pé da moça não entra na água. O inconsciente coletivo não foi penetrado, apenas estimulado.

O pássaro à direita é um íbis, símbolo do deus egípcio Thoth, considerado o inventor de todas as artes, desde a poesia até a cerâmica. Ele literalmente ensinou as técnicas aos primeiros artistas; porém, em um nível mais simbólico, podemos dizer que toda ação criativa deriva originariamente do lago de energia sem forma. Uma de nossas funções como criaturas físicas é que tomamos essa energia e a usamos para fazer poemas, pinturas e tapeçarias. Todas essas criações humanas são simbolizadas nessas várias correntes de água. Todo ato de criação exterioriza a energia espiritual na coisa criada. Ao mesmo tempo, nenhum trabalho esgota a inspiração do artista enquanto ele ou ela permanecer conectado às fontes internas. Por isso, assim como o fluxo volta para o lago, todo trabalho dá nova inspiração a seu criador.

A Estrela aparece embaixo da Imperatriz e da Roda. Na Imperatriz, vemos o mundo natural glorificado nas paixões. Porém, ela usa roupas pesadas para indicar que expressa sua emoção por meio de coisas externas a ela – natureza, amantes e crianças. Na Estrela, vemos o eu interior sentindo a si mesmo com alegria. A moça da Estrela combina os dois arquétipos femininos, a sensibilidade interior da Sacerdotisa, revelada e expressa, e a paixão da Imperatriz.

Na Roda da Fortuna vimos a visão do universo em símbolos misteriosos. Nesse caso, a Torre nos leva para além das visões. Na Estrela, vivenciamos o inconsciente de maneira direta, e não suas imagens.

Como trunfo 17, a Estrela ultrapassa o 7 e libera a força da vida que o Carro controlava e dirigia. Um mais 7 é igual a 8, e podemos ver que a Estrela é a Força elevada a um nível superior, com o leão do desejo não mais domado, mas transformado em luz e alegria.

Todas as estrelas na carta são de oito pontas, outra referência à Força. Como uma estrela de oito pontas pode ser formada a partir de um quadrado sobre outro, com as pontas alternadas, às vezes, o octograma é concebido como a metade do caminho entre o quadrado e o círculo. O quadrado representa a matéria, e o círculo, o espírito. Os seres humanos são a ligação entre o espírito e o mundo físico; nossa habilidade tanto para sentir a verdade quanto para agir nos torna veículos por meio dos quais a verdade pode manifestar-se.

A Igreja costumava descrever os seres humanos como a metade do caminho entre os animais e os anjos. Normalmente, fazia-se uma interpretação moral. As pessoas podiam seguir seus desejos ou sua razão. No entanto, podemos usar essa metáfora para dizer que a consciência e a ação humanas conectam o mundo físico aos "anjos".

Apesar de todas as sugestões de manifestações, a Estrela não é exatamente uma carta de ação, mas de calma interior. Ao contrário da Temperança e da Lua, ela não mostra nenhuma estrada que leve do lago às montanhas da realidade externa. Embora as correntes de água e o íbis impliquem os usos da energia criativa, a experiência da Estrela é de paz. Por enquanto, a jornada pode esperar.

Nas leituras divinatórias, a carta expressa esperança, um senso de cura e plenitude, em especial após tempestades emocionais. Com frequência, a Estrela e a Torre remetem uma à outra, mesmo quando apenas uma delas aparece de fato. O trunfo 17 indica o inconsciente ativado, mas de modo muito ameno.

Quando a carta aparece invertida, nós nos fechamos para sua tranquilidade e sua esperança e sentimos fraqueza, impotência e medo. Às vezes, essa profunda insegurança pode se disfarçar de arrogância. Se a Estrela indicar o ser humano como uma ligação entre o espírito e o mundo exterior, então a carta invertida simboliza os canais fechados, e quando as águas da vida estiverem represadas no interior, o lado externo só poderá ficar cansado e deprimido.

Figura 19

A LUA

A verdadeira tarefa da terceira linha não é a revelação, mas trazer o êxtase interno de volta à consciência. A Estrela não tem nenhuma estrada de retorno. Ela nos mostra sua morada nas glórias da escuridão, transformada em luz. Para usar essa luz, temos de passar pela distorção e pelo medo.

A experiência da Estrela se encontra além das palavras ou até da forma, embora implique formas que surgem com as correntes de água. Na Lua, vemos esse processo acontecer como visões, mitos e imagens. A Lua é a carta da imaginação, pois molda a energia da Estrela em formas que a consciência consegue compreender.

Os mitos são sempre distorcidos. Nunca conseguem dizer realmente o que querem, apenas apelar para coisas profundas no eu. A Estrela agita as águas. Quando voltamos para a consciência exterior, essas águas liberam suas criaturas. Vale lembrar que a Estrela e o Sol irradiam sua própria luz, mas a Lua reflete a luz oculta do Sol. A imaginação distorce tudo porque reflete a experiência interior para a mente exterior.

Como demonstrado pelas mitologias do mundo todo, o inconsciente coletivo contém monstros e heróis, medo e alegria. Essa é uma das razões pelas quais cobrimos nossa sensibilidade em relação à vida com a camada protetora da consciência do ego. Desse modo, deixamos de ter medo do escuro e das sombras distorcidas da Lua.

A sinistra meia-luz da Lua sempre provocou sensações estranhas em pessoas e animais. O termo "lunatismo", sinônimo de loucura, deriva de *luna*, palavra latina para "lua". Na Idade Média, as pessoas acreditavam que as almas dos loucos voavam para esse satélite. Atualmente, muitos médicos e policiais também já observaram a prevalência de suicídio e outros sinais de distúrbios emocionais durante o período de lua cheia. Algo na lua desperta medo e estranhamento, do mesmo modo como o sol nos relaxa e nos conforta. O Sol do tarô vem depois da Lua. A simplicidade só pode ser apreciada após uma viagem pela singularidade lunar.

O cão e o lobo representam o "eu animal" despertado pela Lua, assim como a Lua cheia pode fazer com que as duas criaturas uivem a noite inteira. O Imperador, logo acima do trunfo 18, mostrou-nos aprendendo tão bem as regras da sociedade que elas se tornaram automáticas. Com a última linha, ultrapassamos essa repressão do "superego". Nesse processo, a selvageria do *id* vem à tona. Um lobisomem uivando sob a lua cheia é uma metáfora vívida da força do inconsciente para revelar algo primitivo e não humano nas pessoas mais respeitáveis.

Como 18, a Lua se relaciona com o 8. A Força viu a natureza animal domada e canalizada pelo Eremita. Aqui, essa direção não está disponível. Ao voltarmos da Estrela, a fera retorna com toda a sua selvageria. Apenas quando a energia da Estrela estiver perfeitamente integrada ao Mundo, o eu animal será transformado por completo. Vale notar que na Força a mulher, o lado humano, controla o leão. Até mesmo no Diabo os demônios parecem nitidamente humanos. Contudo, não há pessoas no trunfo 18. À meia-luz, nossa percepção de nós mesmos como seres humanos se desfaz.

Percebemos um pouco da selvageria da Lua depois de um pesadelo, quando nos sentimos estranhos intimamente. As sensações intensas não são resultado do pesadelo; é mais fácil acontecer o contrário. Dissemos anteriormente que os sonhos são transformações da energia inconsciente em imagens. Uma explosão de energia, que é grande demais para que os mecanismos do sonho a assimilem com tranquilidade, pode resultar tanto no pesadelo quanto na sensação, ao acordar, de que o corpo foi carregado com uma energia intensa.

A loucura também é acompanhada por sensações descontroladas no corpo. Muitas vezes, o lunatismo assume a forma de transformação em um animal. As pessoas passam a engatinhar, nuas, e uivam para a lua. Uma liberação repentina da energia do inconsciente desintegrou sua personalidade. No tarô, esse momento tão perigoso acontece apenas após uma longa preparação, com todos os problemas normais do ego deixados para trás. Os xamãs também passam pela experiência de se transformarem em feras. Em seus transes, saltam e utilizam as vozes de animais. No entanto, como os ocultistas, preparam-se ao longo de muitos anos. Também procuram conhecer o que devem esperar no futuro. Esse conhecimento é transmitido pelas gerações de xamãs anteriores a eles. Vale lembrar que, somados, os algarismos da Lua resultam em 9, número do Eremita. O mestre-guia dessa carta não é visível, pois devemos enfrentar a Lua sozinhos. Ainda assim, as orientações dadas anteriormente podem nos ajudar a encontrar o caminho.

Se os animais simbolizam o lado selvagem do homem, o lagostim é algo bem diferente. Em uma de suas frases mais expressivas, Waite chama-a "daquilo que se encontra em um nível mais profundo do que o animal selvagem". Simboliza os temores mais universais no inconsciente coletivo, vivenciados em visões como demônios sem nome. O surgimento desses temores é uma ocorrência bem conhecida das pessoas que expõem seu lado lunar por meio de métodos como meditação profunda e drogas. Também são vistos como monstros enfrentados pelos xamãs em seus transes. O despertar desses temores, muitas vezes sentidos como criaturas que surgem da água ou de lagos de um líquido oleoso, pode produzir um pânico irracional. Entretanto, essas imagens pertencem a nosso mundo interior. Não podemos alcançar o Sol sem passar por elas.

O lagostim coloca metade do corpo para fora da água. Waite nos conta que ela nunca chega completamente à terra firme, sempre escorrega de volta. Os temores mais profundos são aqueles que nunca assumem uma forma por completo. Sentimos algo em nosso íntimo, mas nunca conseguimos ver exatamente o que é. Ao mesmo tempo, o lagostim com metade do corpo para fora da água sugere que, na jornada de volta à consciência, as percepções profundas da Estrela são distorcidas porque não conseguimos trazer todas conosco. Também por essa razão, a Lua é perturbadora; a paz e o prodígio da Estrela foram parcialmente destruídos e se perderam.

No entanto, apesar da selvageria, da excitação assustadora, a luz fria também é capaz de acalmar. Dizem que a Lua cresce no "lado da misericórdia", uma referência ao pilar da misericórdia na Árvore Cabalística da Vida. Ainda mais impressionantes, as gotas de luz caindo na cabeça dos animais têm, mais uma vez, o formato de *yods*, a primeira letra do nome de Deus e símbolos da graça. Se, pela preparação e pela simples coragem, aceitarmos as coisas selvagens, reveladas pela imaginação mais profunda, a Lua nos trará paz, os temores diminuirão, e a imaginação nos conduzirá de volta, enriquecidos com seus prodígios. Waite escreve: "Paz, fique em silêncio; assim, a calma virá por sobre as águas". O lagostim afunda, a água se estabiliza. A estrada permanece.

O caminho passa por entre duas torres, sugerindo um portal para áreas desconhecidas. O portal é um símbolo muito comum entre os místicos e os xamãs, além de ser visto em muitos mitos. Seja em forma de desenho circular, como a mandala, seja em uma configuração física, como uma gruta (com frequência comparada a uma vagina), o portal nos permite deixar o mundo comum para entrar na singularidade da mente.

As duas torres do tarô carregam outro sentido, como a última manifestação completa da dualidade que vimos anteriormente nas colunas do templo da Sacerdotisa. Se a revelação da Torre não for integrada à vida comum, o resultado pode ser uma dualidade nova e mais acentuada. Ao mesmo tempo, o fato de termos ouvido a fala de Deus muda completamente nossa relação com a questão dos opostos. Antes, a dualidade era vista como básica para a vida, mas agora sabemos que, de fato, a realidade combina todas as coisas. Se antes o véu nos impedia de passar entre as duas colunas, agora já passamos por elas. Estamos olhando para as duas torres da consciência a partir do outro lado. A missão não é penetrar até a verdade interior, mas trazer essa verdade de volta.

Em todo esse processo, olhamos para a Lua sobretudo no que se refere a seus aspectos perturbadores. Porém, como vimos com a Morte e o número 13, a Lua também sugere o poder e o mistério da fertilidade feminina. A menstruação (a palavra *menses* está relacionada a "mês" e a "lua") é milagrosa, pois, ao menstruarem, as mulheres sangram copiosamente, mas não morrem. Além disso, muitas mulheres se sentem não apenas mais emotivas, mas também mais sensitivas quando menstruam. Por temerem esse poder, os homens criaram mitos alarmantes e tabus sobre a menstruação. Contudo, o poder não precisa ser destrutivo nem mesmo assustador. Se respeitado, esse despertar da vidência lunar enriquece a vida.

Em leituras divinatórias, a Lua indica uma estimulação do inconsciente. Começamos a ter emoções estranhas, sonhos, medos e até alucinações. Sentimo-nos mais intuitivos e clarividentes. Se a carta aparecer na posição correta, virada para cima, a pessoa permitirá que isso aconteça. Quando aceita, a emoção enriquece a vida. No entanto, se a carta aparecer invertida, mostrará uma luta contra a experiência. Essa luta leva ao medo e, muitas vezes, a emoções perturbadas, quando a pessoa não permite que o lado tranquilizador da Lua venha à tona.

Como a Sacerdotisa, a Lua indica afastamento de preocupações externas e introspecção. Também pode indicar a renúncia a uma atividade específica ou simplesmente um período de recolhimento. Em muitas culturas, as mulheres se retiram do convívio social durante a menstruação. Isso permite que elas prestem atenção ao estado lunar interno e sintam as poderosas vibrações da Lua em um ambiente seguro. Nas leituras de tarô, a Lua não tem, necessariamente, de simbolizar a menstruação no sentido literal nem o afastamento do mundo. Ao contrário, tanto para os homens quanto para as mulheres, ela pode indicar um despertar psíquico e a necessidade de prestar atenção a ele. No entanto, enquanto a Sacerdotisa simboliza uma intuição tranquila, a Lua é agitada e estimula imagens do inconsciente. Mais uma vez, a Lua invertida significa perturbação. A pessoa não quer se afastar do lado solar e pode tentar combater a Lua realizando muitas atividades. A Lua, no entanto, não quer ser repelida, e os medos podem se fortalecer quanto mais os combatermos. Agindo com base em suas próprias leis e suas próprias razões, a psique volta-se para a Lua. Se nos permitirmos senti-la, os medos se transformarão em prodígios, e o portal se abrirá para a aventura.

(a)   (b)

Figura 20

O SOL

Assim como o Pendurado acima dele, o Sol é tanto uma libertação alegre após o teste mostrado na carta anterior quanto uma preparação para a morte e o renascimento nas duas cartas seguintes. A Justiça requeria a ação como uma resposta ao conhecimento adquirido sobre nós mesmos. Como resultado, o Pendurado é passivo. A Lua requer uma entrega passiva, uma vez que não há como controlarmos as visões que surgem sob sua influência. Portanto, o Sol mostra um estado ativo e energizado. Ao aceitarmos as imagens assustadoras da Lua, levamos a energia para fora de nós mesmos, dando esplendor a tudo na vida.

Sob o Sol, tudo se torna simples, alegre e físico. A luz do inconsciente é trazida para a vida cotidiana. Na versão de Oswald Wirth apresentada acima, as duas crianças que compõem a imagem mais comum do trunfo às vezes são chamadas de eu eterno e corpo mortal. De mãos dadas, elas se uniram. As duas figuras com o Sol sobre elas nos mostram o desenho triangular visto anteriormente no Hierofante, duas linhas acima. Aqui, a alegria e a simplicidade do Sol não atuam como mediadoras entre os polos interno e externo da vida, mas os unem.

Todos nós somos crianças, da maneira como as religiões do sol falam de nós como filhos sagrados de nosso pai, o sol. Se olharmos para os corpos na imagem, especialmente o feminino, veremos que são adultos. A passagem bem-sucedida pela Torre deu a eles uma simplicidade infantil.

O tarô mostra essa passagem em seus vários estágios, dando a impressão da passagem do tempo. No entanto, às vezes, talvez na maioria delas, isso acontece repentinamente: a revelação ofuscante da Torre, o esplendor interno da Estrela e o medo extremo da Lua, tudo reunido em um único instante de transformação. O resultado é alegria, uma sensação de que a vida inteira e o mundo inteiro são preenchidos com uma luz extraordinária.

Entre as pessoas, a iluminação traz as mesmas características, seja qual for a interpretação cultural por meio da mitologia, da doutrina, da teoria psicológica etc. A iluminação é uma experiência, não uma ideia. O indivíduo sente-se atingido por uma explosão de luz, às vezes colorida, como as gotas de *yod* na carta de Wirth. De repente, em vez da existência cotidiana do trabalho maçante e da confusão, a pessoa enxerga e sente o mundo como espiritual ou eterno. Ela se sente totalmente viva, com uma alegria infantil que, na verdade, a maioria das crianças provavelmente nunca teve, pois quem é atingido pelo sol superou o medo infantil da escuridão ao viajar por ela.

Em sua trajetória pelo mundo, o sol vê tudo e, assim, representa o conhecimento. Dizem que os deuses associados ao sol, como Apolo, sabem de tudo o que acontece. Quem é atingido pelo sol tem uma sensação de sabedoria, de ver tudo com total clareza. Trata-se de uma pessoa "lúcida", palavra que significa claro e direto, mas que literalmente quer dizer "preenchido com luz".

É interessante que Apolo, deus da luz, nasceu de Leto, deusa da noite, e que seu principal santuário, o oráculo de Delfos, tenha pertencido originariamente às deusas da escuridão. Mesmo sob a condução de Apolo, a sabedoria e a luz do oráculo atuavam a partir da escuridão. Foi Apolo quem forçou Édipo a descobrir o mistério dentro dele mesmo.

O sol da primavera faz a vida brotar do solo morto do inverno. Em muitas regiões, acreditava-se que o sol fecunda não apenas a terra, mas também as mulheres. Quando os meios biológicos de reprodução foram descobertos, o papel do sol não foi descartado, mas relativizado. As pessoas passaram a ver a alma – o atmã ou verdadeiro eu – como a luz do sol contida no embrião. De acordo com o mito budista, no ventre da mãe, Gautama era todo feito de luz, de modo que a barriga dela brilhava como um manto translúcido cobrindo uma lâmpada de luz intensa. Zoroastro também brilhava tão intensamente no ventre de sua mãe que os vizinhos corriam com baldes de água, pensando que a casa estivesse pegando fogo.

Os gnósticos levaram essa ideia adiante, acreditando que a Queda tivesse rompido a divindade em fragmentos de existência. O mais importante é que a luz foi aprisionada (em vez de simplesmente contida) em corpos individuais. Nos ritos gnósticos, cada pessoa tinha como missão liberar a luz de dentro de seu corpo, de modo que a unidade pudesse ser restaurada. O cabalista Isaac Luria pregava uma doutrina semelhante. A Árvore de Vida, ou *Adam-Kadmon*, a unidade da existência, foi rompida porque a luz divina era intensa demais para ela. Mais uma vez, a luz foi separada e aprisionada. Portanto era responsabilidade de cada pessoa ajudar no *tikkun*, ou seja, na restauração da luz em unidade.

Essas doutrinas derivam da experiência do Sol, comum a todas as culturas. Quem é atingido pelo sol vê tudo, todas as pessoas, todos os animais, todas as plantas e pedras, até mesmo o ar, como vivos e sagrados, unidos mediante a luz que preenche toda existência. No entanto, o Sol não é o Mundo. Com o trunfo 19, percebemos o universo como unificado e vivo. O 21 encarna esses sentimentos.

O desenho habitual do Sol mostra as crianças em um jardim, com frequência em pé dentro de um círculo. Douglas o chama de "jardim interno da alma", um sentimento de pureza e santidade, um novo Jardim do Éden. Quando liberamos e transformamos a energia presa dentro de nós, descobrimos que, na realidade, o Jardim do Éden nunca se perdeu totalmente, mas sempre existiu em nós.

O Tarô Waite-Smith mostra uma única criança saindo a cavalo de jardim. Para Waite, a experiência do Sol era essencialmente uma explosão de liberdade, uma libertação extraordinária da consciência, que costuma ser restrita, para a abertura e a liberdade.

O muro de pedras cinzentas na imagem representa a vida passada, limitada por uma percepção estreita da realidade. A superconsciência do Sul é caracterizada por sentir-se parte do mundo inteiro, e não um indivíduo isolado. Talvez possamos combinar as duas imagens para o trunfo, dizendo que, depois de percebermos o Jardim do Éden existente em nós, somos livres para deixá-lo, levando-o conosco sempre que geramos uma nova vida.

O número 19 sugere um nível superior a 9. Aqui, a luz contida no lampião do Eremita e a sabedoria de seus ensinamentos irrompem como o terceiro nível extático da Cabala de Abulafia. Sobre o Eremita, dissemos que o ancião e a montanha sombria eram ilusões necessárias, pois o eu interior só poderia ser alcançado por meio do recolhimento. Aqui, a verdade veio à tona, e o Eremita, rígido em seu manto, foi transformado em uma criança gloriosamente espontânea. A outra metade de 19 é 1. Unida à sabedoria do Eremita, a força do Mago é a superconsciência. A energia da vida unida a seu significado e a seu propósito.

Um mais 9 é igual a 10, ou seja, a Roda da Fortuna, cuja visão era de algo fora de nós, que tentamos compreender. Aqui vemos a vida de maneira visionária, a partir de nosso interior. E, nesse tipo de visão, não há mistérios nem símbolos, apenas o universo, preenchido com luz.

Os significados divinatórios do Sol são tão simples e diretos quanto as extraordinárias crianças nas imagens. A carta significa alegria, felicidade e um grande senso de beleza da vida. Em seu sentido mais profundo, significa olhar para o mundo de uma maneira completamente nova, enxergando toda a vida unida em alegria e luz. Acima de tudo, é uma carta de otimismo, energia e prodígio.

Invertida, as boas coisas não se perdem, mas se tornam confusas, como se o sol tivesse sido encoberto por uma nuvem. A vida ainda dá ao indivíduo um período de felicidade simples, mas que não pode ser visto com muita clareza. A pessoa já não se mostra tão lúcida e tem de se esforçar para perceber a alegria, que é a grande dádiva do Sol.

Figura 21

O JULGAMENTO

Sob o Sol, vemos toda a vida preenchida com uma luz espiritual. Essa consciência da verdade eterna nos liberta de toda ilusão e de todo medo, de modo que sentimos, como um chamado vindo de dentro, o desejo de nos dissolvermos completamente no espírito e na vida extraordinária, contida em todo ser.

Esse chamado vem tanto de dentro como de fora de nós, pois um dos efeitos do Sol é romper a barreira artificial entre a experiência interna e o mundo exterior. Ouvimos o chamado no mais profundo de nosso ser, como se todas as células do corpo estivessem repletas de um grito de alegria. Ao mesmo tempo, reconhecemos que o chamado vem de uma força maior que qualquer vida individual.

Essa ideia do Julgamento como um chamado para ascender a uma existência mais significativa tem suas equivalências em situações mais comuns. Às vezes, a pessoa pode chegar a uma encruzilhada em sua vida (vale notar a cruz na bandeira), na qual terá de decidir se realiza ou não uma grande mudança. E, às vezes, pode parecer que algo dentro da pessoa já decidiu e que a única escolha deixada ao eu consciente é seguir em frente com a ação adequada. O modo anterior de acreditar e pensar e as antigas situações se extinguiram sem que tivéssemos notado.

A maioria das versões do trunfo mostra apenas o anjo e as figuras se erguendo. O baralho Waite-Smith adiciona uma cadeia de montanhas no fundo. Waite as chama de "montanhas do pensamento abstrato". A expressão implica uma verdade eterna por trás do conhecimento disponível a nós por meios comuns.

Uma das configurações básicas da moralidade é a falta de habilidade para conhecer qualquer coisa em sentido absoluto. Somos limitados por nossa vida curta e pelo fato de que todo conhecimento chega à nossa mente por meio dos sentidos. Na física moderna, aprendemos que a pesquisa científica nunca pode formar uma imagem exata da realidade, pois o observador é sempre parte do universo observado. Do mesmo modo, os pensamentos de uma pessoa e suas percepções em relação à vida são influenciados por sua experiência anterior. Tal como os ideais platônicos, o conceito de "pensamentos abstratos" implica uma noção de absoluto.

Alcançamos a "abstração" ao descer pela última vez nas águas do nada, a fim de ascendermos liberados do conhecimento parcial. A Morte, logo acima, mostrou uma dissolução. Nela, o ego estava morrendo, e o trunfo enfatizava o medo de deixar ir. Aqui, todas as ilusões de isolamento estão dissolvidas, e a ênfase recai não sobre a morte, e sim sobre a ressurreição.

Chamamos essa carta de Julgamento porque, como a Justiça, ela envolve uma reconciliação com a experiência passada como forma de superá-la. Com a Justiça, a experiência e a resposta eram pessoais, baseadas em nossas ações no passado. Aqui, uma força maior do que nós mesmos nos guia e nos chama, e o Julgamento não é simplesmente sobre o sentido de nossa vida, mas sobre a verdadeira natureza da existência e o modo como nós e todos os seres somos parte dela.

Em alguns trechos deste livro, referimo-nos às letras hebraicas atribuídas a diferentes trunfos. Normalmente, seguimos o sistema em que o Louco é *alef*. Há outro sistema, no qual o Mago recebe *alef* e o Julgamento traz a letra *resh*, que significa "cabeça" e, como as montanhas de Waite, refere-se à verdadeira mente despertada pelo chamado. *Resh* também sugere Rosh Hashaná, o Ano-Novo judaico, que literalmente significa "cabeça do ano". Entretanto, o Rosh Hashaná não é o início do calendário, como o Ano-Novo secular; na verdade, representa o aniversário da criação. De modo semelhante, o Julgamento indica não uma mudança de circunstâncias, e sim uma nova consciência, diretamente familiarizada com a verdade mediante uma fusão entre nós e as forças da vida.

A Roda da Fortuna, com suas leis invisíveis de causa e efeito psíquicos, era 10; o Julgamento é 20, ou seja, 10 multiplicado por 2. Na análise da última linha, revelamos a sabedoria secreta da Sacerdotisa, de modo que agora compreendemos os profundos mistérios escondidos na Roda.

A cruz na bandeira indica o encontro de opostos, a união de todas as coisas que havia sido separadas. Simboliza o encontro de dois tipos de tempo: o comum, que percebemos com nossos sentidos e no qual vivemos dia após dia; e a eternidade, a percepção espiritual da vida. Esses dois tempos são simbolizados pelas linhas horizontal e vertical da cruz. Sua intersecção no centro indica que o eu superior não abandona suas antigas atividades, mas lida com elas de uma nova maneira.

A carta acima do Julgamento é o Enamorado e, no Tarô Waite-Smith, também mostra um anjo. No entanto, nela o anjo foi um vislumbre de uma verdade maior, experimentada por meio do amor. Aqui, o anjo se debruça da nuvem para nos chamar. Na versão tradicional do Sol, vimos o exemplo final do desenho triangular iniciado nos trunfos 5 e 6. Aqui, vemos uma criança entre duas pessoas. Os polos da vida se uniram para formar uma nova realidade, assim como toda criança é tanto a combinação de seus pais quanto algo completamente novo.

A criança na frente está de costas para nós. A nova existência é um mistério, não temos como saber como ela será enquanto não a vivenciarmos. A face não revelada da criança também implica que não nos conhecemos de fato e que só podemos fazê-lo depois de ouvir e responder ao chamado. Quase todas as mitologias contêm histórias do herói separado de seus pais e criado por outras pessoas como uma criança comum, e muitas vezes a própria criança nada sabe de sua verdadeira identidade. Rei Artur, Moisés, Teseu e Cristo seguem esse padrão. Vemos a mesma ideia em muitas obras de ficção científica, nas quais o herói desperta em um lugar estranho, sem se recordar de nada. Sua busca por sua verdadeira identidade o leva a descobrir grandes poderes em si mesmo. Com frequência, ele se vê no centro de uma poderosa conspiração ou em meio aos mecanismos da natureza. Todos nós "esquecemos" nossa verdadeira identidade e fomos separados de nossos "pais". Quando descobrirmos e criarmos nosso verdadeiro eu, nos encontraremos no centro do universo, pois o centro está em toda parte.

A maioria dos tarôs mostra apenas três pessoas em primeiro plano. O acréscimo idealizado por Waite de mais três pessoas, todas viradas para nós, sugere que, embora o Julgamento conduza ao desconhecido, ainda há uma consciência (também simbolizada pelas montanhas) dos modos pelos quais a vida desconhecida se desenvolverá.

As pessoas adicionais implicam outro ponto de vital importância. Ao mostrar todo o grupo se erguendo, o trunfo nos lembra que não há libertação pessoal. Cada ser humano é parte da raça humana e, portanto, responsável pelo desenvolvimento da raça como um todo. Ninguém pode ser verdadeiramente livre enquanto alguém for escravizado. Dizem que Buda voltou como *bodhisattva* porque compreendeu que não poderia se libertar enquanto não libertasse toda a humanidade. Ao mesmo tempo, qualquer libertação individual liberta todo mundo. Isso porque, quando uma pessoa alcança o Julgamento e o Mundo, ela altera as circunstâncias da vida de todos. A elevação de Gautama a Buda e a ressurreição de Cristo são vistas como eventos que mudaram totalmente o mundo. Para não pensarmos que essa ideia se aplica apenas a profetas divinos, como Buda e Cristo, vale lembrar a máxima do Talmude, citada ao final do filme *A Lista de Schindler*: "Quem salva uma vida salva o mundo inteiro".

Nas leituras divinatórias, a carta do Julgamento traz um significado especial. Pouco importa o que está acontecendo ao redor, pois um empurrão, um chamado vindo de dentro fará uma importante mudança, que pode se referir a algo mundano e imediato ou ao modo como a pessoa encara a vida – dependendo de outras cartas e do tema da leitura. O que importa é o chamado. De fato, a pessoa já mudou; as antigas situações, o antigo eu, já se extinguiram. É só uma questão de reconhecer esse fato.

A carta do Julgamento invertida pode indicar que a pessoa deseja responder ao chamado, mas não sabe o que fazer. Na maioria das vezes, a carta mostra alguém tentando recusar o chamado, geralmente por medo do desconhecido. De fato, pode haver inúmeras razões racionais para não se querer seguir a mudança sugerida: falta de dinheiro, de preparação ou de responsabilidade. Quer na posição correta, quer na invertida, o Julgamento indica que todas as objeções são desculpas. Quando a carta está virada para baixo, as desculpas se tornam predominantes; a pessoa permanece em pé, no túmulo. O termo "Julgamento" significa que a realidade da vida mudou. A única escolha é seguir em frente.

Figura 22

O MUNDO

O que podemos dizer sobre uma compreensão, uma liberdade e um arrebatamento que não podem ser expressos com palavras? O inconsciente conhecido de maneira consciente, o eu exterior unificado com as forças da vida, conhecimento que não é absolutamente conhecimento, mas uma constante dança extática do ser – tudo isso é e não é verdade.

Já fizemos muitas observações sobre essa carta e suas imagens. Assim como as duas varinhas, o número un e o Mago e a Sacerdotisa. Vimos o Mundo prenunciado na Roda da Fortuna e refletimos sobre como os símbolos desse trunfo são agora realidades vivas. Seja como for, a Roda apareceu em quase todas as cartas na última linha. O propósito dessa linha pode ser descrito como o de nos unir a todas as coisas vistas no trunfo 10 como uma visão externa, ou seja, o destino, os mecanismos da vida e os elementos da existência. Quando a unidade é alcançada, os símbolos desaparecem, dissolvidos em um espírito dançante.

Vimos o Mundo no Pendurado, tanto no número quanto na imagem. O trunfo 12 manteve sua bem-aventurança por meio da completa inatividade. Porém, mesmo a Árvore do Mundo é uma ilusão, criada pela necessidade da mente de agarrar-se a alguma coisa. Quando dissolvermos na água nosso eu isolado, que se encontra sob o rosto radiante do Pendurado, aprenderemos que a verdadeira unidade reside no movimento.

Tudo no universo se move, a Terra ao redor do Sol, o Sol dentro da galáxia, as galáxias em grupos, percorrendo suas órbitas uma ao redor da outra. Não é centro nem lugar em que possamos dizer: "Aqui é onde tudo começou e onde tudo cessa". Mas o centro existe, em todos os lugares, pois, em uma dança, o dançarino não se move ao redor de um ponto arbitrário no espaço; ao contrário, a dança carrega seu próprio sentido de unidade, concentrado ao redor de um centro tranquilo e em constante movimento. Tudo e nada ao mesmo tempo.

Assim, voltamos ao Louco. Inocência e vazio, unidos à sabedoria. Como dissemos no início, de todos os Arcanos Maiores, apenas esses dois estão em movimento. A guirlanda oval sugere o número 0, com todo o seu simbolismo. Também pressupõe o ovo cósmico, arquétipo de tudo o que emerge. Todas as coisas existem em potencial, e todos os potenciais são realizados. O eu está em todos os cantos, em todas as coisas. As faixas nas partes superior e inferior da coroa estão amarradas, formando o sinal do infinito e indicando que o eu não está fechado, mas aberto para o universo.

As faixas são vermelhas, cor do chakra da raiz no simbolismo da Kundalini. A dançarina não perdeu seu ser físico, sua raiz na realidade material e sexual. Em vez disso, a energia flui constantemente, transformada e renovada. O verde da guirlanda simboliza o mundo natural ressuscitado, e não abandonado. Verde também é a cor do amor e da cura, e irradia plenitude a todas as pessoas, mesmo àquelas que não estão conscientes disso. A púrpura (bandeira) é a cor da divindade, e o azul (céu) é a cor da comunicação. Quando sabemos que a divindade não é algo externo, mas que está dentro de nós, nossa presença comunica essa verdade aos que estão ao nosso redor.

Um dos equivalentes do Mundo é Shiva, Senhor da Dança Cósmica. Ele também dança com os braços abertos, um pé para baixo e o outro erguido, a cabeça em equilíbrio e a expressão tranquila. O pé direito das duas figuras está "plantado" no mundo físico, enquanto a perna esquerda, erguida, simboliza a libertação da alma. No momento em que mais nos unimos à vida, percebemos nossa liberdade. A expressão facial não é triste nem alegre, mas serena, livre em seu vazio. Os braços estão abertos a toda experiência.

Dançando, Shiva costuma ser retratado como um hermafrodita, metade de seu corpo é Shiva, e a outra metade, Parvati, seu lado feminino. A tradição esotérica descreve a dançarina do Mundo como hermafrodita, com os órgãos sexuais duplos escondidos pela bandeira, como para dizer que a unidade que representam está além de nosso conhecimento. Quando tratamos do Enamorado, referimo-nos à crença difundida de que, originariamente, todas as pessoas seriam hermafroditas. A dançarina expressa e une todos os diferentes aspectos do ser.

O mesmo sentimento que nos conduz a uma "memória" de hermafroditismo primitivo fez com que pessoas dessem um passo além, imaginando que um dia o universo inteiro foi um único ser humano. Encontramos essa crença entre os gnósticos, em Blake, nas mitologias germânica e indiana, entre outras, bem como detalhadamente na Cabala. Nela, a figura traz o nome de "Adam Kadmon" e é considerada a criação original que emana do Deus incognoscível. Em vez de um ser físico, Adam Kadmon, também hermafroditda, era descrito como pura luz. Somente quando a figura se dividiu nas partes separadas do universo é que a luz foi "aprisionada" na matéria. É fascinante que as teorias científicas contemporâneas da cosmogonia descrevam o universo originariamente como uma única partícula. Quando essa partícula se rompeu, tudo era pura luz. Apenas mais tarde, quando os pedaços se tornaram mais isolados, um pouco dessa energia se condensou em matéria, de acordo com a famosa fórmula de Einstein, $E = mc^2$.

Os mitos consideram a divisão do homem primitivo um evento irreversível. Os ocultistas, no entanto, acreditam na possibilidade de restauração. Seguindo o processo delineado nos Arcanos Maiores, unimo-nos à vida e, assim, tornamo-nos Adam Kadmon e Shiva-Parvati.

Adam Kadmon está associado à Árvore da Vida, com suas dez *Sephiroth* ou pontos de emanação. Já vimos a conexão entre essa figura e o tarô por meio dos 22 caminhos da Árvore. Por sua postura, a dançarina do Mundo é uma representação exata da forma mais comum da Árvore da Vida. A Árvore foi desenhada da seguinte maneira:

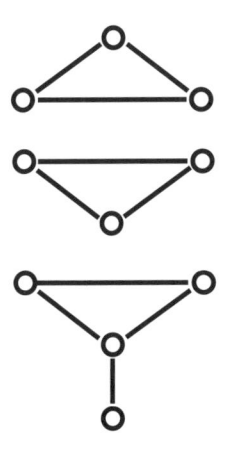

Figura 23

De maneira bastante simplificada, o triângulo do topo é a superconsciência; o do meio, a consciência; o inferior, o inconsciente; e o ponto final, a raiz da Árvore, é a manifestação de todos esses princípios no mundo físico.

Na dançarina, o triângulo superior é a coroa da cabeça e os pontos dos ombros; o triângulo intermediário representa as mãos e os genitais; e o triângulo inferior é a perna cruzada e o pé direito. Ao mesmo tempo, tudo forma um único corpo. Ao contemplarmos a dançarina, aprendemos que o inconsciente, o consciente e o superconsciente não são partes separadas nem estágios separados do ser, mas todos formam uma coisa só. Mas o que dizer a respeito da décima *Sephirah*, a raiz da Árvore? Ela é encontrada não no corpo, mas em todo o universo, a extraordinária base do ser na qual nos movemos.

Descrições, metáforas e até contemplação podem apenas sugerir as maravilhas encarnadas no trunfo 21. Quando a carta aparece na adivinhação, esses prodígios se reduzem ainda mais às situações comuns, das quais a maioria das leituras se ocupa. A carta significa sucesso, realização, satisfação. Em maior ou menor grau, indica uma unificação do íntimo sentimento do indivíduo de estar com suas atividades externas.

Invertido, o trunfo indica estagnação; o movimento e o crescimento desaceleram até parar. Pelo menos, assim parece. De fato, a liberdade e o arrebatamento do Mundo sempre existem em potencial para serem libertados quando a pessoa se sentir pronta para começar, mais uma vez, a dança da vida.

Esses são os significados do Mundo na adivinhação. Seus verdadeiros significados são incognoscíveis. São um objetivo, uma esperança, uma intuição. O caminho para esse objetivo, os passos e a música da dança estão nas imagens vivas dos Arcanos Maiores.

PARTE DOIS

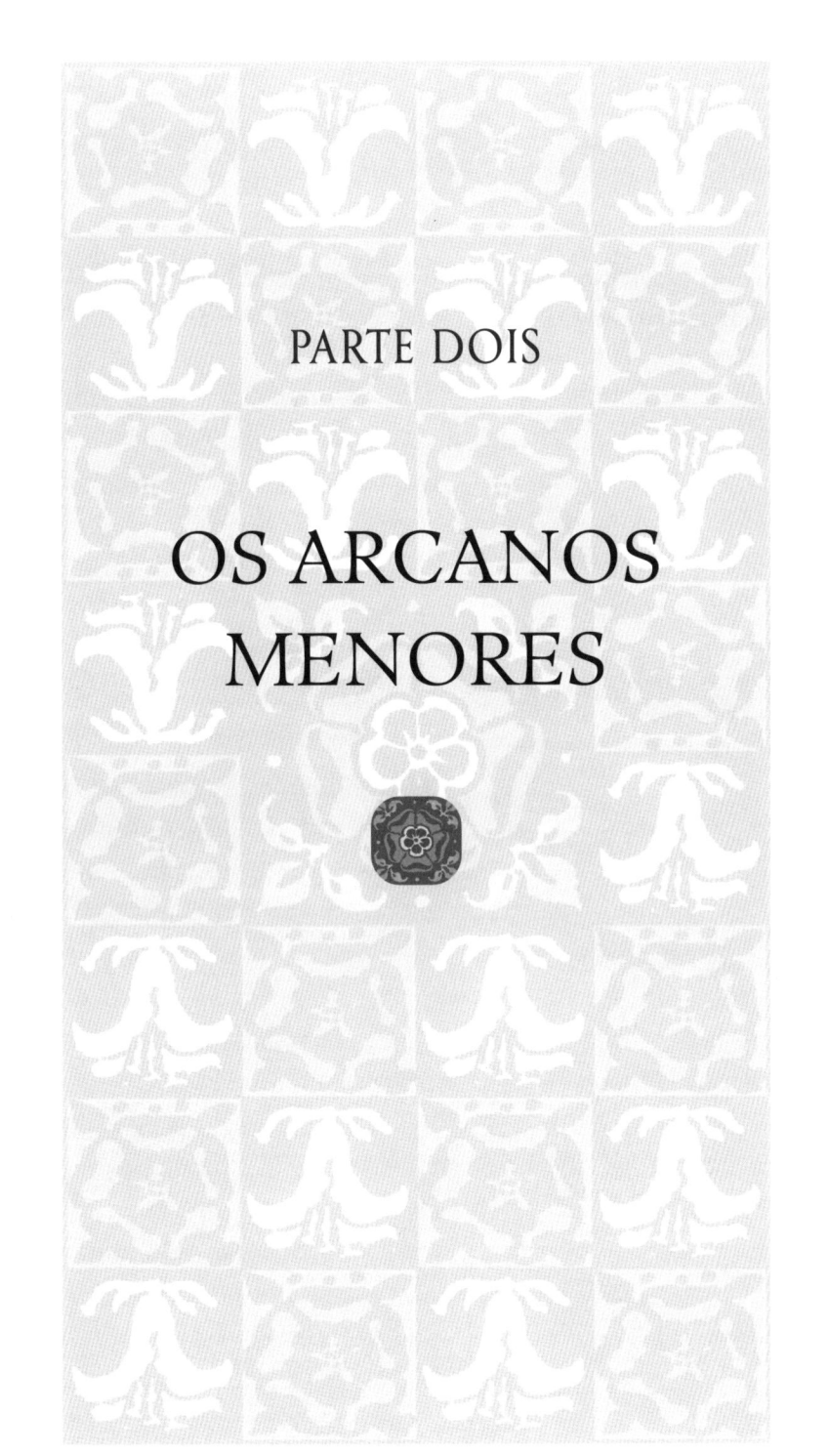

OS ARCANOS MENORES

INTRODUÇÃO

O TARÔ WAITE-SMITH

Em 1910, a Rider Company of London publicou um novo baralho de tarô, concebido pelo conhecido ocultista Arthur Edward Waite e desenhado por uma artista clarividente, menos conhecida, chamada Pamela Colman Smith. Aparentemente, o próprio Waite não esperava um público amplo para essas novas cartas. Como todos os seus outros trabalhos, seu livro sobre o tarô dirige-se principalmente a pessoas já envolvidas na tradição do ocultismo. No entanto, atualmente, o Tarô Waite-Smith, como passou a ser chamado, é conhecido no mundo inteiro – em sua versão original, em edições pirateadas, em "novos" tarôs maldisfarçados, em diferentes tamanhos, publicados pela US Games Systems Inc., editora do baralho americano, em ilustrações para romances, livros de psicologia, histórias em quadrinhos e *shows* televisivos. A excepcional popularidade desse particular tarô esotérico entre centenas de outros baralhos tradicionais e modernos deriva, em grande medida, de um aspecto das cartas que o próprio Waite parece não ter notado: os desenhos de Pamela Colman Smith, que revolucionaram os Arcanos Menores.

Em sua apologia ao *deck*, Waite envidou grandes esforços para defender algumas mudanças realizadas na concepção e no número de cartas nos

Arcanos Maiores. No entanto, ao comparar o Tarô Waite-Smith, por exemplo, com o mais tradicional de Marselha, a maioria dos principiantes em tarô terá de observá-lo com muita atenção antes de notar grande parte dessas mudanças. De imediato, verão a diferença nos Arcanos Menores. Em quase todo *deck* concebido antes do Waite-Smith, as cartas de ás a dez dos quatro naipes trazem desenhos geométricos contendo o número de espadas, bastões, copas ou moedas. Nesse sentido, elas se assemelham às cartas comuns de jogo. Na maioria dos *deck*s, esses desenhos são simples e repetitivos. O elaborado *deck* de Crowley se destaca como exceção (pintadas por Lady Frieda Harris, o tarô de "Thoth" surgiu várias décadas após o Waite-Smith). O baralho Waite-Smith, porém, traz uma ilustração em cada carta.

Preocupado sobretudo com as cartas mais esotéricas dos Arcanos Maiores, Waite parece não ter percebido o quanto a rica variedade das cenas atrairia o observador médio em busca de experiências com o tarô. De certo modo, sua novidade contribui para seu charme. Enquanto os Arcanos Maiores nos impressionam com sua antiguidade e a complexidade de seu simbolismo, as cartas dos Menores, por não terem uma tradição pictórica, parecem cenas extraídas diretamente da vida ou, em alguns casos, da imaginação.

O fato de Smith ter desenhado essas cenas em um estilo pseudomedieval parece não incomodar a maioria das pessoas, que acha a vivacidade mais importante. Quase todas as cartas dos Arcanos Maiores mostram uma figura sentada ou em pé; apenas o Louco e o Mundo estão em movimento. Na verdade, estão dançando. No entanto, nas cartas dos Arcanos Menores, todas as cenas mostram algo *acontecendo*, um pouco como a cena de um filme.

Esse contraste não é casual. As cartas dos Arcanos Maiores ilustram mais forças arquetípicas do que pessoas reais. O Louco e a dançarina do Mundo se movimentam porque são os únicos a incorporar plenamente esses princípios. Mas as cartas dos Arcanos Menores mostram aspectos da vida tal como as pessoas a vivem de fato. Nesses quatro naipes e, mais especificamente, nas combinações que eles formam quando os colocamos em nossas leituras, descobrimos um panorama de experiências que nos mostra constantemente novas percepções dos prodígios da natureza humana e desse mundo mágico.

Justamente por mostrar a vida comum, e não um sistema formal, o baralho Waite-Smith não atrai muitos ocultistas. Enquanto muitos *decks* posteriores copiaram, com maiores ou menores variações, o Waite-Smith, outros *decks*, incluindo os que podemos chamar de "mais sérios", como o de Crowley ou o da *Builders of the Adytum*,* voltaram a usar desenhos para as cartas de Ás a Dez dos quatro naipes. Fizeram isso porque seus criadores consideravam o tarô um sistema para organizar e estruturar as práticas esotéricas, tanto como instrumento quanto como força viva. Para eles, o tarô forma um vínculo vital com os sistemas místicos.

O mais importante desses vínculos é o que conecta os quatro naipes aos quatro mundos descritos na Cabala. Para os cabalistas, o universo existe em quatro estágios, sendo o mais próximo de nós (e o mais distante da união direta com Deus) o mundo material comum, chamado de *Assiyah*, o "Mundo da Ação". Para uma melhor compreensão, os teosofistas medievais descreveram cada mundo como incorporado a uma Árvore da Vida, um diagrama da lei cósmica. A estrutura da Árvore não muda nos diferentes mundos. Cada árvore contém dez *Sephiroth*, ou arquétipos da emanação. (Para o padrão mais comum da Árvore, ver o Dez de Pentáculos.) É aqui, obviamente, que entra o tarô. Como cada um dos quatro naipes contém dez cartas de ás a dez, podemos colocá-las nas *Sephiroth* para termos uma ajuda concreta na meditação. E como as *Sephiroth* representam forças arquetípicas, a maioria dos ocultistas prefere desenhos abstratos para simbolizá-los. Para eles, uma cena de pessoas fazendo algo, como três mulheres dançando ou um grupo de meninos lutando, apenas desvia a atenção do eterno simbolismo.

Alguns ocultistas vão além, acreditando que os padrões geométricos nas cartas carregam um poder psíquico próprio e que, se olharmos fixamente para eles, em suas cores especiais, podemos produzir alguns efeitos distintos no cérebro.

---

* A *Builders of the Adytum* (comumente referenciada pelas iniciais B.O.T.A.) é uma escola de mistério baseada nos preceitos maçônicos e na *Ordem Hermética da Aurora Dourada*. Foi fundada em Los Angeles, em 1922, pelo ocultista americano Paul Foster Case. (N. do R. T.)

Muitas pessoas não versadas em esoterismo ainda preferem os *decks* mais antigos a qualquer interpretação moderna, incluindo as geométricas. Para elas, o sentido da tradição, dos significados desenvolvidos ao longo de séculos, traz um poder ao qual nenhuma edição revista é capaz de se equiparar. Nas leituras, elas observam as fórmulas antigas e consideram que as cenas detalhadas do Tarô Waite-Smith promovem uma distração. Muitas vezes, leitores mais sensitivos usam as cartas mais antigas, pois acham que a abstração das cartas de ás a dez ajuda a despertar uma consciência clarividente.

Para a maioria de nós, no entanto, os padrões repetitivos limitam drasticamente as percepções que podemos ter tanto no simples estudo das cartas quanto em seu uso nas leituras. Depois que memorizamos as fórmulas ligadas a cada carta, sentimos dificuldade de seguir adiante. Neste livro, tentei criar o que chamo de tarô "humanístico", derivado não apenas das verdades esotéricas, mas também da percepção da moderna psicologia pós-junguiana, para oferecer uma visão completa de quem somos, de como agimos e de quais forças nos moldam e dirigem. Em um tarô como esse, o objetivo não remete a significados fixos, mas, antes, a um *método* pelo qual cada pessoa pode adquirir uma compreensão maior da vida. Enquanto a análise de cada carta provém parcialmente do uso em leituras, com seus significados tanto com o lado correto para cima quanto na posição invertida, a análise mostra sobretudo como essa carta contribui para nosso conhecimento da experiência humana.

Como o Tarô Waite-Smith exibe cenas muito vibrantes, as fórmulas ou os comentários pertencentes a cada carta servem apenas como pontos de partida. Podemos refletir sobre as imagens em si e sobre como elas se combinam com as outras imagens ao seu redor. De certo modo, as figuras e a imaginação (e experiência) de cada pessoa atuam como uma parceria. Em cada leitura ou em cada meditação ou reflexão, podemos olhar para cada carta como uma experiência recente. Assim como os *decks* mais esotéricos funcionam melhor com a disciplina ocultista e os *decks* mais antigos são mais adequados à adivinhação, o Waite-Smith serve àqueles que usam as cartas principalmente para conhecer a si mesmo e mundo ao seu redor.

As figuras de Smith atraem as pessoas por meio de sua ação, que lembra a de histórias em quadrinhos. Elas nos fascinam durante anos em virtude dos significados reais, contidos em suas imagens. Como Pamela Smith conseguiu isso? Até onde sabemos, ela criou seus desenhos sem se apoiar em nenhuma tradição. Na Parte Um deste livro, declarei que Waite provavelmente não determinou nenhuma regra para os desenhos, como fizera claramente com as cartas dos Arcanos Maiores. Seu livro não menciona as origens dessas cartas, tampouco defende a mudança radical ao fazer alterações nas cartas dos Arcanos Maiores. Além disso, suas interpretações não utilizam muito as novas imagens. Embora ele descreva brevemente cada figura, suas explicações costumam ser fórmulas e frases de efeito ("desejo, vontade, determinação, projeto"); em substância, nada diferente dos significados associados a *decks* anteriores.

Alguns autores alegam (embora eu não tenha encontrado nenhuma evidência disso nos escritos de Waite) que Smith desenhou as figuras como se fossem para quatro livros de histórias em quadrinhos, um para cada naipe. A qualidade do naipe determinava o caráter da história, na qual as cartas da corte formavam uma família, e as cartas de ás a dez, eventos relacionados a elas. O chamado "tarô marroquino",** fielmente baseado no Tarô Waite-Smith, segue esse sistema. A explicação dessa história para as imagens suscita a dúvida. A questão importante continua sendo a relação da imagem com o significado.

Desconfio que Waite deu a Smith as fórmulas que ele gostaria de ver ilustradas e talvez a tenha consultado a respeito das figuras. No entanto, o instinto artístico de Smith acabou prevalecendo, e ela começou a trabalhar ora com um simbolismo superficial, ora ultrapassando o nível da escolha consciente. (A pesquisa moderna indicou que Smith teria se inspirado em um tarô antigo e obscuro, conhecido como Sola-Busca. Várias cartas dos Arcanos Menores mostram cenas semelhantes no Tarô Waite-Smith, em

---

** A autora faz menção ao baralho intitulado "The Royal Fez Moroccan Tarot", idealizado na década de 1950 por Roland Berrill, cofundador da MENSA (a maior e mais antiga sociedade de alto QI do mundo) e ilustrado por Michael Hobdell. Em 1970, o baralho ganhou uma tiragem limitada pela Rigel Press, de Londres, e ganhou o mundo por volta de 1975, com a edição comercializada pelas empresas U.S. Games AG Muller. O projeto de Berrill se baseia em uma lenda que associava a origem do tarô a uma sociedade secreta que existiu em Fez, no Marrocos, ainda que as ilustrações sejam claramente inspiradas nas do tarô de A. E. Waite e Pamela Colman Smith. (N. do R.T.)

particular o Três de Espadas e o Dez de Bastões). As fórmulas de Waite derivam de várias fontes. O próprio Waite fala algumas vezes de significados contraditórios, como se tivesse consultado diferentes cartomantes. Seu modo de dispor as cartas da corte também mostra a influência da Ordem da Aurora Dourada, sociedade secreta de magos místicos, à qual Waite e Smith (bem como Crowley e Paul Foster Case, desenhista do baralho BOTA) pertenceram em determinada época.

Em muitos casos, é claro, as figuras são muito simples e estão diretamente relacionadas aos significados que deveriam ilustrar. O Quatro de Pentáculos, por exemplo, mostra a imagem de um avarento, alguém "apegado" à "segurança da posse". Mas seria coincidência ou algo planejado o fato de esses quatro pentáculos cobrirem a coroa na cabeça, o coração, a garganta e a sola dos pés, levando a interpretações mais profundas do que a simples cobiça? Muitas vezes, a figura desperta algo em nós que ultrapassa o significado oficialmente associado a ela. Observemos o Seis de Espadas, supostamente uma "viagem por água". O silêncio onírico e a tristeza implícita na figura sugerem a viagem mítica das almas dos mortos pelo rio Estige.

Não pretendo descrever Waite como alguém enfadonho nem insensível às imagens em seu próprio *deck*. Às vezes, seus comentários, sobretudo sobre as figuras, elevam nossa compreensão para além do simples elenco de significados. No Seis de Espadas, ele observa que "a carga é leve". Junto com o comentário de Eden Gray ("as espadas não sobrecarregam o barco"), sua frase nos leva a contemplar a imagem de uma jornada espiritual ou emocional, na qual carregamos nossas lembranças e tristezas conosco. No Dois de Bastões, Waite oferece dois significados opostos e diz que a figura "dá uma pista" para sua solução. Outras vezes, no entanto, o significado fornecido contradiz a figura, como no Dois de Espadas, no qual uma imagem intensa de isolamento e defesa supostamente ilustra a "amizade".

A partir do Tarô Waite-Smith, não foram poucos os desenhistas de tarô que tentaram incluir uma cena em cada carta. Quase todos homenagearam as imagens de Pamela Smith, alguns com desenhos extremamente parecidos, enquanto outros usaram a criatividade para transformar as figuras do baralho. Nada os obriga a usar essas imagens, que não trazem consigo nenhuma autoridade proveniente da tradição antiga, como acontece com as cartas dos Arcanos Maiores. Sua autoridade deriva da realização criativa. De alguma maneira, essas figuras, ilustradas de maneira rudimentar, desajeitada e muitas vezes sem proporção nem perspectiva, baseada em ideias sentimentais da Idade Média, levaram milhares de pessoas a compreender não apenas as cartas, mas a si mesmas. De uma só vez, Pamela Smith criou uma tradição.

OS QUATRO NAIPES

Por mais que a ilustração das cartas individuais tenha rompido com a prática anterior, Waite permaneceu próximo dos *decks* antigos no que se refere à ordenação dos naipes e de seus emblemas – com uma exceção. Enquanto os *decks* mais antigos, indo até o Visconti-Sforza, do século XV, usavam Bastões (ou Paus), Copas, Espadas e Moedas (ou Discos), o Waite-Smith substituiu o último naipe pelos Pentáculos (estrelas de cinco pontas inserida em discos dourados). Ao realizar essa mudança, Waite estava seguindo a Ordem da Aurora Dourada, que havia substituído as moedas pelos Pentáculos. Ele fez isso por duas razões: em primeiro lugar, queria que seu quarto naipe representasse toda a variedade do mundo físico, e não apenas o materialismo limitado do dinheiro e dos negócios; em segundo, queria que os quatro naipes incluíssem os quatro instrumentos básicos do ritual de magia. Na realidade, as duas razões formam uma única. Waite sabia que os magos usavam esses objetos em parte porque eles simbolizavam de forma concreta os vários aspectos do universo físico e espiritual.

A associação desses quatro emblemas tanto com a prática da magia quanto com a verdade espiritual subjacente à vida remonta, pelo menos, à Idade Média, que tem seus equivalentes nos objetos simbólicos, carregados pelas donzelas do Graal. O próprio Waite conheceu esses objetos a partir de sua experiência nas Ordens mágicas. O Tarô Waite-Smith também os ilustra sobre a mesa diante do Mago nos Arcanos Maiores.

Tanto no tarô quanto na magia, os quatro símbolos representam o mundo em si, a natureza humana e o ato da criação (tanto a criação das *coisas* específicas quanto a criação contínua da evolução). Seu lugar na mesa do Mago significa que a pessoa em questão se tornou mestre do mundo físico. Em certo sentido, ser mestre significa ter poderes reais sobre a natureza, que muitas pessoas veem na magia. Quem usa o tarô como disciplina esotérica às vezes sustenta que a meditação e o ritual com os Arcanos Menores darão ao adepto o controle sobre as forças da natureza. Em seu romance sobre o tarô, intitulado *The Greater Trumps* [Os Trunfos Maiores], Charles Williams leva essa ideia a extremos dramáticos quando o herói provoca um furacão ao agitar as cartas associadas ao vento. Em termos psicológicos, "ser mestre" em Arcanos Menores significa compreender, dentro de nós mesmos e no mundo ao nosso redor, todas as experiências e forças ilustradas nas cartas. O "mestre" é a pessoa que tem controle sobre a própria vida e é mestre de si mesma.

Alcançar essa meta é bem mais difícil do que muitas pessoas imaginam. Significa realmente saber quem somos, tanto em níveis inconscientes quanto em níveis conscientes. Significa saber por que agimos de determinada maneira, conhecer nossos verdadeiros desejos em vez das ideias confusas que a maioria das pessoas tem a respeito de seus objetivos na vida. Significa conhecer as conexões entre experiências aparentemente aleatórias. Pelo menos, o tarô pode nos ajudar a compreender melhor todas essas coisas. A distância percorrida por uma pessoa depende, entre outras coisas, de sua relação com as cartas.

O número 4 tem aparecido com muita força nas tentativas humanas de compreender a existência. Como nosso corpo sugere esse número (frente e costas, lados direito e esquerdo), tendemos a organizar nossas percepções do mundo em eterna mudança, dividindo as coisas em quatro. A visão do ano como quatro estações também deriva de dois solstícios e dois equinócios. (Normalmente, culturas sem conhecimentos astronômicos dividem o ano nas duas estações básicas, verão e inverno, ou às vezes em três estações.)

O zodíaco contém 12 constelações, ou seja, 3 vezes 4. Por essa razão, encontramos os signos astrológicos divididos em quatro grupos de três. Um signo "fixo" em cada grupo nos dá os quatro "pontos fortes" do céu. Vemos esses quatro pontos representados nos Arcanos Maiores como os quatro animais mostrados nos quatro cantos das cartas do Mundo e da Roda da Fortuna. (O próprio formato das cartas e, de resto, da maioria das casas ocidentais demonstra nossa propensão aos quatro lados. Os antigos chineses usavam cartas circulares para jogar.) As quatro criaturas simbolizam o zodíaco, porém derivam, de maneira mais direta, da visão de Ezequiel no Antigo Testamento, mais tarde repetida no Apocalipse.

De todos os quatro simbolismos, os dois que se referem mais diretamente aos Arcanos Menores são os quatro elementos da alquimia medieval e as quatro letras do nome de Deus em hebraico, o tetragrama. Nosso conceito moderno dos elementos atômicos deriva de uma ideia anterior, originada na Grécia antiga, segundo a qual todas as coisas na natureza são formadas a partir de quatro constituintes básicos: Fogo, Água, Ar e Terra. Encontramos essa ideia não apenas na Europa, mas também em culturas tão diversas como as da China e da América do Norte. Às vezes, os elementos mudam; outras, os números também mudam, passando de 4 para 5 e adicionando o "éter" ou Espírito aos quatro elementos da natureza (assim como muitas culturas acrescentam o "centro" como quinta direção). No entanto, o conceito permanece o mesmo: tudo pode ser reduzido a suas partes elementares, e o mundo combina essas qualidades básicas em uma infinidade de maneiras.

Atualmente, levamos essa ideia muito mais além, reduzindo toda matéria a partículas subatômicas (descartando por completo a ideia do Espírito, exceto em certas teorias exclusivas da física contemporânea) e considerando os "elementos" medievais como combinações químicas muito elaboradas. Contudo, erramos se pensarmos que o antigo sistema não tem nada mais a nos ensinar. Pois uma coisa que caracteriza a antiga visão – e, na verdade, as visões de quase todas as culturas anteriores ao Ocidente moderno – é a não separação entre teorias e valores físicos, espirituais, morais e psicológicos. Para nós, o elemento Hélio, por exemplo, tem um significado espiritual mínimo, se é que tem algum. Para os pensadores medievais, o elemento Fogo sugeria uma série de associações. Obviamente, estaríamos errados se rejeitássemos as grandes realizações do conhecimento que chamamos de ciência moderna. Porém, tampouco deveríamos rejeitar as percepções provenientes de tempos mais antigos.

No tarô, vemos os quatro elementos como Fogo-Bastões (Paus), Água-Copas, Ar-Espadas e Terra-Pentáculos (Moedas). Às vezes, diferentes autores apresentam variações nessa lista, na maioria das vezes trocando Bastões e

Pentáculos, alegando que paus crescem na terra e moedas são forjadas no fogo. Optei pela lista mais comum em virtude das associações mais amplas de fogo e terra. O fogo não é simplesmente um instrumento humano, mas uma grande força da natureza, vista de maneira mais intensa no sol, que faz os paus surgirem na terra. Esta, por sua vez, simboliza não apenas o solo, mas, tradicionalmente, todo o universo material, representado em menor medida pelas Moedas e, em escala muito maior, pelos Pentáculos.

Se quisermos ver o mundo em termos de cinco, e não de quatro elementos, incluindo o centro do Espírito, então os Arcanos Maiores representam o Éter, o quinto elemento. O fato de o separarmos dos quatro Arcanos Menores simboliza a intuição de que, de alguma forma, o Espírito existe em um nível diferente do mundo comum. Ao mesmo tempo, o fato de misturarmos os cinco para as leituras ajuda-nos a ver que, na realidade, o Espírito e todos os elementos da matéria trabalham constantemente juntos. Trabalhar com o tarô nos ajuda a compreender os caminhos dinâmicos empregados pelo Espírito para dar significado e unidade ao mundo material. Uma verdadeira compreensão dessa relação, tanto na prática quanto na teoria, representa um grande passo rumo à "mestria" descrita anteriormente.

Muitas pessoas certamente conhecem as imagens dos quatro elementos graças à astrologia, com suas quatro "triplicidades": Fogo – Áries, Leão, Sagitário; Água – Câncer, Escorpião, Peixes; Ar – Gêmeos, Libra, Aquário; Terra – Touro, Virgem, Capricórnio. A psicologia junguiana também utiliza os quatro elementos, associando-os a modos básicos de vivenciar o mundo. O Fogo representa a Intuição; a Água, o Sentimento; o Ar, o Pensamento; e a Terra, a Sensação.

Em astrologia e no pensamento junguiano, os elementos simbolizam tipos e características. No tarô, vemos esses tipos refletidos nas cartas da corte. Os naipes como um todo mostram atividades e qualidades de vida, e não psicologia individual. Em outros termos, se os Bastões predominarem em uma leitura, não diremos que a pessoa tem um temperamento "inflamado", mas, antes, que está passando por muitas experiências de Fogo. Estudamos os quatro naipes separadamente para aprender o que entendemos por experiência de Fogo, Água, Ar ou Terra. Estudamos todos os naipes juntos nas leituras para aprender como a vida na realidade engloba e combina todos os elementos.

Em síntese, Bastões/Fogo representam ação, movimento, otimismo, aventura, luta, negócios, mais no sentido de atividade comercial do que no de coisas vendidas, e início. Copas/Água indicam reflexão, experiências tranquilas, amor, amizade, alegria, imaginação, passividade. Espadas/Ar simbolizam conflito, emoções coléricas ou perturbadas, tristeza, mas também atividade mental, sabedoria, uso do intelecto para entender a verdade. Pentáculos/Terra representam a natureza, o dinheiro, o trabalho, atividades rotineiras, relacionamentos estáveis, negócios no sentido de coisas produzidas e vendidas. Como os Pentáculos são símbolos mágicos, eles remetem à magia da natureza e às maravilhas da vida comum, nem sempre percebidas, mas muitas vezes escondidas sob a superfície.

Baseados em outro sistema simbólico conhecido, os Bastões e as Espadas representam o *yang*, ou situações "ativas", enquanto as Copas e os Pentáculos representam o *yin*, ou situações "passivas". Em referência aos Arcanos Maiores, também podemos substituir o Mago pelo *yang* e a Sacerdotisa pelo *yin*. Seja qual for a terminologia, essas distinções se tornam mais claras nas imagens. Tanto os bastões quanto as espadas são usados para atacar. Por outro lado, as copas cumprem sua função recebendo e contendo água. Já os pentáculos, tanto como símbolo de magia quanto como dinheiro, podem influenciar o mundo sem se moverem fisicamente. De modo semelhante, o fogo e o ar se deslocam constantemente, enquanto a água e a terra tendem mais à inércia.

Uma breve reflexão, bem como uma análise das ilustrações, mostrará como essas categorias separadas se combinam na realidade. Bastões e Pentáculos abordam os negócios; Bastões e Espadas indicam conflito. Copas e Bastões tendem a experiências felizes e positivas, enquanto Pentáculos e Espadas costumam representar os aspectos mais difíceis da vida. Ao mesmo tempo, Copas e Espadas englobam as emoções de maneira geral, enquanto Pentáculos e Bastões retratam atividades mais físicas. Em vez de mostrar separações rígidas, as cartas tendem a combinar e a apagar todas as distinções.

Na Parte Um, escrevi que o estudo das leituras de tarô nos ensina sobretudo que nenhuma qualidade é boa ou ruim, exceto no contexto da situação em análise. Com as leituras, também aprendemos que nenhuma situação, qualidade ou característica pessoal existe de maneira isolada, mas apenas em combinação com outras. Em uma tiragem, primeiro observamos cada carta em sua posição individual, mas entendemos o que a leitura nos diz quando vemos como as cartas se combinam formando um padrão único. De modo semelhante, estudamos as cartas individualmente, mas só as compreendemos por completo quando as vemos em ação.

Os diferentes elementos representam não apenas diferentes experiências, mas também diferentes abordagens da vida. Uma razão para estudar os naipes como um conjunto é ver as vantagens e os problemas de cada abordagem. Em cada naipe, consideraremos um "problema" e um "Caminho para o Espírito". Como exemplo, o problema em Copas é a passividade, e o Caminho para o Espírito é o amor. Por meio das diferentes imagens, descobrimos como as experiências de Copas revelam essas qualidades.

No arranjo das cartas, segui o exemplo de Waite ao partir do Rei até o Ás, em vez do contrário. Também nesse caso, Waite estava seguindo o exemplo da Aurora Dourada, que via o Espírito descendo metaforicamente até o mundo físico, de modo que fazemos uma contagem regressiva a partir dos números mais elevados. Como os reis (mais como símbolos tradicionais do que como realidade política) são responsáveis por manter a sociedade e transmitem uma imagem de maturidade, do ponto de vista social, os quatros Reis simbolizam a versão mais estável da sequência. Por outro lado, os Ases significam unidade e perfeição; por isso, representam os elementos em sua forma mais pura. O Ás de Bastões simboliza o Fogo em si e tudo o que ele significa, enquanto as outras 13 cartas de Bastões retratam alguns exemplos específicos do Fogo, seja em uma situação (cartas 2-10), seja como um tipo de personalidade (as cartas da corte).

No Tarô Waite-Smith, vemos cada Ás segurado por uma mão saindo de uma nuvem. Esse símbolo, que também aparece em outros baralhos, ensina-nos que cada elemento pode nos levar a um mistério espiritual e que toda experiência é uma dádiva de uma fonte que não podemos conhecer de maneira consciente, a menos que sigamos a profunda jornada espiritual, mostrada nos Arcanos Maiores. Por essa razão, concluí cada naipe com o Ás.

O TETRAGRAMA

Além dos quatro elementos, deveríamos olhar para o outro símbolo implícito nos quatro naipes, o que traz o nome de Deus. Encontramos estas quatro letras, *Yod-He-Vav-He*, dispostas na Roda da Fortuna, décima carta dos Arcanos Maiores. Em letras europeias, são escritas como YHVH ou, às vezes, como IHVH. Como a Bíblia não apresenta vogais para o nome, na verdade, ele é impronunciável. Por isso, simboliza a natureza insondável de Deus, a separação essencial entre Deus e o homem, que caracteriza a religião ocidental. Alguns autores atribuíram os nomes de Jeová, Jah ou Javé a essas letras, mas eles levam à confusão. Quando consultamos os escritos dos cabalistas, descobrimos que as letras não formam um "nome" no sentido humano de um rótulo que representa uma pessoa, mas, antes, retrata uma fórmula. E essa fórmula descreve o processo da criação.

O tetragrama e os quatro elementos não chegam a formar sistemas separados, mas um símbolo unificado. Cada elemento corresponde a uma letra: *Yod*-Fogo, *He*-Água, *Vav*-Ar e *He*-terra.[2] Quando aplicamos o nome de Deus aos elementos, completamos o sentido de suas diferenças simbólicas.

O processo segue da seguinte maneira: *Yod*, ou Fogo, simboliza o início de uma iniciativa, a primeira centelha criativa, a energia necessária para começar. Em termos míticos, *Yod* indica a centelha divina que surge do Deus incognoscível. Em termos psicológicos, representa o impulso para iniciar determinado projeto ou uma nova forma de vida. O primeiro *He* (Água) simboliza o início real, quando a centelha é "recebida" em um padrão. Do ponto de vista mítico, isso se refere ao Fogo de Deus atingindo as "Águas profundas", ou seja, o caos antes de Deus começar a ordenar o universo. Do ponto de vista psicológico, entendemos que nossos planos e nossas esperanças permanecem sem forma e vagos até a energia do Fogo penetrá-los e nos impelir a fazer alguma coisa. Ao mesmo tempo, a incessante energia dos Bastões só pode nos beneficiar se lhe dermos um propósito definido.

---

[2] Essas relações provêm da tradição do tarô. Alguns cabalistas usam uma ordem ligeiramente diferente.

Relacionada ao Ar, a terceira letra (*Vav*) simboliza o desenvolvimento do plano, o movimento dirigido e intencional que faz com que todas as coisas ganhem forma. Em seu sentido sagrado, significa o estágio da criação no qual Deus deu ao mundo sua forma subjacente. O Ar representa o intelecto e, do ponto de vista psicológico, *Vav* indica o processo mental de partir de um objetivo para um plano real que trará o projeto para a realidade.

Por fim, o segundo *He* (Terra) representa a criação concluída, a coisa em si. Em termos religiosos, significa a matéria, o universo físico, criado por Deus mediante o processo das outras letras. Em termos humanos, significa a realização de um objetivo.

Tomemos um poema como exemplo. Ele não pode começar sem um impulso na direção da poesia e sem o desejo de exprimir algo. Ao mesmo tempo, o desejo não chega a lugar nenhum se não escolhermos um tema específico. Em certo sentido, o tema "recebe" o impulso para escrever. Contudo, o poema não surgirá enquanto não trabalharmos nele, usando o intelecto e escrevendo vários rascunhos para resolver os problemas de imagem, ritmo e assim por diante. Por fim, o processo se conclui quando temos nas mãos o poema real e o transmitimos aos outros. Uma breve reflexão mostrará que o mesmo desenvolvimento se aplica a qualquer ação, desde construir uma casa até produzir cerveja ou fazer amor.

Obviamente, o último elemento (Terra) aparece um pouco isolado dos outros. O matemático e ocultista P. D. Ouspensky desenhou essa relação no diagrama seguinte:

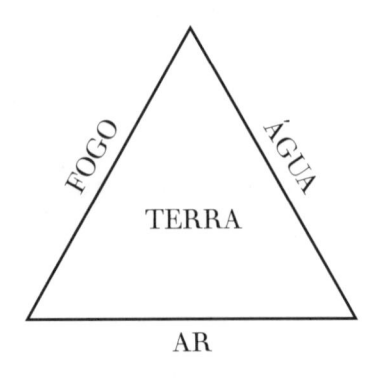

Figura 24

Uma consulta às letras hebraicas nos ajudará a compreender o simbolismo. Lendo da direita para a esquerda, temos:

$$\text{יהוה}$$

Vale notar que o *Yod*, a letra do Fogo, quase não tem forma, assemelhando-se mais a um ponto, ao lampejo de um primeiro impulso. Observemos também que os dois *He* lembram vagamente duas taças ou dois copos virados para baixo. O primeiro "recebe" o impulso, e o segundo recebe todo o processo e lhe dá uma forma física. Por fim, cabe destacar como a terceira letra (*Vav*) parece uma extensão da primeira (*Yod*). O intelecto (Ar) toma a energia do Fogo e lhe confere uma direção definida.

Inicialmente, pode parecer que o quarto elemento (Terra) existe por si só. No entanto, para que possamos encontrar algum sentido em nossos bens, temos de compreender o processo criativo que os fez existir. Quando consideramos os "problemas" relacionados a cada naipe, vemos que cada um deles surge apenas quando removemos o naipe de sua relação com os outros. Em outras palavras, quando tendemos demais para uma direção na vida. O problema do materialismo da Terra é neutralizado com o acréscimo de Copas, para a avaliação emocional. O modo como um naipe é acrescentado a outro será discutido na seção sobre as leituras.

Assim como cada naipe tem características especiais, o mesmo se pode dizer em relação à posição de cada carta numerada ou da corte. Podemos considerar o significado de cada carta como uma combinação entre o número e o naipe. Há vários sistemas numerológicos que descrevem os valores dos números. Em vez de abordarmos um em particular, apresentaremos os significados derivados das características das próprias cartas.

Rei – responsabilidade social, poder, sucesso
Rainha – avaliação profunda do naipe; criatividade
Cavaleiro – ação, responsabilidade em relação aos outros
Valete – exploração, estudo

10 – realização, necessidade de ir além
9 – concessões, luta
8 – movimento
7 – vitória
6 – comunicação
5 – perda, conflito
4 – estrutura
3 – expressão plena do elemento
2 – união
Ás – qualidade básica, raiz

Em algumas situações, o naipe e o número se apoiam mutuamente, em outras, entram em conflito ou até produzem o oposto do significado do número. Por exemplo, o tema unificador do 8 é o movimento. Como o Fogo também significa movimento, os Bastões exprimem esse tema de maneira bastante direta. As Espadas, no entanto, realçam o conflito. Em vez de alguém em movimento, o Oito de Espadas mostra uma mulher, cujo movimento é *limitado*. A questão continua sendo o movimento, mas, desta vez, a oposição se torna o centro das atenções.

AS CARTAS PORTAIS

Se as cartas dos Arcanos Menores do Tarô Waite-Smith nos servem sobretudo como um comentário sobre a vida cotidiana, elas não ignoram percepções mais profundas nem nos impedem de ter acesso a elas. Ao contrário, o viés filosófico das cartas sempre nos conduz na direção das "forças ocultas", dando forma e significado à experiência comum. Uma visão verdadeiramente realista do mundo (em oposição à estreita ideologia materialista, comumente pensada como "realismo") reconhecerá a energia espiritual sempre presente nos padrões do mundo em constante mudança. Atualmente, boa parte da ciência tradicional se afasta da noção de que forças como o eletromagnetismo são estáticas e mecânicas e prefere enxergá-las como dinâmicas e constantemente criativas.

O Tarô Waite-Smith favorece em grande medida esse tipo de consciência, que vemos celebrada no Dez de Copas e, de maneira mais direta, nos Ases, nos quais cada elemento é mostrado como uma dádiva.

Entretanto, o Tarô Waite-Smith faz mais do que *nos ensinar* essa consciência. Tomadas da maneira correta, algumas cartas podem ajudar a produzi-la. Anteriormente, consideramos a visão ocultista de que a observação dos padrões geométricos cria efeitos no cérebro. De modo semelhante, se usarmos a meditação para nos conectarmos com determinadas cartas dos quatro naipes, teremos experiências que vão além dos significados específicos das cartas.

Chamo essas cartas de "Portais", em virtude do modo como elas abrem um caminho a partir do mundo comum para o nível interno das experiências arquetípicas. Cada naipe contém, pelo menos, uma dessas cartas, e os Pentáculos contêm a maioria. Todas elas compartilham algumas características: significados complexos, muitas vezes contraditórios, e uma Singularidade de caráter mítico, que nenhuma interpretação alegórica consegue decifrar por completo. Ao escolher certas cartas para cumprir essa função, não pretendo sugerir que outras não possam fazer o mesmo, mas apenas que, em minha experiência, essas cartas em particular agem dessa forma.

Às vezes, a Singularidade de um Portal se encontra na superfície, mas em outras cartas ela só se torna aparente depois que as analisamos intelectualmente. Os últimos casos demonstram um ponto muito importante: as percepções externas e internas não se opõem, mas, antes, ressaltam-se mutuamente. A melhor abordagem de uma carta Portal inicia-se com o conhecimento de seus significados literais e simbólicos. Depois de analisá-los de maneira aprofundada, chegaremos ao caminho da Singularidade, que se encontra além deles.

O tarô demonstra muitas coisas, algumas bastante inesperadas. Essas coisas surgem por meio da interpretação das imagens do tarô, quando nos unimos a essas imagens na meditação e vemos as combinações que se formam nas leituras. Isoladamente, as cartas dos Arcanos Menores nos apresentam um grande panorama das experiências humanas. Juntas, e em união com as cartas arquetípicas dos Arcanos Maiores, elas nos levam para um conhecimento cada vez mais amplo do prodígio da vida, em constante mudança.

CAPÍTULO 7

BASTÕES

De uma maneira ou de outra, os seres humanos extraíram praticamente tudo da natureza como símbolos para a essência espiritual da vida. De todos esses símbolos, o fogo representa o mais poderoso. Falamos da "centelha divina" na alma, de alguém estar "ardendo de entusiasmo por uma ideia" e, quando uma pessoa se sente amargurada ou decepcionada com alguma coisa, dizemos que "sua chama se apagou". Depois de expulsar Adão e Eva do Jardim do Éden e de sua Árvore da Vida, Deus colocou um querubim armado com uma espada flamejante para guardar a entrada. Em sua Queda, os primeiros humanos se isolaram do fogo celestial. Quando yogues, por meio da meditação e do exercício, conseguem intensificar a kundalini ou a força espiritual, eles experimentam essa intensificação como uma grande onda de calor subindo pela espinha dorsal. E xamãs do mundo inteiro demonstram sua força espiritual tornando-se mestres do fogo, dançando em meio às chamas ou colocando pedaços de carvão em brasa na boca.

O fogo representa a essência fundamental da vida que anima nosso corpo. Sem ele, tornamo-nos cadáveres. A famosa pintura de Michelangelo sobre a criação mostra uma centelha saltando do dedo de Deus para os de Adão. Quando nos referimos às alterações químicas do alimento em nosso estômago, dizemos que o corpo está "queimando combustível". O fogo simboliza a energia da existência. Como ele cresce, erguendo-se constantemente, representa o otimismo, a confiança e a esperança. Para dar aos seres humanos um toque de imortalidade e torná-los imunes às ameaças de Zeus de aniquilação, Prometeu os presenteou com o fogo. As pessoas sempre entenderam esse fogo como algo espiritual. Evidências em cavernas e escavações arqueológicas indicam que, quando nossos ancestrais mais primitivos descobriram como controlar o fogo, passaram a usá-lo em rituais muito antes de pensarem em cozinhar ou fabricar ferramentas.

Como os Arcanos Menores lidam sobretudo com o alcance externo da experiência, os Bastões tendem a mostrar o modo como o fogo interior aparece na vida cotidiana. Além do conhecimento específico adquirido, um estudo dos Arcanos Menores revela como a experiência mundana deriva de uma base espiritual.

Em primeiro lugar, os Bastões representam movimento. Ganhando ou perdendo, eles estão sempre lutando, não tanto em razão de problemas ou objetivos reais, mas por gostarem do conflito e pela oportunidade de usar toda essa energia. Nos negócios, os Bastões representam o comércio e a competição; no amor, simbolizam o romance, propostas e o ato de conquistar alguém, e não a emoção do amor em si. Os Bastões nos levam a abordar a vida com ação e entusiasmo.

Quando os Bastões são bem-sucedidos, por exemplo com o Rei ou a carta de número 2, podem ser afetados por certa melancolia, pois estão sujeitos às restrições impostas pelas recompensas do sucesso. Em outros momentos, como nas cartas de número 9 ou 10, eles permitem que o hábito de lutar ou enfrentar todos os problemas os impeçam de enxergar alternativas mais pacíficas.

Na maioria das vezes, porém, a influência dos Bastões nos mostra pessoas vencendo suas batalhas. Por meio dos Bastões, descobrimos o Caminho para o Espírito no movimento e na ação, vivendo pela alegria de viver. Elas encontram sua maior expressão no número 4, ao sair dançando da cidade murada para celebrar o poder do Sol, doador de vida.

No entanto, apesar de toda a energia revigorante, expressa pelo poder do Sol de literalmente fazer a vida brotar do solo, o fogo também destrói. Se não for controlada nem dirigida, essa energia queima o mundo. Por isso, vemos que todas as cartas da corte de Bastões mostram seus personagens em pé ou sentados em um deserto. Apesar do otimismo e do entusiasmo, os Bastões precisam da influência atenuadora das Copas, pois, sem água, o sol de verão traz apenas a aridez. Das Copas vêm um sentido de profundidade e a habilidade para sentir e agir. Das Espadas recebemos um sentido de planejamento e direção de toda a energia, bem como uma consciência do sofrimento e da dor para equilibrar o otimismo e o espírito conquistador dos Bastões. E dos Pentáculos emana uma sensação de estarmos ancorados no mundo real, uma habilidade para aproveitarmos e, ao mesmo tempo, superarmos a vida.

Figura 25

REI

Nas leituras, as cartas da corte de cada naipe tradicionalmente representam pessoas que influenciarão a vida do consulente. Embora isso seja comum, elas também podem simbolizar o próprio consulente. Consideradas como tais, ou seja, fora do contexto de leituras específicas, as 16 cartas da corte fornecem um panorama mais amplo do caráter humano. Seja em uma leitura, seja de maneira isolada, como um objeto de estudo, qualquer carta da corte indica uma pessoa que possui ou exprime as qualidades apresentadas pela carta.

Um Rei, um Cavaleiro ou um Valete não necessariamente significa um homem, assim como uma Rainha não significa uma mulher. Ao contrário, eles mostram qualidades e atitudes tradicionalmente simbolizadas por essas figuras. As funções sociais próprias de um rei, de uma rainha ou de um cavaleiro sugerem algumas experiências e responsabilidades. As cartas as simbolizam com a mesma frequência com que representam a idade ou o gênero.

Também deveríamos evitar a ideia de que uma carta simboliza uma única pessoa ao longo da vida, no sentido de referir-se a alguém ("Ela é a Rainha de Bastões"), e pensar que isso resume sua vida. Um indivíduo pode passar pela fase da Rainha de Espadas em um mês e mudar para o Cavaleiro de Copas no mês seguinte, ou então vivenciar ambos ao mesmo tempo, em diferentes aspectos de sua vida nesse período.

O rei é um soberano, responsável pelo bem-estar da sociedade. No Tarô Waite-Smith, os quatro Reis usam o que Waite chama de *cap of maintenance* (barrete cerimonial) sob a coroa. Tradicionalmente, o rei tem a responsabilidade de manter seu povo. Por isso, todos os Reis representam sucesso (pois o rei, afinal de contas, é supremo) e responsabilidade social.

O Rei de Bastões traduz essas qualidades em termos de Bastões. Ele indica uma pessoa de personalidade forte, capaz de dominar os outros pela força de vontade. Sua força deriva da firme crença em sua própria integridade. Ele *conhece* a verdade e *sabe* que seu método é o melhor. Portanto, considera natural que os outros o sigam.

Ao mesmo tempo, mostra que a energia dos Bastões é controlada e direcionada para projetos úteis ou carreiras de longo prazo. A natureza aventureira dos Bastões pode fazer com que alguém como ele se sinta desconfortável em sua função. Ele se inclina para a frente em seu trono, como se quisesse saltar e partir em busca de novas experiências.

Honesto por natureza, não vê razão nem valor nas mentiras. É positivo e otimista pelas mesmas razões. A energia dos Bastões arde nele com tanta intensidade que ele não compreende por que alguém haveria de expressar atitudes negativas.

Uma personalidade tão forte pode tender à intolerância, sendo incapaz de compreender a fraqueza ou o desespero por não os ter vivenciado. Esse lado impaciente do Rei pode ter como lema: "Se eu posso, você também pode". Certa vez, em uma leitura, vi uma expressão muito bonita do que as pessoas costumam chamar de "conflito de gerações": o Rei de Bastões e o Louco, ambos enérgicos, porém, um sendo a essência da responsabilidade, e o outro, a pura imagem do instinto e da liberdade.

Dois símbolos dominam a carta: o leão, emblema do signo de Leão no zodíaco, e a salamandra, lagarto que, segundo a lenda, viveria no fogo. Eles representam o mundano e o espiritual, pois enquanto o Leão indica os traços da personalidade relacionados ao Fogo, a salamandra era um dos símbolos favoritos dos alquimistas. Em sua melhor forma, o Rei é mestre do Fogo criativo. Sua noção de compromisso social dominou esse poder e o colocou em prática. Vale notar que as salamandras em seu manto são ilustradas com a cauda na boca. O círculo fechado significa maturidade e finalização. Comparemos essa imagem com a túnica do Cavaleiro, na qual a cauda e a boca das salamandras não se encontram.

INVERTIDA

Quando invertemos a carta, de certo modo alteramos seu principal significado, como se o impacto original tivesse sido bloqueado, redirecionado para outros canais ou, em alguns casos, liberado. Alguns estudiosos do tarô preferem descartar os significados invertidos, e é verdade que, na meditação ou na criatividade, normalmente consideramos todas as cartas na posição correta. Porém, em algumas leituras ou em alguns estudos, a posição invertida faz mais do que duplicar os possíveis significados do *deck*. Ao nos mostrar a carta de um ângulo diferente, ela nos proporciona uma compreensão mais ampla do que carta realmente significa.

Na leitura, se uma carta da corte se referir a uma pessoa específica (mais pelo tipo físico do que, por exemplo, pelas qualidades da carta), em sua posição invertida ela indicará que essa pessoa está perturbada, bloqueada ou talvez influenciando negativamente o consulente. Por outro lado, se olharmos para as qualidades na carta, a posição invertida mostrará uma alteração nessas qualidades.

Com o lado correto para cima, o Rei nos mostra alguém poderoso e autoritário, com frequência intolerante com as fraquezas alheias. Invertido, vemos esse fogo natural depois de ter enfrentado obstáculos e derrotas que poderiam fazer com que uma pessoa menos vigorosa se tornasse cética ou assustada. Como se trata do Rei de Bastões, ele não perde sua força; ao contrário, torna-se moderado, mais compreensivo em relação aos outros e, ao mesmo tempo, mais severo em sua atitude perante a vida, que já não parece uma disputa tão fácil. Aqui, a fórmula de Waite é muito oportuna: "Bom, mas severo; austero, mas tolerante".

Figura 26

RAINHA

A Rainha representa o *yin* ou as qualidades receptivas de cada elemento. Demonstra estima por esse elemento, e não o uso social que o Rei faz dele. Isso não significa que as Rainhas indiquem fraqueza ou inação, e sim que o elemento é traduzido em sentimento e compreensão.

Mais uma vez, não precisamos aplicar essas qualidades apenas a mulheres. Em uma leitura, se virmos a Rainha identificada com uma pessoa apenas por seu tipo físico, então ela naturalmente significará uma mulher. Mas se desejarmos aplicar as qualidades simbólicas a alguém, então qualquer carta da corte pode significar mulher ou homem. E, independentemente das leituras, a Rainha de Bastões representa uma apreciação especial da vida.

Ao contrário do entusiasmo e da impaciência do Rei, a Rainha está sentada em seu trono como se nele estivesse plantada. Sua coroa é florida, e seu vestido brilha como o sol. É a única Rainha sentada com as pernas afastadas, o que significa energia sexual. Ela mostra o apreço do Fogo pela vida, revela-se quente, apaixonada e muito bem ancorada no mundo. Como o Rei, é honesta e sincera e não vê motivo para a mentira ou a maldade. Mais sensível do que o Rei, permite-se amar tanto a vida quanto as pessoas e considera que o controle ou o domínio não valem mais do que o ceticismo.

Um gato preto guarda seu trono. No folclore cristão, o Diabo deu um gato preto a uma bruxa para defendê-la de agressões. Aqui, o significado é menos melodramático. Às vezes, se uma pessoa ama a vida, o mundo parece corresponder-lhe protegendo-a do mal e enviando-lhe experiências felizes. Não poderemos compreender o modo como isso acontece se não alcançarmos o conhecimento complexo e interno do universo, simbolizado pelas últimas cartas dos Arcanos Maiores. No entanto, isso pode acontecer, e o gato preto reage por instinto a quem se aproximar dele com impetuosa alegria.

INVERTIDA

Assim como vimos com o Rei, a Rainha invertida mostra a reação de determinada pessoa à oposição e à tristeza. A boa natureza básica e as atitudes positivas da Rainha, bem como sua energia, tornam-na inestimável em um momento de crise ou desastre. Podemos vê-la como o tipo de pessoa que se encarrega de administrar a casa de alguém que tenha passado por uma crise e, ao mesmo tempo, oferece conselhos, conversa, apoio emocional, tudo a partir de um impulso natural, e não de um sentimento de obrigação.

Ao mesmo tempo, essa boa natureza requer que a vida corresponda de maneira positiva. Quando as catástrofes ou resistências por parte da vida (e a fraqueza dessa pessoa pode ser uma tendência a pensar que a vida é "injusta") forem muitas, um traço de maldade pode surgir. Ela pode se tornar mentirosa, invejosa, desleal ou um tanto amarga.

Figura 27

CAVALEIRO

Os Cavaleiros traduzem a qualidade de cada naipe em movimento. A energia que, no Rei, vimos como realização e, na Rainha, como consciência, aqui irrompe em um estágio anterior. Nos Cavaleiros, vemos como cada elemento é posto em prática. Ao mesmo tempo, faltam aos Cavaleiros a firmeza e a estabilidade dos Reis e das Rainhas.

Como o Fogo por si só simboliza movimento, o Cavaleiro de Bastões mostra essa qualidade ao extremo. Ele representa entusiasmo, ação, movimento pelo prazer do movimento, aventura e viagem. Sem uma influência de base, todo esse entusiasmo pode se dissipar quando ele tentar voar em todas as direções ao mesmo tempo. Aliado a um senso de propósito e auxiliado por uma influência de planejamento, como a do Ar, o Cavaleiro de Bastões pode fornecer a energia e a autoconfiança para as grandes realizações.

Vale notar que, em sua túnica, a cauda das salamandras não toca a boca do animal, o que simboliza uma ação incompleta e planos não formulados. Ao contrário do Rei, o Cavaleiro apenas começou suas aventuras.

INVERTIDA

Imagine o jovem Cavaleiro. Ao contrário do guerreiro experiente, ele busca qualquer oportunidade de batalha, precisando provar sua coragem e sua força, para si mesmo e para os outros. No entanto, é facilmente derrubado de seu cavalo. Por não ter sido testado, todo o entusiasmo dos Bastões e do Cavaleiro comporta certa fragilidade. A oposição o confunde e até faz com que seus grandes projetos desabem ao seu redor. Com a expectativa de que tudo caia à sua frente, talvez ele se veja em desarmonia com as pessoas ou situações que o circundam. Suas ações são interrompidas quando ele descobre que sua boa natureza básica está em desacordo com as pessoas e as situações. Por isso, em uma leitura, o Cavaleiro invertido simboliza confusão, projetos interrompidos, ruptura e desarmonia.

Figura 28

VALETE

Os Valetes representam a qualidade de cada naipe em seu estado mais simples, divertindo-se consigo mesmos de um modo mais leve e jovial do que a madura Rainha. Do ponto de vista físico, os Valetes remetem às crianças. Em relação aos adultos, indicam o momento em que a pessoa vivencia um aspecto da vida apenas por experimentá-lo, sem pressões externas. Como crianças, os Valetes costumam simbolizar o início, o estudo, a reflexão e as qualidades do jovem estudante.

Como os Bastões simbolizam o começo, o Valete de Bastões indica, sobretudo, o início de projetos e, em particular, um anúncio ao mundo e a nós mesmos de que estamos prontos para começar quer um "projeto" (que pode referir-se tanto a um relacionamento quanto a planos práticos), quer uma nova fase da vida. Em um nível mais simples, o Valete pode representar um mensageiro, uma mensagem ou uma informação. Em uma situação emocional, seu entusiasmo simples sugere um amigo ou um amante fiel.

INVERTIDA

Mais tranquilo do que o Cavaleiro, o Valete não chega a se abalar tanto com os problemas; porém, torna-se confuso e indeciso. Seu entusiasmo para começar é interrompido pelas complexidades e por uma Oposição sem rodeios, que o deixam assustado ou incapaz de dizer alguma coisa. Como suas qualidades básicas são a simplicidade e a lealdade (vale notar que muitas das salamandras em seu traje estão completas, significando não projetos concluídos, como no caso do Rei, mas, antes, um "eu" pleno), quando indeciso, ele pode se tornar instável e fraco. Uma pessoa indicada por essa carta tem de afastar-se da complexidade ou desenvolver a maturidade para lidar com ela. Em longo prazo, o estado de constante indecisão só pode conduzir à degeneração da resolução e da autoconfiança.

Figura 29

DEZ

Como estão muito envolvidos em movimento e ação, os Bastões causam problemas. Em constante conflito, eles praticamente atraem inimigos e dificuldades. Em parte, isso é provocado pela falta de objetivo e planejamento, mas também pelo prazer secreto dos Bastões pela competição.

Superficialmente, o Dez nos mostra a imagem de uma pessoa sobrecarregada e oprimida pela vida e, sobretudo, pelas responsabilidades. O entusiasmo dos Bastões a envolveu em tantas situações que, agora, paradoxalmente, toda essa energia a onera com compromissos e problemas. Ela quer ser livre para viajar, buscar aventuras e relacionamentos; porém, em vez disso, vê-se como alguém que mora no subúrbio e quer progredir na vida, preso a uma rede de infinitas responsabilidades financeiras e familiares que ele próprio criou. Essa pessoa não planejou isso; essa situação cresceu ao seu redor.

Vemos aqui o grande problema dos Bastões. A energia do Fogo age sem pensar, encara novos problemas pelo simples desafio que eles representam. No entanto, essas situações e responsabilidades não acabam quando a pessoa se cansa e quer passar para algo novo. Elas permanecem e podem extinguir o fogo que parecia dominá-las.

Em situações emocionais, a carta nos mostra a pessoa assumindo todo o peso de um relacionamento. Sejam quais forem os problemas, os conflitos e a insatisfação, ela tenta amenizá-los. Encurvada, luta para manter o relacionamento, enquanto a(s) outra(s) pessoa(s) talvez nem se dê (deem) conta do que está acontecendo.

Quer a situação seja prática, quer emocional, a pessoa assumiu todo o encargo. Ela criou a situação e precisa perceber que outras abordagens ainda são possíveis. Nesses casos, os encargos podem não ser inteiramente reais ou, pelos menos, são evitáveis. Na realidade, podem servir como desculpa para se deixar de fazer algo realmente construtivo, como se livrar de uma situação ruim.

INVERTIDA

Como ocorre com muitas cartas, em especial quando invertidas, mais de um significado é possível. Na leitura, podemos determinar o melhor significado (embora, algumas vezes, mais de um possa ser aplicado, como uma escolha), em parte por meio de outras cartas, em parte por uma intuição que só se desenvolve com a prática. Nos estudos, essa variedade de significados demonstra que uma situação pode mudar de diversas maneiras.

De maneira mais simples, o Dez de Bastões invertido indica que os encargos aumentaram em peso e número, a ponto de a pessoa desabar sob eles, tanto física quanto emocionalmente. Ao mesmo tempo, isso pode significar que a pessoa largou os fardos (talvez por terem se tornado muito numerosos). A partir disso, a situação volta a se ramificar. Ela largou os bastões porque percebeu que pode usar a energia para um propósito melhor? Ou estaria apenas se rebelando contra as responsabilidades sem realmente fazer algo construtivo? Uma mulher para quem certa vez li as cartas descreveu a situação como uma questão de jogar os bastões para trás ou para a frente de nós. Se os jogarmos para trás, buscamos uma nova direção. Se os jogarmos para a frente, isso significa que os pegaremos de novo e continuaremos nossa difícil caminhada pela mesma estrada.

Figura 30

NOVE

As cartas de número 9 mostram como os naipes lidam com os problemas e as concessões que eles próprios requerem. O Fogo implica grande força, capacidade física e prontidão mental. No entanto, do ponto de vista emocional, essa predileção pela luta pode aprisionar os Bastões em padrões de conflitos. No Nove, vemos novamente a imagem de alguém que enfrentou muita oposição por parte dos outros e da vida; contudo, em vez de assumir o encargo, revidou. O ato de lutar desenvolveu sua força, de modo que a imagem mostra um homem musculoso e de olhar atento. Os Bastões às suas costas podem representar seus recursos na vida ou então seus problemas, agigantando-se de maneira ameaçadora. Seja como for, ele está pronto para a próxima batalha.

Vale notar, no entanto, sua postura rígida e firme, bem como o ombro elevado. Observemos também a faixa na cabeça, indicando uma ferida psíquica. O combatente não é uma pessoa completa. Quer por necessidade, quer por hábito, ele se fechou para a consciência da vida além do conflito, e agora olha apenas para a próxima luta, enquanto seus olhos só enxergam o inimigo, às vezes mesmo depois de ele ter se rendido.

INVERTIDA

Mais uma vez, alternativas. Em primeiro lugar, a defesa fracassa. Os obstáculos e os problemas são grandes demais para que sua força os contenha. No entanto, o outro significado é o de buscar uma abordagem diferente.

Não devemos imaginar que a carta sempre nos aconselha a desistir da luta. Abandonar a defensiva significa assumir um grande risco; afinal, o que aconteceria se os problemas que mantemos a distância por tanto tempo se precipitassem sobre nós? O contexto é tudo e às vezes demanda ombros fortes e olhar atento. No entanto, vale observar quanta energia essa pessoa usa apenas para manter-se tensa e pronta para a batalha. Em leituras específicas, as verdadeiras implicações dessa carta só podem se tornar claras quando ela aparecer combinada com outras cartas.

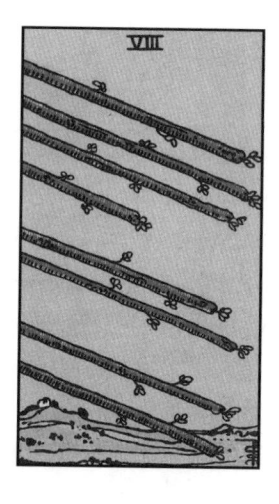

Figura 31

OITO

O Fogo sugere agilidade e movimento. Embora às vezes falte direção a esse movimento, vemos aqui a imagem de um percurso sendo encerrado ou de coisas sendo concluídas. Quando Fogo encontra seu objetivo, os projetos e as situações encontram um fim satisfatório. Os Bastões chegaram à terra. Por isso, a imagem nessa carta implica a adição de Pentáculos, conectados à energia dos Bastões.

Usando uma expressão romântica, Waite os chama de "flechas do amor". É o que vemos sobretudo como significado de uma ação empreendida em um relacionamento amoroso, na sedução ou em propostas feitas e aceitas.

INVERTIDA

Na posição invertida, a imagem transforma-se em uma continuação, na representação de nada chegando ao fim, sobretudo quando um fim é desejado. Uma situação ou atitude simplesmente segue seu curso, sem nenhuma conclusão em vista. Se essa situação não pode ser evitada, então é melhor reconhecê-la e aceitá-la do que deixar que cause frustração e decepção. Por outro lado, às vezes nós mesmos podemos causar essa incerteza, esperando que a situação permaneça sem solução. Uma das posições mais importantes na leitura é chamada de "esperanças e temores". Muitas vezes, ela se revela como uma profecia que se realiza.

Quando invertidas, as flechas do amor se tornam flechas de ciúme e discussão. O ciúme pode derivar da incerteza e da confusão, tanto em nossos sentimentos quanto nos da outra pessoa.

Figura 32

SETE

Como o Nove, essa é uma carta de conflito, mas nela vemos a batalha em si, e seu efeito é emocionante. Com sua força e positividade naturais, os

Bastões esperam vencer, e normalmente o fazem. Por meio do conflito ativo, a figura nessa carta supera qualquer depressão e alcança o ar claramente intoxicante. De certo modo, essa carta mostra um pano de fundo para o Nove. Ficamos na defensiva e, graças a uma experiência anterior de vitória, empenhamo-nos na luta para permanecermos no topo. Desfrutamos da batalha enquanto ela segue seu curso. As pessoas sob a influência dos Bastões precisam saber que estão vivas, precisam dessa carga de adrenalina para saber que o Fogo ainda passa por elas. Somente mais tarde são envolvidas pelo hábito da constante batalha.

INVERTIDA

Como sugere a imagem, a pessoa está usando a emoção do conflito para superar a incerteza e a depressão. Invertida, a carta indica que o indivíduo se afunda na ansiedade, na indecisão e no constrangimento. Na posição correta, mostra que ele não tinha muito controle da vida, mas estava no auge dela. Aqui, ele já não consegue postergar as contradições. Acima de tudo, a carta adverte contra a indecisão, sugerindo que, se a pessoa é capaz de chegar a um claro plano de ação, a autoconfiança natural dos Bastões retornará para superar as ansiedades e os problemas externos.

Figura 33

SEIS

À medida que os Bastões decrescem para o Ás, tornam-se mais fortes. A ênfase se desloca dos problemas para a alegria, da defensiva para o otimismo, até que, com o Ás, unimo-nos ao Fogo que dá vida. O Seis marca um ponto de virada. No sistema da Aurora Dourada, a carta traz o título de "Vitória". De fato, nela vemos um desfile em comemoração à vitória, o herói com uma coroa de louros e cercado por seus seguidores. No entanto, ele ainda não chegou a seu destino. (Uma ficção, é claro; afinal, ele poderia simplesmente estar voltando para casa. Nesse caso, estou seguindo a indicação de Waite.) Ele está assumindo a vitória. O otimismo produz o sucesso tão desejado e esperado.

Muitas vezes, embora certamente nem sempre, só precisamos acreditar em nós mesmos para encontrar a energia necessária à realização do que desejamos. Mais do que isso, essa crença inspirará os outros a nos seguirem. As cartas de número 6 têm a ver com comunicação e dádiva. Aqui, é a crença do Fogo na vida que os Bastões conferem às pessoas ao seu redor.

INVERTIDA

O otimismo autêntico gera vitória. O falso otimismo, que cobre nossas dúvidas com fanfarronice ou ilusão, conduz ao medo e à fraqueza. A atitude mostrada na carta com o lado certo para cima não pode ser dissimulada, pois, quando não funciona, torna-se o oposto: derrotismo, sensação de que os inimigos nos dominarão ou de que a vida ou determinadas pessoas nos trairão de alguma forma. Muitas vezes, essa atitude se concretiza como profecia, porque a suspeita pode produzir traição.

Figura 34

CINCO

Mais uma vez, o conflito, porém, em um nível menos exacerbado. É da natureza dos Bastões ver a vida como uma batalha, porém, em seu melhor sentido, a batalha se torna uma luta emocionante, avidamente cobiçada. As cartas de número 5 normalmente mostram alguma dificuldade ou perda, mas o elemento do Fogo traduz problemas em competição, vistos como um modo de as pessoas se comunicarem com a sociedade e entre si. Os jovens estão lutando, mas não se ferem mutuamente. Como crianças que brincam de cavaleiros, eles golpeiam com seus bastões sem realmente acertar alguém. Não buscam destruir, mas apenas competir pelo simples prazer da ação.

INVERTIDA

A emocionante competição que ocorre na carta com o lado correto para cima sugere um senso de regras e *fair-play*, pois, sem acordos implícitos, a luta como jogo se torna impossível. Na posição invertida, a carta indica que as regras estão sendo abandonadas e que, na realidade, a batalha adquiriu um tom mais sério e desagradável. O sentido de diversão muda para amargura ou desilusão, uma vez que as pessoas procuram realmente ferir ou arruinar umas às outras. A atitude do Fogo perante a vida, especialmente quando não estendida pela consciência e pela sabedora das Espadas, requer que a vida responda de maneira positiva e não mostre seu lado mais cruel. Mais uma vez, o Cinco invertido traz à mente a frase: "O fogo se apagou".

(a) (b)

Figura 35

QUATRO

O número 4, com sua imagem do quadrado, sugere estagnação ou solidez. No entanto, a energia irrefreável dos Bastões não requer cercas de proteção como fazem, por exemplo, os Pentáculos. Ela não será contida, e, assim, vemos as pessoas saindo em êxtase, rumo à estrutura mais simples, confiando que o sol dissipará todas as nuvens de problemas. A carta representa um ambiente doméstico, repleto do otimismo do Fogo, de entusiasmo e celebração. Como no caso do Seis, vemos pessoas seguindo os dançarinos. Porém, ao contrário dessa carta, na qual os soldados seguiam o líder carismático, aqui as pessoas são levadas pela alegria.

Elas estão deixando uma cidade murada rumo a um caramanchão. Em outras palavras, seu espírito e sua coragem as conduzem de uma situação defensiva para outra aberta. Podemos contrapor essa imagem com a da Torre, apresentada à direita. As duas figuras na carta do Arcano Maior estão vestidas de modo muito semelhante (túnicas azuis e vermelhas) às do Quatro de Bastões. Em seus significados menos esotéricos, a Torre mostra a explosão que ocorre quando as pessoas permitem que uma situação repressora ou dramática cresça a um nível intolerável. No Quatro de Bastões, o otimismo e o amor pela liberdade carregam as pessoas, juntas, para fora da cidade murada, antes que ela se torne uma prisão parecida com a Torre.

INVERTIDA

Waite descreve essa carta como inalterada e invertida. A alegria é tão grande que não pode ser contida. No entanto, vale acrescentar que, tal como o Sol nos Arcanos Maiores, o Quatro invertido poderia indicar que a felicidade no ambiente não é tão óbvia. Como ocorre com a família no Dez de Pentáculos, talvez as pessoas aqui representadas precisem aprender a apreciar o que têm. Outra possibilidade: a felicidade no ambiente do indivíduo é igualmente intensa, mas nada ortodoxa, pelo menos no que se refere às atitudes e expectativas das outras pessoas.

Figura 36

TRÊS

Por ser a soma de 1 e 2 em uma nova realidade (ver a Imperatriz nos Arcanos Maiores), o número 3 indica combinações e realizações. Em cada naipe, ele mostra esse elemento em sua maturidade. Com os Bastões, torna-se concretização. A figura exibida é forte, mas está em repouso, sem sofrer ameaças. Os jovens competidores do Cinco obtiveram sucesso sobretudo nos negócios, na carreira etc., embora a carta também implique maturidade emocional. O entusiasmo dos Bastões não desaparece, mas aqui manda seus navios explorarem novas áreas enquanto ele próprio fica para trás. Por outro lado, também podemos olhar para navios como se retornassem e trouxessem para a vida cotidiana os resultados de alguma exploração ou nova experiência. Ao contrário do Cavaleiro, a imagem sugere que mantém uma sólida base no que já realizamos, enquanto continuamos a abrir novas áreas e interesses em nós mesmos. Em algumas leituras, isso pode significar a manutenção de um compromisso primordial com relações existentes enquanto se buscam novos amigos ou amores.

Algumas cartas do tarô adquirem significados especiais que valem apenas para situações específicas. Para uma pessoa com problemas ou que luta com o passado, o Três de Bastões pode indicar que ela ficará em paz com suas lembranças. Estas se tornam como barcos que navegam por um largo rio em direção ao mar. O pôr do sol, símbolo de contentamento, ilumina o rio, símbolo da vida emocional de uma pessoa, com uma luz quente e dourada.

No Três de Bastões, vemos a primeira das cartas Portais (com sua ênfase na ação, os Bastões contêm menos dessas cartas internas do que os outros naipes). Do ponto de vista metafísico, o mar sempre evocou nas pessoas um senso de vastidão e mistério do universo. Já os rios simbolizam a experiência do ego se dissolvendo no grande oceano. Os barcos representam a parte de nós que explora a experiência profunda, enquanto o homem exprime a importância de nos ancorarmos na realidade cotidiana antes de nos lançarmos em tais jornadas metafísicas. Essa explicação esquemática confere apenas uma noção dos verdadeiros significados da carta, que se encontram na experiência de unir-se à imagem até que os barcos nos levem para as áreas desconhecidas do eu. É significativa a junção da Água à Terra na forma do mar e da rocha, que direciona as imagens para o máximo potencial do Fogo. No entanto, a qualidade especial desse Portal, ou seja, de explorar o desconhecido, pertence ao Fogo.

INVERTIDA

Vários significados refletem a natureza complexa da carta na posição correta. Por um lado, ela pode significar o fracasso de uma "exploração" ou de um projeto (tanto prático quanto emocional), em virtude de "tempestades", ou seja, problemas maiores do que havíamos esperado. Porém, também pode significar um envolvimento com nosso ambiente após um período de afastamento e reflexão. A imagem com o lado certo para cima traz um isolamento ao olhar para o mundo que está embaixo. Por fim, pode indicar um estado de perturbação provocado por lembranças.

Figura 37

DOIS

Mais uma vez, uma carta de sucesso, até maior do que o Três, pois aqui um homem está em pé em um castelo, segurando o mundo nas mãos. No entanto, a carta não carrega o mesmo contentamento que a de número 3. Ele se mostra entediado; suas realizações serviram apenas para cercá-lo (uma situação muito desagradável para o Fogo), e o mundo que ele segura é bem pequeno. Waite compara seu enfado com o de Alexandre, que teria chorado depois de conquistar o mundo conhecido porque não conseguia pensar em nada mais para fazer na vida (sem dúvida, sua morte, ocorrida pouco depois, reforçou essa lenda).

O comentário de Waite sugere que o amor dos Bastões pela batalha e pelo desafio podem privar o indivíduo de uma satisfação real em suas realizações depois que a luta é ganha. A comparação com o Quatro (e com o Dez) é óbvia. Nele, várias pessoas dançam juntas, saindo da cidade murada. Aqui, há uma pessoa em pé, sozinha, cercada por seu próprio sucesso.

INVERTIDA

Aqui encontramos uma das melhores fórmulas de Waite: "Surpresa, espanto, encantamento, problema e medo". Juntos, todos esses termos descrevem alguém saltando diretamente em uma nova experiência. Quando deixamos para trás situações seguras e êxitos passados para entrar no desconhecido, liberamos tanta emoção e energia que não conseguimos evitar o espanto nem o encantamento, tampouco o medo associado a eles. A carta dirige-se de maneira bastante expressiva a pessoas que por muito tempo viveram em uma situação desagradável ou insatisfatória e finalmente decidiram virar o jogo.

Figura 38

ÁS

Um dom de força, poder, grande energia sexual e amor pela vida. As folhas irrompem com tanta abundância que, ao caírem, transformam-se em *yods*, primeira letra do nome de Deus. A presença de *yods* em todos os Ases, exceto no de Pentáculos, indica que recebemos essas experiências primevas como uma dádiva da vida. Não podemos causá-las nem produzi-las com recursos normais; elas vêm a nós como mãos que saem das nuvens. Apenas alcançando os altos níveis de consciência mostrados nas últimas cartas dos Arcanos Maiores é que conseguiremos compreender as fontes dessas irrupções de energia elementar. Em situações cotidianas, é suficiente vivenciá-las e apreciá-las.

No início de uma situação, nenhuma carta poderia sinalizar um começo melhor. Ela confere entusiasmo e força. Ao mesmo tempo, ensina-nos a ter humildade, pois nos lembra que, por fim, nada fizemos do ponto de vista moral para merecer o otimismo e a grande energia que às vezes nos permitem vencer outras pessoas.

INVERTIDA

De certo modo, um Ás invertido implica um fracasso daquela experiência primeira. Isso pode significar simplesmente que a situação se volta contra nós ou, sobretudo com os Bastões e as Espadas, que achamos impossível depender dessa força para nos beneficiarmos dela. Portanto, o Ás de Bastões invertido pode significar caos, coisas se desfazendo, seja porque simplesmente aconteceu desse modo, seja porque as arruinamos com muita energia sem orientação certa. Isso pode acontecer em um nível prático, por meio de um excesso de atividades e recomeços sem consolidar ganhos passados, ou em um nível emocional, quando confiamos demais na amizade, ou simplesmente por arrogância. Por fim, também pode acontecer em um nível sexual, por nos recusarmos a conter o ardente apetite sexual.

Waite incluiu uma leitura bem mais leve do Ás invertido: "Alegria nebulosa". Nesse sentido, o Ás assemelha-se ao Quatro ou ao Sol; o espanto e a felicidade existem mesmo quando não conseguimos ou não queremos vê-los à nossa frente.

CAPÍTULO 8

COPAS

Se o Fogo simboliza a força do espírito dando vida ao universo, a Água significa o amor que permite à alma receber essa força. O sol faz a semente brotar do solo, mas apenas depois que a água a amoleceu e nutriu. Enquanto o Fogo representa ação, a Água indica a ausência de forma ou a passividade. Ela não simboliza fraqueza; ao contrário, representa o ser interior e o lento nascimento da semente. Em situações extremas, água e fogo são inimigos naturais; uma inundação apagará o fogo, enquanto uma chama sob um recipiente dissolverá em vapor a água já sem forma. Ao mesmo tempo, a vida não pode existir nem crescer sem uma combinação desses dois opostos primordiais.

Esse paradoxo levou os alquimistas e outros estudiosos a descreverem a transformação – que não é simplesmente uma mudança, mas uma repentina evolução de um estado fragmentado para outro integrado – como uma unificação do Fogo e da Água, exibida na imagem do hermafrodita (na sociedade tradicional, com sua rígida identificação de gênero e função, existiria símbolo mais poderoso de opostos do que o do homem e da mulher?), e, de maneira mais simbólica, na estrela de seis pontas. Nessa imagem antiga (muito mais até do que seu uso moderno como emblema do judaísmo), o triângulo de Fogo apontando para cima une-se ao da água, virado para baixo, formando a imagem da vida que alcança todas as direções a partir de um centro unificado.

Embora a água dos rios mude constantemente, eles sempre retêm seu caráter básico e simbolizam o verdadeiro eu que permanece constante sob todas as mudanças externas na vida de uma pessoa. Desse modo, enquanto o Fogo simboliza o que fazemos, a Água representa o que somos.

Todos os rios correm para o mar. Por mais que nosso ego insista em separar-nos do restante da vida e de nossos instintos – o lado da Água em nós –, ele nos recorda nossa harmonia com o universo. A cultura ocidental enfatizou a ideia do indivíduo como único e separado do mundo. O tarô não nega o caráter único do indivíduo, já que insiste nele por meio da singularidade das leituras. No entanto, descreve o indivíduo como uma combinação de elementos (um mapa astral, com seus 12 signos e suas 12 casas, ensina a mesma lição). E um desses elementos é a conexão básica da pessoa com o restante da vida.

O naipe de Copas mostra uma experiência interior que flui em vez de definir, que abre em vez de restringir. As Copas representam o amor e a imaginação, a alegria e a paz, um senso de harmonia e admiração. Elas nos mostram o amor como o Caminho para o Espírito, tanto o amor que damos a outras pessoas quanto o que recebemos delas e da própria vida em seus momentos mais felizes.

Às vezes, quando a vida demanda ação, física ou emocional, as Copas representam o problema da passividade. Todas as tentativas de fazer algo ou resolver um problema complicado dissolvem-se na indefinição, na apatia ou nos sonhos vazios. Os Bastões energizam as Copas; as Espadas definem a energia emocional e lhes dão uma direção, ajudando-as a compreender as coisas (embora uma corrente de Ar possa agitar as Águas serenas), enquanto os Pentáculos trazem os devaneios de volta ao solo dos projetos reais.

Figura 39

REI

Como o Rei de Bastões, este representa seu naipe em termos de responsabilidade social, realizações e maturidade. E, como o Rei do Fogo, sua posição como mantenedor da sociedade não lhe cai de maneira muito confortável. As Copas simbolizam a imaginação criativa. Para alcançar o sucesso, ele teve de disciplinar e até suprimir seus sonhos. O peixe, símbolo da criatividade, pende em seu pescoço, mas como ornamento artificial. Ele dirigiu seus poderes criativos para realizações socialmente responsáveis. Waite o descreve como um homem "de negócios, da lei e da divindade". Em certo sentido, ele aprimorou seu naipe, mas Água pede fluxo, não confinamento.

Atrás de seu trono, um peixe vivo salta entre as ondas, significando que a criatividade permanece viva mesmo quando empurrada para o segundo plano. De maneira semelhante, seu trono flutua no mar agitado; no entanto, ele próprio não toca a água (comparar com a Rainha, p. 221), indicando que sua realização deriva, em última instância, da criatividade, embora ele tenha configurado sua vida de forma que pudesse permanecer afastado de sua própria imaginação jovial e poética.

Em seu extremo, a ilustração sugere alguém que reprimiu suas emoções e sua imaginação. Também mostra, de maneira mais tênue, uma pessoa que demonstra ter essas qualidades, mas não como centrais para ela ou para sua vida. A responsabilidade vem antes da autoexpressão.

O Rei não olha para sua taça; ao contrário, ele a segura do mesmo modo como segura seu cetro, símbolo de poder. Alguns comentadores veem o Rei como uma pessoa emocionalmente perturbada, até mesmo por raiva ou violência, e que tem o costume de suprimir esses sentimentos de si mesmo, sempre mantendo uma calma aparente.

Em alguns contextos, sobretudo nas artes, o Rei assume um significado muito diferente. Como é o líder de seu naipe, pode simbolizar sucesso, realização, maestria e maturidade no trabalho artístico.

INVERTIDA

Mais complexo e talvez mais problemático do que o Rei de Bastões, o Rei de Copas invertido desliza para a desonestidade. Com o lado certo para cima, ele usa sua criatividade para o trabalho; invertido, destina seus talentos ao vício ou à corrupção. Trapaceiros também usam a criatividade para alavancar a própria carreira, mas não os descreveríamos como "responsáveis".

Virada para baixo, a carta pode significar que as violentas emoções do Ar surgem de sua calma aparente, talvez por meio da pressão de eventos externos. Em uma visão romântica, o Rei de Copas invertido pode sugerir um amante desonesto, mas dominador, geralmente masculino e, algumas vezes, feminino.

Por fim, em relação às artes, o Rei invertido pode sugerir que a obra de um artista se mostrou insignificante ou que a pessoa ainda não amadureceu e não pode apresentar um conjunto significativo de trabalho. Em uma leitura, esse último significado viria à tona vigorosamente se a carta aparecesse em conexão com alguns Pentáculos invertidos, com o Oito ou o Três.

Figura 40

RAINHA

A mais bem-sucedida e equilibrada dentre todas as cartas de Copas, de certo modo de todos os Arcanos Menores, a Rainha é quase uma versão mundana da dançarina do Mundo. Aparecendo entre a responsabilidade externa do Rei e a passividade do Cavaleiro, ela mostra a possibilidade de combinar imaginação e ação, criatividade e utilidade social. Seu trono, decorado com sereias angelicais, está colocado em terra firme, indicando sua conexão vital com o mundo exterior e outras pessoas, uma conexão mais real que a do Rei. Ao mesmo tempo, a água corre a seus pés e se funde com seu traje, significando a unidade do eu com a emoção e a imaginação. A água também sugere forças inconscientes – os padrões espirituais subjacentes, mostrados nos Arcanos Maiores – que nutrem a vida consciente. A unidade formada pela água, pela terra e pela Rainha significa que não alimentamos a imaginação dando a ela total liberdade para passear onde quiser, e sim direcionando-a para uma atividade útil, ideia que a maioria dos artistas endossaria. Esse conceito aparece de forma ainda mais intensa no Nove de Pentáculos, emblema da disciplina criativa.

Waite descreve a taça que ela segura como sendo sua própria criação. É a carta de Copas mais elaborada (independentemente do que pensamos sobre seu estilo!) e simboliza o êxito obtido graças à imaginação. Vale notar o formato semelhante a uma igreja. Até a era moderna (e ainda em culturas mais arcaicas), toda arte expressava e glorificava a experiência espiritual. A Rainha olha atentamente para a taça, mostrando a força de vontade que direciona e molda a força criativa sem suprimi-la. Ao mesmo tempo, seu olhar sugere que a pessoa criativa extrai de suas realizações passadas a inspiração para uma atividade futura. Comparemos seu olhar feroz com o devaneio do Cavaleiro ou a imaginação nebulosa do Sete.

Sozinha, a força de vontade não une a imaginação à ação. Apenas o amor pode dar sentido às suas ações e realizar seus objetivos. Esses objetivos não são simplesmente criativos no sentido estrito da arte, mas naquele mais amplo de produzir algo completo e vivo a partir das oportunidades e dos elementos dados pela vida. Eles podem incluir objetivos emocionais, sobretudo a família, pois, enquanto o Rei simboliza a sociedade, a Rainha simboliza a família, tanto para os homens quanto para as mulheres.

O mais importante é que ela une consciência e sentimento. A Rainha sabe o que quer e tomará as medidas necessárias para consegui-lo. No entanto, sempre age tendo consciência do amor.

Waite usa os termos "inteligência amorosa e, portanto, o dom da visão", sugerindo que ver a vida como algo prazeroso só pode acontecer como uma dádiva, mas o amor pode nos abrir para recebermos essa dádiva e reconhecer que ela existe. Com a inteligência unida ao amor, retribuímos o presente recebido quando adotamos essa visão e criamos algo real e duradouro a partir dela.

INVERTIDA

A inversão da Rainha de Copas rompe essa unidade entre visão e ação. Vemos alguém ambicioso e poderoso, mas também perigoso, pois ela não é confiável. O amor se perdeu, e com ele o compromisso com valores maiores do que seu próprio sucesso. Se ela deslizar além do equilíbrio, poderá cair em desonra e até mesmo em depravação à medida que sua força criativa perde o controle.

(a)   (b)

Figura 41

CAVALEIRO

Como uma figura menos desenvolvida do que a Rainha ou o Rei, o Cavaleiro não aprendeu a direcionar sua imaginação para o mundo. Por isso, os sonhos dominam essa carta com suas imagens de um cavalo em marcha lenta e um cavaleiro perdido nas tentações de sua taça, símbolo da imaginação. Ao mesmo tempo, a força criativa é menos poderosa aqui do que em qualquer outra carta de Copas. Somente um rio estreito atravessa a terra árida. O Cavaleiro não aprendeu que a verdadeira imaginação se nutre mais de ação do que de fantasia. Com isso, quero dizer que, se nada fizermos com nossos sonhos, eles permanecerão vagos e desligados do restante de nossa vida.

Vale destacar outro ponto a respeito das fantasias do Cavaleiro. O que o alimenta? Princípios internos, como no mito ou na arte arquetípica, ou autoindulgência, como em devaneios e filmes ou livros escapistas? O poeta inglês Samuel Taylor Coleridge fazia uma distinção entre "imaginação" e "veleidade". Ambas afastam a mente da experiência e das percepções comuns. Contudo, enquanto a primeira deriva de uma consciência da verdade espiritual subjacente e a ela conduz, a segunda produz apenas fantasias que podem entusiasmar, mas, no fim das contas, não dispõem de um significado real. Elas derivam mais do ego do que do inconsciente.

Nada surge de sua taça (comparar com o Valete, p. 225). Nem ele a transformou em algo maior do que é, como fez a Rainha. O Cavaleiro é uma figura comprometida com a ação e o envolvimento. A Água, por outro lado, simboliza a passividade. O contraste torna difícil para o Cavaleiro reconciliar essas duas qualidades. Ao negar esse compromisso básico com o mundo, ele não permite que sua imaginação produza alguma coisa.

Como ele é um Cavaleiro, o mundo exterior da ação, do sexo, pode atraí-lo mesmo quando ele persegue seus pensamentos e suas fantasias. Às vezes, sua passividade pode ser uma fachada, quase exagerada, cuja intenção é negar essas tentações e esses desejos que perturbam sua paz. Do ponto de vista romântico, o Cavaleiro pode representar um amante que não deseja se comprometer e que talvez seja atraente, mas passivo, retraído ou narcisista.

Essas imagens severas do Cavaleiro referem-se a seus conflitos. Ao mesmo tempo, seu elmo e seus pés são alados, e seu cavalo é vigoroso em sua lentidão. Além disso, ele lembra a Morte, símbolo de transformação. Se o Cavaleiro não é puxado pela responsabilidade nem pelo desejo e segue uma visão genuína em vez de fugir dos compromissos externos, então pode entrar profundamente em si mesmo, transformando sua energia em uma exploração de seu próprio mundo interior.

INVERTIDA

Vemos o Cavaleiro reagir de várias maneiras às demandas crescentes do mundo além dele. Isso pode significar simplesmente que ele desperta para a ação, que segue seus desejos mais físicos ou que uma pessoa passiva está sendo impelida para a ação ou o compromisso e não gosta disso. Sem resistir externamente, ele pode ressentir-se dessas demandas. O resultado pode ser um muro, erguido entre o Cavaleiro e aquelas pessoas que o estão fazendo traduzir suas responsabilidades em ações. Essa atitude pode resultar em hipocrisia ou manipulação, às vezes em mentiras e artimanhas.

Figura 42

VALETE

De espírito jovem, quase infantil, o Valete não sofre o mesmo conflito com a responsabilidade ou o desejo sensual. Ele indica um estado ou um tempo, no qual a contemplação e a fantasia são muito apropriadas a uma pessoa. Nenhuma demanda externa perturba sua delicada contemplação. Como resultado, o peixe da imaginação olha para ele a partir da taça. Achando graça, ele olha de volta sem a necessidade do Cavaleiro de penetrar profundamente em si mesmo. Aqui, a imaginação é sua própria justificativa.

O peixe também pode simbolizar talentos mediúnicos e sensibilidade. E como todos os Valetes lembram os estudantes, o Valete de Copas pode mostrar alguém desenvolvendo habilidades mediúnicas, seja por meio de um programa real de estudos e/ou de meditação, seja por talentos que se desenvolvem por si mesmos, mas de maneira pacífica.

INVERTIDA

Com o lado certo para cima, vemos uma pessoa deixando sua imaginação borbulhar à sua frente. Como ele nada faz com suas fantasias, elas não lhe causam problemas. No entanto, se ele exercer sobre elas alguma influência, elas poderão induzi-lo ao erro. Por isso, quando invertida, a carta significa que seguimos nossas inclinações, agimos sem pensar ou permitimos que nossos desejos imediatos nos seduzam, sobretudo se eles vão contra nosso bom senso. Vemos o Valete invertido sempre que compramos algo de que não precisamos e que, na verdade, não queremos. Ele também aparece quando fazemos promessas que não podemos cumprir ou assumimos compromissos que nada significam.

Em outras situações, se o Valete se referir ao desenvolvimento mediúnico ou a visões reais, quando invertido, ele mostrará alguém perturbado por essas visões. Para muitas pessoas, em nosso mundo racionalizado, o surgimento repentino de um talento mediúnico, mesmo que deliberadamente buscado mediante treinamento, pode parecer muito assustador. O Valete invertido reflete o medo e nos lembra que devemos nos acalmar, olhar pacificamente para o peixe que emerge de nossa taça. Em conexão com os Pentáculos, ele apela para que nos ancoremos na realidade externa, a fim de evitar que sejamos levados por fantasias e visões.

Figura 43

DEZ

Como número mais elevado, o 10 significa ser preenchido com as qualidades do naipe. Nos Bastões, vimos um excesso de encargos; nas Copas, encontramos a alegria e o prodígio da vida espalhados pelo céu. O Santo Graal, símbolo da graça e do amor de Deus, repousa na base desse naipe, mostrando-nos que amor, imaginação e alegria vêm a nós como dádivas. A Bíblia nos diz que Deus fez o arco-íris como uma promessa de que o mundo nunca mais sofreria um dilúvio de destruição. Contudo, o arco-íris também implica uma promessa mais positiva: a de que a vida traz felicidade, e não apenas ausência de dor.

O homem e a mulher na imagem compreendem essas coisas. De braços dados, olham para cima e celebram o arco-íris. As crianças, no entanto, dançam sem levantar o olhar. Simbolizam a inocência, para a qual a felicidade é a condição natural da vida. Esperam felicidade, mas não a desperdiçam. Ao mostrar uma família, a carta se refere principalmente à felicidade doméstica, mas pode indicar qualquer situação que traga uma onda de alegria. Ela remete, em especial, ao reconhecimento de características importantes em uma situação. Esse significado se aplica, sobretudo, a leituras em que o Dez de Copas aparece em oposição ao Dez de Pentáculos.

INVERTIDA

Nesse caso, há duas variantes básicas. Em primeiro lugar, toda a emoção se volta contra si mesma. Uma situação muito tensa, normalmente romântica ou doméstica, deu errado e produziu um sentimento violento, como raiva ou decepção. Ou, na prática, o Dez invertido pode simplesmente significar que a pessoa não reconhece ou não aprecia a felicidade que a vida está lhe oferecendo.

Figura 44

NOVE

Da alegria profunda passamos para os simples prazeres das celebrações e do contentamento físico. Como observamos anteriormente, as cartas de número 9 ilustram os compromissos que assumimos com a vida. Os Bastões mostraram uma forte defesa; as Copas, mais benevolentes, evitam preocupações e problemas ao se concentrarem em prazeres cotidianos. Às vezes, as pessoas reagem de maneira antagônica a essa carta, talvez desejando verem a si mesmas como estando além de qualquer superficialidade. Outras vezes, em especial após perturbações ou um longo período de trabalho duro, nada pode cair melhor do que um momento prazeroso.

INVERTIDA

Excepcionalmente, o significado da carta invertida nos dá maior consciência – para usar a fórmula de Waite, "verdade, lealdade, liberdade". Em conexão com o significado da carta com o lado certo para cima, as palavras implicam uma rejeição de valores superficiais. Contudo, também se referem a situações muito complicadas ou opressivas, nas quais, por nos agarrarmos ao fio da verdade ou permanecermos fiéis a nós mesmos, aos outros ou a um propósito, podemos obter vitória e libertação.

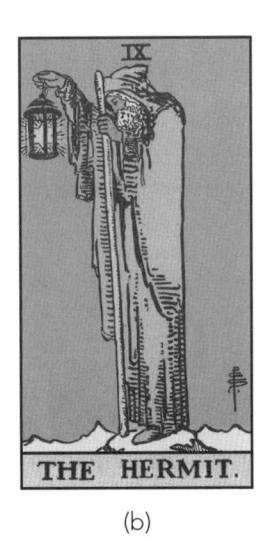

(a) (b)

Figura 45

OITO

A natureza agradável das Copas tende a nos embalar, afastando-nos do que temos de fazer. O Oito inicia (ou termina) uma série de cinco cartas que lidam com o problema de ação da Água. Nessa carta, vemos alguém virando as costas a duas sequências de taças em pé. Isso simboliza uma situação que não apenas proporcionou felicidade, mas, na realidade, continua a fazê-lo. Ao contrário do Cinco, aqui todas as taças estão em pé; nada foi derrubado. No entanto, a pessoa sabe que é chegado o momento de partir. A ilustração sugere um dos verdadeiros usos do instinto da Água – uma habilidade para perceber quando algo terminou antes de se exaurir ou desabar ao nosso redor, para saber a hora de seguir em frente.

Vemos a figura subindo um monte, dirigindo-se a terras mais altas, o que sugere o deslocamento de uma situação menos relevante a outra mais relevante. Vale notar a semelhança da figura com o Eremita. Para alcançar a altura da sabedoria do Eremita, primeiro temos de deixar as coisas corriqueiras da vida para trás.

O Eremita nos lembra que a imagem da terra não necessariamente significa ação ou envolvimento no sentido comum, mas pode sugerir quase o oposto, ou seja, retirar-se da atividade externa para buscar uma maior consciência de si mesmo. Inicialmente, a cena parece ocorrer à noite, mas, se olharmos mais de perto, veremos que, na verdade, ela ilustra um eclipse, com a lua passando pelo sol. Uma fase da lua, ou seja, um período de consciência interior, assumiu o lugar das atividades direcionadas para fora. Ao unir a imagem da lua a uma cena de movimento, a carta nos ensina que desenvolver um sentido mais profundo do eu também é uma ação. Vale lembrar que o Eremita, ao inverter a polaridade sexual da Sacerdotisa acima dele, combina ação e intuição em um programa definido de autoconhecimento.

Quer vejamos a figura afastando-se do mundo, quer entrando em ação, a carta simboliza o abandono de uma situação estável. Em seu sentido mais profundo, essa carta age como um Portal e, de certa maneira, é semelhante ao Três de Bastões. Ambas trabalham com a imagem de uma jornada rumo ao desconhecido. Contudo, enquanto a carta do Fogo é atraída para a Água, a da Água é atraída para o Ar. O Três de Bastões derruba o ego e liberta o espírito explorador, enquanto o Oito de Copas sai da indefinição da Água e se dirige ao conhecimento específico de princípios abstratos, simbolizado pela subida do Eremita à montanha.

INVERTIDA

Às vezes, o Oito invertido indica a simples negação da imagem básica da carta – uma recusa a deixar uma situação, uma determinação para esperar, mesmo quando sabemos em nosso íntimo que dela já extraímos tudo o que podíamos. Essa descrição caracteriza muitos relacionamentos.

Entretanto, normalmente a carta invertida mantém sua característica de consciência e resposta correta. Ela simboliza que o momento de partir ainda *não* chegou e que a situação continuará a dar alegria e a fazer sentido.

Uma possibilidade final: timidez, deixar uma situação porque a pessoa não tem coragem de seguir em frente nem de aceitar tudo o que pode obter dela. Muitas pessoas fazem disso um padrão para sua vida; envolvem-se em relacionamentos, trabalhos, projetos etc., depois fogem, seja quando surgem dificuldades, seja quando chega o momento de um compromisso genuíno.

Figura 46

SETE

Com o Sete, o problema das Copas aparece em sua forma mais direta. Emoção e imaginação podem produzir visões maravilhosas; no entanto, sem uma ancoragem na ação e nas realidades externas da vida, essas imagens fantásticas permanecem devaneios, "veleidades" sem sentido nem valor real. Vale notar que as visões cobrem toda a série de fantasias, desde a riqueza (as joias) até a coroa de louros da vitória, o medo (o dragão) e a aventura (o castelo), incluindo os arquétipos da mitologia – um rosto divino, uma misteriosa figura radiante e uma serpente, símbolo universal da sabedoria psíquica. É um erro pensar que os devaneios não têm significado em razão de seu *conteúdo*; ao contrário, eles costumam surgir de necessidades e imagens profundamente arquetípicas. Falta-lhes significado porque eles não se relacionam a nada fora de si mesmos.

INVERTIDA

Essa carta invertida significa uma determinação para fazer algo a partir dos sonhos. Isso não significa rejeitar fantasias, e sim fazer algo com elas.

Figura 47

SEIS

Como um naipe de cartas que representam uma emoção benevolente e sonhos, as Copas significam boas lembranças. Algumas vezes, essas lembranças representam o passado de maneira genuína; em outras ocasiões, podemos idealizar o passado e vê-lo através de uma névoa de segurança e felicidade. O símbolo dessa segunda atitude é a infância, ilustrada como um período seguro, quando os pais ou os irmãos e irmãs mais velhos nos protegiam e nos davam tudo de que precisávamos. Às vezes esse comportamento pode produzir uma calorosa sensação de segurança, que ajudará as pessoas a enfrentar seus problemas atuais. Nesse sentido, a carta mostra o passado (o ano) dando lembranças de presente ao futuro, simbolizado pela criança. No entanto, em outros momentos, uma fixação no passado pode impedir a pessoa de enfrentar os problemas atuais. Tanto quanto as fantasias sobre o futuro, o passado pode desviar do presente.

Há outros significados para o Seis além das lembranças. As cartas de número 6 mostram as relações entre dar e receber. Aqui, vemos a imagem de um professor ou protetor dando sabedoria e segurança a alguém que pode ser um membro da família, um estudante ou um amigo.

INVERTIDA

Como o Sete, o Seis invertido indica um movimento na direção da ação. Especificamente, ele mostra que olha para o futuro, e não para o passado. As duas cartas invertidas são muito semelhantes. A diferença é que o Seis mostra uma atitude, enquanto o Sete indica os passos realmente dados.

Em outros momentos, dependendo do significado do lado certo da carta, o Seis invertido indica recordações conturbadas (compare com o Três de Bastões invertido) ou uma sensação de alienação em relação ao passado. Também pode demonstrar o rompimento de um relacionamento baseado em uma pessoa que protege ou ensina a outra(s).

Figura 48

CINCO

As cartas de número 5 se referem à luta e, às vezes, à dor. Com os Bastões, vimos a aventura da competição; já as Copas mostraram a reação emocional à perda. A imagem ilustra a tristeza, mas também a aceitação. Três taças aparecem derrubadas, mas duas estão em pé, ainda que, nesse momento, a figura esteja concentrada nas três. Em muitas leituras vi essa carta vinculada tanto ao Três de Copas, como uma felicidade ou esperança que fracassou, ou ao Três de Espadas. Com frequência, as duas taças em pé remetiam ao Dois de Copas, ou seja, ao apoio por parte de um amante ou amigo.

A mulher (ou homem; o caráter andrógino da figura indica que a tristeza une os sexos) está em pé, rígida, envolvida em um manto preto, cor do luto. Ela tem de aceitar o fato de que o pouco de felicidade que tinha acabou, foi derrubado. Porém, ainda não percebeu que algo restou, pois primeiro tem de compreender e aceitar a perda. Teria sido ela própria a derrubar as taças, por imprudência ou por tê-las tomado como algo certo? No sentido da consciência, a carta está relacionada à Justiça, símbolo da verdade e da aceitação da responsabilidade. Graças à sua postura e ao seu traje, ela se parece com o Eremita, que se cobre de sabedoria para manter-se firme em sua missão de olhar dentro de si mesmo para ter uma visão de sua vida, a visão de que ele aceitará a injustiça.

O rio representa o fluxo da tristeza, mas a ponte simboliza a consciência e a determinação. Ela conduz do passado (perda) para o futuro (recomeço). Ao aceitar sua perda, a mulher poderá virar-se, pegar as duas taças restantes e atravessar a ponte até a casa, símbolo de estabilidade e continuidade.

Por evocar profundamente o arrependimento, a carta forma outro Portal, trazendo a nós o sentido de perda espiritual e separação, que em todo o mundo deu origem aos mitos da queda ou de um exílio do Paraíso.

INVERTIDA

Quando invertida, a carta pode ter seu significado básico alterado de três maneiras. Em primeiro lugar, pode indicar a não aceitação de uma perda e, por extensão, falsos projetos ou erros. Em segundo, pode sugerir o apoio por parte de terceiros, amizade, novos interesses e ocupações após um evento triste ou perturbador. Por fim, pode enfatizar uma consciência do que ainda é importante e permanente perante a tristeza. Nesse sentido, a mulher se volta das três para as duas taças. Nesse caso, as duas taças simbolizam a base sólida da vida de uma pessoa; elas ainda estão em pé porque não podem ser facilmente derrubadas. E essa consciência indica que as três taças caídas simbolizam algo menos importante do que inicialmente poderia parecer no momento de sua destruição.

Figura 49

QUATRO

Às vezes, a passividade das Copas pode levar à apatia. O que podemos chamar de "imaginação negativa" nos faz olhar para tudo como se não tivesse valor ou fosse enfadonho. Parece não haver nada pelo qual valha a pena se levantar, nada que valha a pena fazer ou examinar.

As três taças simbolizam a experiência passada do indivíduo. Entediado com o que a vida lhe deu, ele não reconhece as novas oportunidades que lhe são oferecidas pela quarta taça. A semelhança dessa taça com o Ás sugere que as novas possibilidades podem levar à felicidade e à satisfação. No entanto, de modo geral, a carta mostra uma situação em que tudo na vida acaba parecendo igual. Às vezes, ela exibe uma apatia resultante de um ambiente maçante e desestimulante.

INVERTIDA

Mais uma vez, a inversão nos retira de nós mesmos e nos desperta para o mundo e suas possibilidades. São oferecidas novas coisas, novas relações e novas ideias. Mais importante do que isso é o fato de a carta invertida mostrar entusiasmo e o aproveitamento das oportunidades.

Figura 50

TRÊS

As cartas de número 3 mostram uma análise do significado e do valor do naipe. Em virtude da presença do Graal na base do naipe, o Três de Copas indica alegria, celebração e, acima de tudo, compartilhamento das maravilhas da vida. Como se tivéssemos superado a crise da ação, as últimas três cartas, de acordo com seus números, fluem com felicidade. Aqui vemos as mulheres celebrando, como por ocasião de uma colheita. Ou se trata do final de um período de crise, ou o trabalho produziu bons resultados.

Vemos as três mulheres tão entrelaçadas que é difícil dizer a quem pertence determinado braço. Tanto nos bons quanto nos maus momentos, a carta mostra o compartilhamento de experiências.

INVERTIDA

Mais uma vez, vários significados se apresentam. Em primeiro lugar, a carta pode mostrar a perda de alguma felicidade. Com frequência indica que algo esperado não aconteceu. Também pode significar o fracasso de uma amizade e, novamente, a decepção ao descobrirmos que amigos não nos apoiaram quando precisamos deles, ou então o rompimento com um grupo de amigos.

Outro significado mostra uma deturpação do original. Em vez de uma celebração compartilhada das alegrias da vida, encontramos o que Waite estranhamente chama de "excesso de deleite físico e prazer dos sentidos". Sem dúvida, com isso ele queria dizer que os valores mais profundos são ignorados. No entanto, vale a pena observar que a maioria das pessoas considera essa frase sobretudo uma predição, e não algo desagradável.

Figura 51

DOIS

De muitas maneiras, essa carta atua como uma versão menor do Enamorado. Enquanto o trunfo mostra o grande poder das relações sexuais maduras, a carta dos Arcanos Menores enfatiza o início de um relacionamento. No que se refere às leituras, essa não é uma regra inflexível. Muitas vezes, o Dois pode mostrar uma união ou uma amizade duradoura, talvez em um nível mais leve do que no Enamorado. No entanto, em estudos, e com maior frequência na prática, ele indica a promessa de amizade, o início de uma relação amorosa.

No trunfo, vemos o Anjo, símbolo da superconsciência. No Dois de Copas, vemos o leão alado acima do caduceu de Hermes, símbolo de cura e sabedoria. Em ambos os casos, a carta mostra como duas pessoas, ao unirem suas qualidades e habilidades individuais por meio do amor, produzem algo em sua vida além do que cada uma teria alcançado sozinha. O leão simboliza sexualidade, e as asas, o Espírito. O amor confere um significado maior ao impulso sexual, que nos leva até ele.

Na Parte Um deste livro, vimos que o Enamorado pode ser utilizado como um diagrama do eu unificado. Podemos considerar o Dois de Copas de maneira semelhante. Enquanto o homem simboliza a ação e o movimento, a mulher simboliza a emoção, a sensibilidade e uma análise da experiência. Ao unir essas duas qualidades, valorizamos nossa vida.

Vale notar a semelhança entre o homem e o Louco. Essas duas cartas apareceram vinculadas em uma leitura. A mulher, uma artista, queria saber qual direção seu trabalho deveria tomar. Estava interessada sobretudo em investigar se sua arte vinha de um centro real em sua vida ou era simplesmente um exercício intelectual. Outras cartas indicavam que ela havia alcançado um nível de domínio técnico em seu trabalho, enquanto o Louco a mostrava passando para outra área. Contudo, a presença do Dois de Copas era um sinal de que ela teria sucesso se associasse sua habilidade e suas explorações técnicas ao fundamento espiritual, simbolizado pela mulher.

INVERTIDA

De diferentes maneiras, a carta invertida mostra um colapso dos ideais, simbolizados na posição correta para cima. Isso pode significar um relacionamento amoroso ou uma amizade que de alguma forma não terminou bem, sobretudo em virtude de ciúme e quebra de confiança. Dependendo das cartas ao seu redor, pode significar um relacionamento ameaçado por pressões internas ou externas. Outra possibilidade é a paixão, quando as pessoas fingem para os outros ou para si mesmas que um relacionamento amoroso é mais importante do que na realidade é. De maneira semelhante, a carta invertida pode mostrar pessoas se comportando como se estivessem apaixonadas, quando, na verdade, uma delas ou ambas não está muito interessada.

Se olharmos para a carta como se significasse o eu, então, na posição invertida, ela indica uma separação entre o que fazemos e o que sentimos, entre ação e emoção.

Figura 52

ÁS

Partindo das emoções conflitantes do Rei, passando pelos vários equilíbrios entre celebração e passividade, finalmente chegamos ao Ás, símbolo do amor como sustentação da vida. O Ás de Copas tem o significado imediato de um tempo de felicidade e amor, uma dádiva de alegria. Assim como o fogo faz o mundo, o amor lhe confere valor.

A figura de Smith, com a pomba e a hóstia, mostra especificamente o Santo Graal, que conteria a presença física do Espírito Santo em ação no mundo. Nas versões mais sutis da lenda do Rei Artur, não era exatamente a cavalaria – ou seja, uma estrutura moral – que mantinha unido o glorioso reino do Rei Artur, e sim a presença secreta do Santo Graal, oculto no território. Quando o Graal os deixou (porque os cavaleiros de Artur fracassaram em se aproximar dele de modo espiritual), o reino se dividiu. De acordo com a alegoria, o mundo funciona essencialmente não por suas leis, sua ordem moral e suas estruturas sociais, e sim pela base espiritual que dá sentido a todas essas coisas e as protege da corrupção. Quando observamos a existência como algo a ser apenas conquistado (o modo como os cavaleiros de Artur buscavam o Graal), só obtemos o caos. As Copas – a Água – simbolizam a receptividade. O amor e, em última instância, a vida, não podem ser apreendidos, somente aceitos.

INVERTIDA

O Ás invertido sempre traz perturbação. Aqui, vemos infelicidade, violência e destruição – as mesmas condições representadas na lenda do Rei Artur quando o Graal deixou o reino. A carta invertida pode indicar simplesmente que os tempos se voltaram contra nós e que só podemos aceitar o fato de que a vida traz tanto problemas quanto alegrias. Ou então, a carta virada para baixo pode significar que nós mesmos causamos nossa infelicidade por não reconhecermos o que a vida nos oferece ou por reagirmos de maneira violenta quando precisamos de calma.

CAPÍTULO 9

ESPADAS

De várias maneiras, as Espadas são o naipe mais difícil. O próprio objeto, que é uma arma, significa dor, ira, destruição, e a imagem das Espadas ilustra sobretudo essas experiências. No entanto, uma espada também pode simbolizar o corte das ilusões e dos problemas complicados (vale lembra Alexandre, o Grande, cortando o nó górdio). Galahad, cavaleiro que alcançou o Santo Graal, só conseguiu iniciar sua busca espiritual depois de ter recebido a espada mágica de Merlin, o guia do reino. De modo semelhante, só podemos começar nossas próprias buscas por significado e valor na vida depois de aprendermos a reconhecer e aceitar a verdade, por mais dor que isso nos possa causar.

As Espadas pertencem ao elemento Ar, ou vento, muitas vezes visto como o mais próximo do Éter ou do Espírito. A palavra "espírito" refere-se diretamente ao termo "sopro" e, em hebraico, a palavra "espírito" é a mesma de "vento". Assim como o ar se move constantemente, a mente nunca repousa, gira e roda, às vezes violenta, outras vezes calma, mas sempre em movimento. Quem já tentou meditar sabe com quanta persistência ela se move.

Um problema ligado às Espadas é o do "pensamento infundado" ou o que poderíamos chamar de "complexo de Hamlet". A mente vê tantos aspectos da situação, tantas possibilidades, que a compreensão, para não falar da ação, torna-se impossível. Como nossa cultura sempre enfatizou a racionalidade, atualmente muitas pessoas consideram o pensamento em geral como a causa de todos os problemas da vida. Para elas, se simplesmente pararmos de pensar, tudo funcionará bem. Mesmo que algo semelhante fosse possível, o tarô nos diz que não nos beneficiaria. Não superamos o problema de um elemento banindo-o ou substituindo-o por outra coisa, mas combinando-o com outros elementos. O fato é que, quanto mais confusos estivermos, mais precisaremos de nossa mente, pois somente ela é capaz de revelar a verdade. No entanto, também temos de combinar o Ar com a Água – ou seja, a emoção com a receptividade. Temos de combiná-lo com o Éter, o Espírito, os valores profundos, baseados na verdade espiritual/psicológica que vemos incorporada aos Arcanos Maiores. Então, o problema do Ar muda para o Caminho, a sabedoria.

O problema mais evidente mostrado nas Espadas é o do sofrimento, da dor, da ira – o lado tempestuoso do Ar. Não podemos superar essas coisas ignorando-as, mas podemos adicionar às Espadas o otimismo dos Bastões e usar os Pentáculos para nos retirarmos de nossas emoções envolvendo-nos com o trabalho, a natureza e o mundo exterior.

(a)   (b)

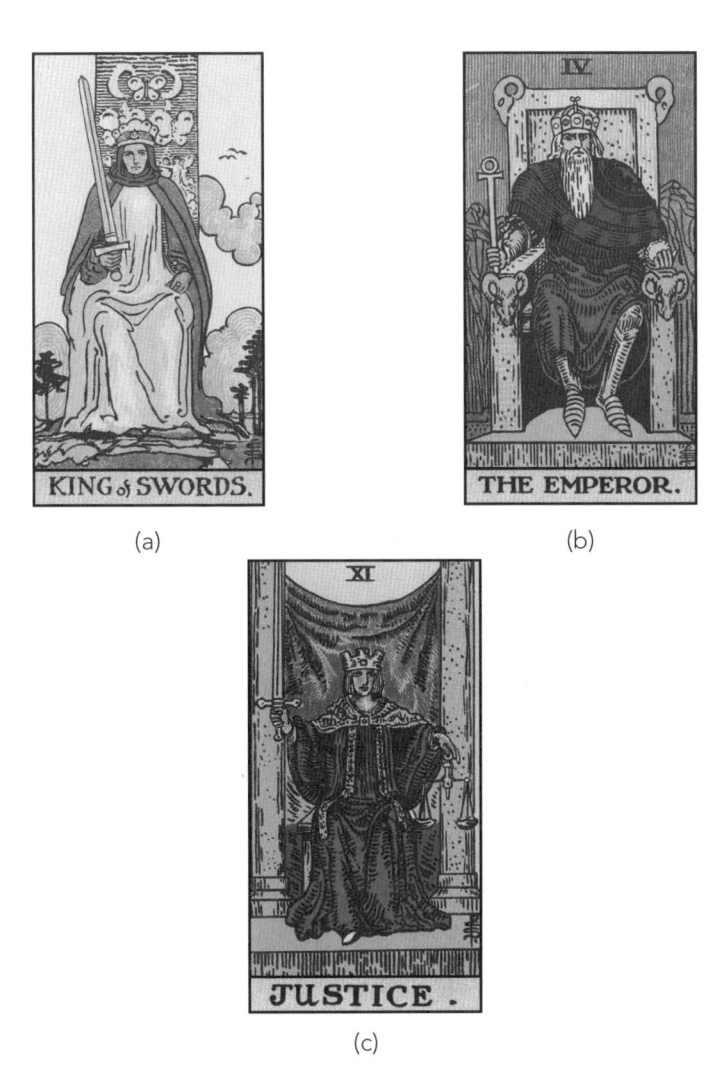

(c)

Figura 53

REI

Como mantenedor da estrutura social, o Rei representa autoridade, poder e julgamento. Ele recebe a energia mental do Ar e a emprega para defender e governar do mundo com a perspicácia de sua mente e a força de sua personalidade. Sua coroa é amarela, cor da energia mental, enquanto seu manto é púrpura, que representa a sabedoria. Sua cabeça é coberta por uma espécie de albornoz vermelho, cor da ação. O intelecto do Rei não existe por si só, e sim para o que ele pode *fazer*, como uma ferramenta de autoridade. Do mesmo modo, sua espada, ao contrário daquela da Rainha de Espadas ou da Justiça, não aponta em linha reta para cima, no sentido de pura sabedoria, mas pende ligeiramente para a direita, o lado da ação. A necessidade de agir de acordo com seus julgamentos tende a distorcer o poder do próprio julgamento, fato que podemos ver se compararmos a situação de um observador acadêmico da política com a de alguém que governa um país.

Além disso, a ênfase no "realismo" de cunho social pode estreitar seu ponto de vista até um materialismo muito limitado. É o que podemos observar no homem ou na mulher que se orgulha de um senso prático, sem tempo para "disparates místicos". Essas pessoas costumam ignorar o quanto seu pensamento depende de preconcepções e preconceitos, e não da observação da vida.

Vale notar a semelhança com o Imperador. Podemos chamar o Rei de representante do Imperador no mundo real. Enquanto o trunfo incorpora o arquétipo da ordem, da lei e da sociedade, o Rei de Espadas mantém esses princípios em prática.

Dois pássaros, emblema animal das cartas da corte no naipe de Espadas, voam atrás do trono. O pássaro simboliza a habilidade da mente para nos levar às alturas da sabedoria, removendo-nos do fogo da paixão, das águas da emoção ou da corrupção material terrena. Por outro lado, o número 2 simboliza a escolha, a constante tensão entre o pensamento abstrato e a ação a ser adotada no mundo.

Contudo, se os pássaros simbolizam a habilidade mental para se elevar acima do mundo, eles também simbolizam a distância que essa atitude pode produzir. Vale notar que o trono do Rei parece estar nas nuvens. Tal como o Rei de Bastões, o Rei de Espadas pode tender à arrogância. Sua mente e sua vontade poderosa o colocam acima das pessoas mais confusas ao seu redor. Em termos sociais, a imagem sugere a tendência do governo e dos governantes a separar seus julgamentos das necessidades reais do povo. Em termos mais pessoais, vemos o remoto Rei em homens ou mulheres severos, frios e críticos. Como marido ou amante, o Rei de Espadas costuma indicar uma pessoa dominadora ou controladora.

Em seu melhor sentido, o Rei de Espadas evoca a Justiça, carta que se localiza logo abaixo do Imperador nos Arcanos Maiores. Quando ligado a esse trunfo, o Rei representa a justiça social, leis sábias e, acima de tudo, compromisso com a honestidade intelectual e a necessidade de colocar o conhecimento em prática. Como a Justiça, e o único de todas as cartas da corte, ele nos observa diretamente, como um mestre de sabedoria forçando-nos a reconhecer e manter a verdade.

INVERTIDA

Virado para cima, o Rei percorre uma estreita linha entre o intelecto comprometido e o poder em causa própria. Invertido, ele tende a cair do lado errado da linha. Ele é a autoridade corrompida, a força usada para seus objetivos de poder e domínio.

Nas leituras, temos sempre de levar em conta essas imagens fortes. O Rei invertido (ou qualquer carta da corte invertida) pode simplesmente significar alguém em dificuldade. Associado à Rainha ou ao Cavaleiro, pode representar um relacionamento difícil ou a incapacidade de amadurecer (ver a seção de Leituras sobre as relações entre as cartas da corte do mesmo naipe). No entanto, por si só, ele simboliza a arrogância de uma mente poderosa voltada para si mesma e que reconhece apenas seu próprio desejo de controle.

Figura 54

RAINHA

Tal como o aspecto *yin* do naipe, a Rainha de Espadas simboliza experiências tanto de sofrimento quanto de sabedoria e, sobretudo, a conexão entre elas. Por ter vivenciado a dor (às vezes, a carta significa viuvez) e a enfrentado com coragem, aceitação e honestidade, ela descobriu a sabedoria.

A borla que pende de seu punho esquerdo (o lado da experiência) lembra uma corda cortada (compare com o Oito de Espadas, p. 254). Ela usou a espada de seu intelecto para libertar-se da confusão, da dúvida e do medo. Agora, embora encare o mundo com o cenho franzido, abre a mão pare ele. Ainda que as nuvens se aglomerem a seu redor, sua cabeça permanece acima delas, no ar límpido da verdade. Um pássaro, símbolo da pureza de sua sabedoria, voa alto sobre ela. Sua espada, como a da Justiça e do Ás, está ereta.

Como as mulheres sem poder costumam sofrer com as ações dos homens, a carta se refere especificamente ao sexo feminino. Em seu caráter, ela pode representar alguém de ambos os sexos, pois nem o sofrimento nem a coragem são limitados pelo gênero.

INVERTIDA

A Rainha invertida pode indicar uma ênfase excessiva no sofrimento, alguém que faz a vida parecer bem pior do que é por ignorar as coisas boas ao seu redor. Também pode mostrar uma mente forte que se tornou má, sobretudo como uma reação à dor ou à pressão a partir de situações ou pessoas desagradáveis. Às vezes, representa uma pessoa extremamente enérgica, que espera, e não apenas pede, que todos ao seu redor e até mesmo a própria vida façam o que ela quer.

Quando alguém se opõe a ela, a Rainha torna-se perversa, mesquinha, intolerante e, como o Rei, usa suas atitudes para impor sua personalidade às pessoas que a cercam. Representando um excesso de sofrimento ou egoísmo, ela perdeu o compromisso que tinha com a verdade quando aparecia com o lado certo para cima.

Figura 55

CAVALEIRO

Graças à sua juventude, o Cavaleiro é mais livre do que o Rei, em termos de responsabilidade social, e menos moderado do que a Rainha no que se refere à experiência. Ele cavalga em meio à tempestade, brandindo sua espada na ânsia de superar todas as dificuldades. Ele é valente, habilidoso e forte; no entanto, sempre tende à impetuosidade e até ao fanatismo e não reconhece limites.

Entretanto, com frequência não sabe como sustentar uma longa batalha. Espera que seus inimigos e os problemas da vida sucumbam a seu ataque e tem dificuldade para lidar com situações que requeiram uma dedicação constante e duradoura.

Sua ânsia sugere certa inocência, como a de um jovem cavaleiro que nunca perdeu uma batalha. Às vezes, sua valentia, sua habilidade e sua prontidão para encarar todos os problemas podem conter o medo de perder essa inocência, essa firme crença em si mesmo. Pois, intimamente, ele sabe que ainda tem de enfrentar e superar dificuldades maiores na vida. Em muitos aspectos, o Cavaleiro de Copas faz o oposto e dirige toda a sua energia para fora, talvez por sentir-se nervoso de ver-se em silêncio e sozinho consigo mesmo.

INVERTIDA

Tal como ocorre com o Rei e a Rainha, suas fraquezas predominam. Ele é extravagante, descuidado e excessivo. Seu ataque se intensifica, uma reação equivocada a uma situação que pede uma abordagem mais tranquila e cuidadosa.

Figura 56

VALETE

Bem mais leve do que as outras cartas da corte de Espadas, o Valete aborda os problemas de maneira muito diferente do Cavaleiro (vale notar que, enquanto o Rei e a Rainha enfatizam a sabedoria, as duas cartas "mais jovens" tratam das qualidades de conflito mais imediatas das Espadas). Em vez de enfrentá-los, ele acha suficiente colocar-se acima deles e encontrar uma posição vantajosa. Em vez de resolver conflitos ou encontrar oposição, ele se afasta.

Se a situação pedir uma abordagem tranquila como essa, então a atitude desprendida do Valete é muito benéfica. Porém, se o problema for mais complicado, será difícil manter a prática do Valete. Para usar o termo de Waite, ele requer "vigilância", garantindo que pessoas ou situações não se aproximem demais. Muito da energia do Valete vai para seu estado de alerta. Como um estudante um pouco mais velho, Hamlet incorporou a atitude de observação e a ironia do Valete. No entanto, sua situação pedia a abordagem agressiva do Cavaleiro.

Em razão de seu desprendimento, às vezes o Valete pode permitir-se espionar pessoas, tanto no sentido literal quando no figurado, como uma atitude em relação à vida. Em outras palavras, ele pode olhar para a vida humana como uma espécie de espetáculo curioso, do qual ele próprio não espera fazer parte.

INVERTIDA

Aqui vemos o efeito da atitude distante do Valete em uma situação que requer mais força. A vigilância se transforma em paranoia; todo mundo parece inimigo. O que começou com um sentimento de "estou acima de tudo isso, não preciso me envolver nessa questão" torna-se uma obsessão com problemas e uma aparente incapacidade para resolvê-los. Esses sentimentos de fraqueza são endêmicos nas Espadas, que precisam dos Bastões para terem coragem e otimismo.

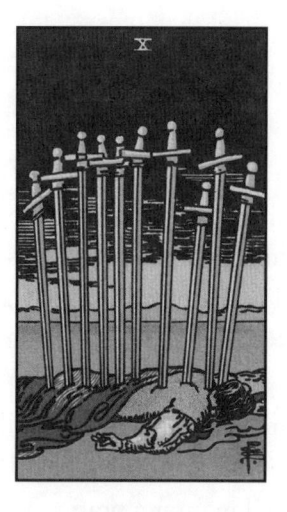

Figura 57

DEZ

Do céu azul das cartas da corte à escuridão do Dez e do Nove. Assim como o Dez de Copas se mostra transbordante de alegria, o Dez de Espadas nos inunda de dor. Apesar do cenário radical, a carta não representa a morte nem mesmo a violência. Significa mais uma reação aos problemas do que os problemas em si.

Uma única espada é suficiente para matar alguém. As dez espadas no corpo do homem, incluindo uma em seu ouvido, sugerem histeria e atitudes adolescentes, do tipo: "ninguém jamais sofreu como eu", "minha vida acabou", e assim por diante. Vale notar que, ao contrário do Nove, o céu clareia ao longe e as nuvens escuras dão lugar ao brilho do sol, e que, ao contrário do Cinco ou do Dois, as águas são tranquilas. A situação não é tão ruim quanto parece.

INVERTIDA

Invertendo a posição da carta, podemos imaginar as espadas caindo das costas do homem. Waite descreve essa circunstância como êxito e vantagem, mas não permanentes. Essas ideias sugerem que, quando a situação muda, os problemas podem desaparecer por um momento. No entanto, a pessoa tem de aproveitar esse alívio e fazer uma mudança real em sua condição, tanto prática quanto mental, dependendo da necessidade, de modo que a situação não volte a seu estado anterior. A carta traz uma relação com o Dez de Bastões invertido, no qual vimos o perigo de pegar as varas novamente, depois que a situação se acalmou.

Figura 58

NOVE

A imagem do mais profundo sofrimento, da máxima dor mental. Enquanto a Rainha se liberta, transformando a tristeza em sabedoria, e o Três sugere a tranquilidade da aceitação, o Nove mostra o momento de agonia, de dissolução. As espadas não estão cravadas nas costas da mulher, mas pendem na escuridão acima dela. Muitas vezes, o Nove se refere não a algo que acontece diretamente conosco, e sim com alguém que amamos.

De fato, o amor preenche essa carta e lhe dá seu significado. O desenho da colcha mostra rosas, símbolo da paixão, alternadas com os signos do zodíaco. Em seu sentido mais profundo, a carta exibe uma mente que assume todos os sofrimentos do mundo, o *Lamed Vav* ou "Homem Justo" da lenda judaica.

Existe saída para uma dor tão terrível? Tanto Buda quanto Cristo apresentavam o mundo como um lugar de infinito sofrimento, mas ambos também diziam que a tragédia é sempre uma meia verdade e que o universo, visto como um todo, traz alegria e paz. Nietzsche escreveu que, se aceitássemos integralmente nossa existência, com total honestidade extática, ficaríamos felizes em repetir infinitas vezes cada momento de nossa vida, apesar da dor.

INVERTIDA

Para o Nove invertido, Waite apresenta uma de suas fórmulas mais sugestivas: "Reclusão, desconfiança, dúvida, medo razoável e vergonha". Essas palavras delineiam um estado de espírito ou, antes, uma progressão de estados que ocorrem quando as pessoas se fecham em si mesmas para evitar um problema que não ousam enfrentar.

Assim como acontece com a carta virada para cima, a invertida trata de nossa reação a algo fora de nós mesmos, mas aqui ela é mais opressão do que tragédia. A expressão-chave é "medo razoável", que pode referir-se, por exemplo, a opressão política (como de minorias raciais ou sexuais), social (o sentimento de ser um bode expiatório em virtude da aparência, do modo de falar etc.) ou simplesmente a opressão pessoal de uma família ou parceiro dominador. O importante é que se trata de um problema real, mas como não podemos enfrentá-lo diretamente, tendemos a nos esconder em nós mesmos, guardando nossa raiva e nosso ressentimento.

A raiva que se volta para si mesma torna-se depressão e, a partir disso, desconfiança. Quem foi motivo de risada na infância por ter nariz grande acha que todos estão olhando para ele. Quem é negro acredita que qualquer reclamação no trabalho é uma injúria racial. E a desconfiança leva facilmente à insegurança e à vergonha. Muitas vezes, nem sequer ajuda, pelo menos não completamente, se soubermos de maneira racional que não temos razão para sentir vergonha, e que, na verdade, quem deveria envergonhar-se é quem nos ridiculariza ou oprime. A menos que a pessoa oprimida e insegura tome uma atitude, expresse sua raiva e faça mudanças reais em sua vida, a vergonha profunda e oculta permanecerá.

Figura 59

OITO

Do Nove invertido passamos para uma imagem ainda mais clara de opressão. Vemos uma pessoa amarrada, cercada de espadas e com um castelo – símbolo de autoridade – atrás dela. Ela está em pé, em meio a um lamaçal, uma imagem de humilhação e vergonha. No entanto, vale notar que as espadas não a aprisionam, e as cordas não prendem suas pernas. Além disso, as pessoas que a amarraram não aparecem na carta. Em resumo, nada a impede de fugir.

A pista para essa carta é a venda nos olhos, que simboliza confusão, ideias opressoras e isolamento em relação a outras pessoas em situações semelhantes – o que os políticos liberais chamam de "mistificação", ou seja, manter as pessoas submissas não pela força direta, mas treinando-as para que elas acreditem em seu próprio desamparo. Com notável capacidade do tarô para resumir uma situação complexa, a carta quase representa um diagrama da condição de opressão.

Em um nível bem diferente, o Oito de Espadas atua como um Portal para uma consciência especial. Ao nos identificarmos com ele, passamos a sentir nossa própria condição de ignorância, algo que muitas pessoas reconhecerão intelectualmente (paradoxo dos paradoxos), mas, no fundo, não o aceitarão. Como vivemos limitados por nossas necessidades físicas, pelas restrições de nossos sentidos e pelo condicionamento da linguagem e da cultura, só conseguimos conhecer a realidade por meio de filtros. Sem a iluminação ou aquilo que alguns sufis e outros chamam de "evolução consciente", nunca poderemos conhecer de fato a nós mesmos ou o mundo nem dizer: "Essa é a verdade; esse é o modo como as coisas realmente são". Reconhecer a própria ignorância é o primeiro passo (e, muitas vezes, o mais difícil) rumo ao verdadeiro conhecimento.

INVERTIDA

A liberdade começa quando tiramos a venda dos olhos e vemos claramente como chegamos a determinada situação, o que fizemos, o que os outros fizeram (sobretudo os que nos prenderam, mas também outros em situações semelhantes) e o que podemos fazer a respeito nesse momento. Em geral, o Oito invertido significa libertação de uma situação de opressão e se refere principalmente ao primeiro passo para essa libertação, ou seja, ver as coisas da forma mais clara possível.

Figura 60

SETE

O tema da batalha continua. Aqui, vemos a imagem de uma pessoa reagindo a certos problemas. Às vezes, a carta significa simplesmente um ato de ousadia ou até mesmo um golpe que atenua a oposição. Com mais frequência, representa um ato impulsivo quando um planejamento se faz necessário.

A imagem nos mostra uma pessoa sorrindo ao fugir com as armas do inimigo. Ele não atacou o acampamento, nem sequer consegue carregar todas as espadas. A carta sugere esquemas e ações que não resolvem nada. Não tão óbvio, mas às vezes mais importante, é o sentido de isolamento envolvido. Ele age sozinho, incapaz de receber a ajuda de alguém ou não querendo recebê-la.

Indo um pouco mais além, essa carta pode indicar astúcia, mas com o defeito de costumar esconder, geralmente sem uma razão concreta, os verdadeiros planos ou as intenções de alguém.

INVERTIDA

O isolamento muda de direção para se tornar comunicação, sobretudo em busca de conselhos sobre como resolver os problemas de alguém. Por mais valiosas que possam ser as instruções específicas, a disposição da pessoa para ouvir e procurar ajuda também é importante. Às vezes, a carta pode referir-se ao *ato* de encontrar ajuda, como consultar um leitor, um terapeuta ou simplesmente os amigos.

Como todo o restante, o valor da imagem depende do contexto. Quando a autoconfiança é necessária, o Sete de Espadas invertido pode implicar uma dependência excessiva dos outros, que nos dizem o que fazer. Quando a carta invertida aparece em oposição ao Louco ou ao Pendurado, temos de olhar para as outras cartas para determinar qual caminho – independência ou aconselhamento – produzirá os melhores resultados.

Figura 61

SEIS

Mais do que qualquer outra, essa carta traz uma imagem estranha e forte que ilustra como os desenhos de Pamela Smith vão além das fórmulas de Arthur Waite. *The Pictorial Key* (A Chave Ilustrada do Tarô) diz: "Viagem por água, estrada, caminho, expediente". No entanto, a figura de uma barca ao anoitecer, transportando figuras envoltas em mortalhas rumo a uma ilha arborizada, sugere uma jornada mais espiritual – na mitologia, Caronte transportando os mortos pelo rio Estige. Um grande silêncio preenche a carta, como o das pinturas de Salvador Dali.

Normalmente, essa carta não significa morte, embora possa indicar luto. Tampouco mostra uma transformação, no sentido da Morte nos Arcanos Maiores. Em vez disso, ilustra uma passagem tranquila por um período difícil. Waite diz: "A carga é leve"; e Eden Gray escreve: "As espadas não sobrecarregam o barco". Embora carreguemos nossos problemas conosco, nós nos adaptamos a eles, que não nos afundarão nem forçarão para baixo. Em um nível simples, isso significa agir em uma situação difícil sem enfrentar os problemas. Pode referir-se a um problema imediato ou a uma situação que se estendeu por vários anos. Observando mais à fundo, vemos a imagem de um longo sofrimento – o luto é um exemplo, mas não o único –, que uma pessoa sentiu por muito tempo, mas que já não lhe causa dor, pois se tornou parte de sua vida.

Há outro significado, menos perturbador: o de uma passagem tranquila, física (por certo, o significado literal de jornada não deve ser esquecido) ou espiritualmente, em um período de fácil transição. Vale notar a vara preta do barqueiro. A cor preta indica potencialidade. Quando nada de definitivo aconteceu, tudo permanece possível. Estando calmos, não desperdiçamos energia nem oportunidades.

O Seis de Espadas é um Portal. Se olharmos para ele com sensibilidade e entrarmos na figura, sentiremos um efeito de tranquilidade na mente e, mais tarde, lentamente, uma sensação de movimento em nosso eu interior.

INVERTIDA

De certo modo, o equilíbrio e a paz são perturbados; a travessia não é mais serena, pois a água, símbolo da emoção, torna-se agitada. Assim, a carta invertida pode sugerir uma jornada tempestuosa, tanto física quanto espiritualmente. Também pode referir-se à ideia de que, quando tentamos enfrentar um problema de longa data e que, sobretudo, seja aceito por todas as outras pessoas, agitamos a situação. Por exemplo, um relacionamento insatisfatório ou opressor pode se arrastar tranquilamente por anos até um dos membros decidir fazer alguma coisa. Tentar retirar as espadas da barca poderá afundá-la, pois elas, no final das contas, estão tapando os buracos.

De outro modo, o Seis invertido pode mostrar comunicação, lembrando-nos de que, com o lado certo para cima, as pessoas mantêm a compostura por não falarem nem olharem para as outras. Se as espadas simbolizam memórias tristes e o silêncio é uma defesa, então a comunicação pode ser dolorosa. Também pode iniciar a cura.

Figura 62

CINCO

Uma das cartas mais difíceis e uma das razões pelas quais algumas pessoas consideram o Tarô Waite-Smith muito negativo. No entanto, ela reflete uma situação real, que a maioria das pessoas viverá em algum momento de sua vida.

Todas as cartas de número 5 mostram um conflito ou uma perda. As Espadas levam essa ideia ao extremo da derrota. Às vezes, o significado da carta se concentra no personagem maior em primeiro plano – o vencedor. Com mais frequência, identificamo-nos com as duas figuras de costas, que perderam alguma batalha. Nesse momento, o mundo inteiro pesa sobre elas – a água agitada, o céu recortado por nuvens. Uma sensação de humilhação e de fraqueza acompanha sua derrota.

A imagem de um inimigo pode referir-se a uma pessoa real, a uma situação geral ou a um sentimento interior de inadequação. Certa vez, fiz uma leitura para duas pessoas que tinham sofrido nas mãos de um chefe perturbado e vingativo e queriam saber se deveriam processá-lo. Decidiram não o fazer quando o Cinco de Espadas indicou que não teriam sucesso. Mais tarde, outras pessoas processaram o homem pela mesma má conduta e perderam a causa.

INVERTIDA

O caráter doloroso permanece, embora a ênfase possa mudar. Enquanto a posição correta para cima indica o momento da derrota, a invertida o estende para o desespero sentido posteriormente. É um estado difícil de superar, embora outras influências possam ajudar, em particular aquelas simbolizadas pelos Bastões.

As Espadas são mais pessimistas do que quaisquer outras cartas nos Arcanos Maiores. Considerados isoladamente, nenhum naipe dos Arcanos Menores pode mostrar o verdadeiro equilíbrio da vida. Eles dividem a experiência em partes e, por conseguinte, distorcem e exageram. Mais do que qualquer outro naipe, um excesso de Espadas tem de ser equilibrado com experiências e atitudes de elementos dos outros naipes.

Figura 63

QUATRO

As cartas de número 4 estão relacionadas à estabilização. Para as infelizes Espadas, isso se traduz como repouso ou até mesmo recolhimento. A imagem mostra não a morte, mas um afastamento. Às vezes, as pessoas reagem às dificuldades isolando-se, literalmente escondendo-se em suas casas ou apenas reprimindo suas reações emocionais para escondê-las dentro de si mesmas. Certa vez, essa carta apareceu em uma leitura para um homem acostumado a lidar vigorosamente com todos à sua volta. A carta lhe mostrou que, quando sua agressividade falhava ou sua máscara de confiança se tornava pesada demais, ele se escondia do mundo em vez de mostrar seu outro lado ou tentar trabalhar com outras pessoas.

No entanto, o isolamento também pode levar à cura se o objetivo não for esconder, e sim recuperar a força. A carta pode significar abster-se de lutar até que haja uma melhor chance de vencer. De maneira semelhante, ao se afastar por um período após uma dor profunda, a pessoa dá a si mesma a chance de se recuperar.

Vale notar que o cavaleiro está deitado em uma igreja e que a janela mostra Cristo dando uma bênção de cura ao suplicante. A imagem sugere o Rei Pescador da lenda do Santo Graal, cujo ferimento físico refletia a doença espiritual do reino. A figura também lembra a Bela Adormecida. Esses dois personagens precisavam de alguém de fora para despertá-los. O Rei estava doente até Galahad lhe trazer a bênção do Graal; e a princesa, símbolo de um medo neurótico da vida, permaneceu adormecida até o príncipe, recusando-se a ser impedido pela cerca de espinhos (os neuróticos usarão a força de sua personalidade para erguer barreiras contra outras pessoas), desperta-a com a energia sexual da vida (na versão da Disney, ele a beija; nos contos de fadas populares, ele tem relações sexuais com ela). Mesmo com o objetivo de recuperação, o recolhimento pode desligar a pessoa do mundo, criando uma espécie de feitiço que apenas uma energia externa pode romper.

INVERTIDA

Invertida, essa carta mostra um retorno ao mundo. Se ele se dará de maneira tranquila ou dramática, dependerá da situação. Às vezes, a carta se refere à precaução, como se o cavaleiro emergisse cuidadosamente de seu santuário. Em outras ocasiões, o Quatro invertido pode representar outras pessoas observando e rompendo a barreira – o príncipe indo atrás da Bela Adormecida.

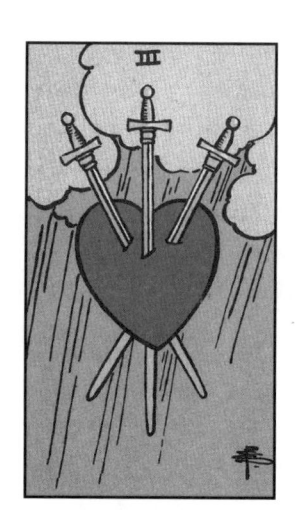

Figura 64

TRÊS

O título da Aurora Dourada para essa carta é "Tristeza". De todas as cartas de Espadas, o Três é a que representa de modo mais simples a dor e o coração partido. No entanto, em razão de toda a sua melancolia, a imagem confere certa calma à simetria de suas espadas. Perante a verdadeira tristeza, podemos ter apenas uma reação: receber a dor em nosso coração, aceitá-la e superá-la. O Nove levantou a questão de como continuar depois de um grande sofrimento. O Três nos diz que não devemos empurrar a dor para fora de nós, e sim, de algum modo, recebê-la em nosso íntimo até ela ser transformada pela coragem e pelo amor.

Certa vez, em uma leitura para mim mesma, depois da morte de um familiar, o Três de Espadas apareceu atravessado pelo Três de Copas. Inicialmente, pensei que o significado disso seria a alegria e a amizade contra a tristeza. No entanto, duas cartas do mesmo número costumam indicar uma transformação. E, de certo modo, a carta cruzada geralmente vem da primeira. Observando a leitura com mais atenção, vi as duas ligadas, e não opostas. Aceitação e amor podem transformar a dor em uma memória alegre que abraça a vida.

INVERTIDA

O processo de cura é bloqueado quando combatemos a aceitação. Se algo na vida parece doloroso demais, podemos repeli-lo, tentar não pensar nele e evitar todas as lembranças. Esse tipo de atitude mantém a dor sempre em nós e, de fato, aumenta seu poder sobre nós. Waite escreve: "Alienação mental... desordem, confusão". Certa vez, uma leitura para uma mulher mostrava um grande potencial de desenvolvimento em muitas áreas, mas o resultado pareceu bem medíocre e fraco. Em segundo plano estava o Três de Espadas invertido. Anteriormente, a mulher havia mencionado que nunca superara a morte de seu pai.

(a) (b)

Figura 65

DOIS

Um método para lidar com problemas ou a oposição é repelir tudo para além da barreira da emoção. Se não deixarmos que nada se aproxime de nós, nada poderá nos machucar. Ao contrário do Oito, nesse caso a venda mostra não uma confusão, mas um fechamento deliberado dos olhos. O personagem a amarrou em si mesmo, de modo que não terá de escolher entre um amigo e um inimigo, pois essa escolha se torna o primeiro passo para envolver-se novamente com outras pessoas. As espadas estão prontas para golpear quem tentar se aproximar. Elas representam a raiva e o medo criando um equilíbrio precário. Uma quer atacar, enquanto a outra quer esconder. Assim, a pessoa permanece tensa entre ambas.

Vale notar, no entanto, o efeito dessa postura sobre a mulher. Em primeiro lugar, os braços cruzados fecham seu coração. A imagem das emoções bloqueadas continua no modo como o vestido cinza parece fundir-se à pedra que serve de assento. Ao mesmo tempo, as pesadas espadas elevam o centro de gravidade do plexo solar ao tórax. Quando uma pessoa refreia suas emoções, a respiração se torna mais superficial, e o corpo se enrijece. Paradoxalmente, a tentativa de parar a emoção deixa a pessoa mais emotiva, como se pensasse e agisse não a partir do centro, mas do peito contraído; enxergando não o mundo, mas sua própria imagem atrás da venda.

Comparemos o Dois de Espadas com a Sacerdotisa, número 2, nos Arcanos Maiores. Os personagens estão sentados em posturas semelhantes, mas enquanto a Sacerdotisa parece relaxada, a tensão cobre o Dois de Espadas. Um véu separa a Sacerdotisa das águas do inconsciente escondido atrás dela. Nenhum véu protege a mulher vendada das águas de suas emoções perturbadas. No entanto, essa extensão de águas rasas não é a mesma que se encontra atrás da Sacerdotisa.

O peso das espadas pode derrubar com mais facilidade a mulher nas águas agitadas. Como isso faz com que nos concentremos nas emoções, uma atitude defensiva nos torna mais propensos a explosões, à ira e à histeria. Também podemos comparar o Dois de Espadas com a Justiça, de número 11, cujos algarismos somados dão 2. A Justiça carrega uma Espada, representando uma mente afiada, mas não usa venda nos olhos, pois prefere a absoluta honestidade.

INVERTIDA

O equilíbrio se perdeu – ou foi abandonado. O indivíduo é derrubado por pessoas ou problemas que atacam suas defesas, ou então a venda é deixada de lado para que se enxergue a verdade ou se estabeleça uma comunicação.

A última experiência pode se mostrar muito emocional e até devastadora se a pessoa não receber ajuda externa.

Figura 66

ÁS

A última (ou primeira) carta de Espadas nos direciona para a verdadeira essência do naipe: o intelecto. Apontando para cima, onde se encontra a verdadeira percepção, a espada atravessa a coroa do mundo material. A sabedoria nos leva para além das ilusões e das limitações, rumo à verdade espiritual contida na vida. Muitas das cartas de Espadas sofrem da ilusão de que a vida contém apenas tristeza e dor. As montanhas simbolizam a "verdade abstrata", fatos objetivos da existência, independentemente do ponto de vista e da experiência pessoais. Os Arcanos Maiores retratam essa verdade para nós. Mais do que qualquer outra carta dos Arcanos Menores, o Ás de Espadas alcança o quinto elemento. No entanto, o intelecto sozinho, divorciado da intuição, levará apenas a mais ilusão. Para encontrar a verdade, precisamos do Ás de Copas, ou seja, de amor. Contudo, apenas o intelecto pode nos levar para além da experiência imediata.

Muitas pessoas sustentam que somente nossas emoções exprimem nosso verdadeiro eu, que somente as reações emocionais nos conduzirão à verdade. Porém, com frequência, as emoções são exageradas, egoístas ou autocomplacentes. Mas o intelecto sozinho tampouco trará a verdadeira consciência. Tanto a verdade quanto a consciência têm de provir de um nível mais profundo de valores espirituais e da experiência. Assim, mãos saem das nuvens, levando-nos de volta ao Espírito.

O simbolismo da verdade também vale para experiências mundanas. Em situações confusas, emocionais ou opressoras, a mente pode atravessar a névoa e os nós para dar uma compreensão clara dos fatos. A verdade expressa o Ás em sua forma mais valiosa. Em outro nível, a carta significa simplesmente força emocional, amor e ódio em formas extremas. Vale notar a empunhadura firme. As emoções também são uma dádiva que nos permite viver a vida intensamente, mas são sempre difíceis de serem controladas e mais ainda de serem dirigidas. Para pessoas que sofreram algum tipo de abuso, concentrar-se no Ás de Espadas pode ter o efeito de trazer à superfície a raiva reprimida.

INVERTIDA

A empunhadura já não é tão firme, traz ilusão, ideias e sentimentos confusos, além de emoções avassaladoras. Os sentimentos mais violentos superam os benevolentes. Sem um senso claro da realidade, a mente pode se tornar presa dos erros criados pela emoção. Problemas são exagerados; tudo, incluindo as atrações, parece ser mais importante do que na realidade é. Nessas situações, o Ás de Espadas invertido nos diz para nos controlarmos e tentarmos encontrar um senso equilibrado de realidade.

CAPÍTULO 10

PENTÁCULOS

Nossa cultura tem uma longa história de desprezo pelo mundo físico. Vemos a criação de Adão a partir do barro como uma humilhação — "das cinzas às cinzas, do pó ao pó". Insultamos pessoas, "tratando-as como lixo". As emoções e os pensamentos abstratos são considerados "superiores" a qualquer coisa que de fato exista. No entanto, assim como uma pintura é o resultado da concepção do artista, podemos ver o mundo mortal como o produto da força criativa de Deus. Para nós, a criação significa o mundo de nossos sentidos. No entanto, por mais longe que possamos viajar em meditações espirituais, temos de começar e voltar *para cá* — ou nos perderemos no processo.

Um famoso conto cabalístico ilustra essa necessidade de "estar ligado à terra". Com estudo e meditação, quatro rabinos entraram no Paraíso. O rabino Ben Azai experimentou um êxtase tão intenso que morreu na hora. O rabino Ben Zoma, inundado pelo fluxo da experiência, enlouqueceu. O rabino Ben Abuysh viu o que pareciam ser dois deuses, uma contradição do dogma básico ou do monoteísmo, e, por isso, tornou-se apóstata. Apenas o rabino Akiba entrou e saiu em paz. Podemos explicar essa história nos termos do simbolismo do tarô. O rabino Ben Azai foi longe demais na direção do Fogo e acabou se queimando. O rabino Ben Zoma permitiu que suas emoções (Água) superassem sua razão. O rabino Ben Abuysh, desequilibrado pela energia das Espadas, interpretou de forma muito literal o que viu e leu nas Escrituras. O rabino Akiba, capaz de equilibrar os outros elementos na Terra, compreendeu sua experiência no modo verdadeiro.

Em sua forma primitiva de Moedas, os Pentáculos representavam sobretudo o materialismo no sentido estrito de dinheiro e trabalho. Ainda vemos essas importantes características no baralho Waite-Smith. Com efeito, os Pentáculos carregam o problema de nos envolvermos tanto com essas coisas que nos esquecemos de todo o restante – em certo sentido, o inverso do rabino Akiba. No entanto, o baralho Waite-Smith acrescenta ao quarto naipe a dimensão maior da natureza. Estabelecemo-nos não apenas em nosso trabalho, mas também no amor pelo mundo ao nosso redor.

Como um sinal mágico, os Pentáculos simbolizam a "magia" da criação comum. Em uma interpretação simples, isso significa a beleza da natureza, a alegria do trabalho que causa satisfação. No entanto, o simbolismo traz um significado mais profundo, sugerido na história do rabino Akiba. O místico ou mago não estabelece simplesmente o eu de maneira negativa, usando o mundo como o oposto da experiência espiritual. Ao contrário, por conter uma realidade mais firme do que outros elementos e não conduzir com tanta facilidade à confusão ou a uma concepção errônea, o mundo natural abre o caminho para uma experiência mais mística.

Por uma espécie de lei de reciprocidade, a banalidade da vida cotidiana garante que essas coisas possuam uma "magia" maior do que as atrações mais imediatas dos outros elementos. É difícil compreender esse paradoxo instantaneamente. Temos de refletir sobre ele e vivenciá-lo. Dois fatos sobre os Pentáculos/a Terra sugerem seu verdadeiro valor. Em primeiro lugar, em um estudo de líderes religiosos antigos e modernos, o astrólogo Ronnie Dreyer descobriu que os signos da Terra predominam em seus mapas. Em segundo, os Pentáculos contêm mais cartas Portais do que qualquer outro naipe.

(a)   (b)

Figura 67

REI

O caráter mundano dos Pentáculos combina muito bem com a responsabilidade social do Rei, que nos apresenta a autêntica imagem do homem de negócios ou profissional bem-sucedido. O modo casual como ele está sentado em seu trono e a devoção com a qual olha para seu pentáculo – aqui, símbolo de suas capacidades e realizações – mostram que está satisfeito com a vida. Ele é generoso e até corajoso, embora não especialmente inclinado a aventuras. O papel do Rei não o frustra como acontece com o Rei de Bastões e o de Copas. Talvez em um estágio anterior de sua vida e de sua carreira ele possa ter sofrido de impaciência ou dúvida. Nesse momento, seu sucesso justifica sua vida e lhe permite relaxar e aproveitá-la.

Desfrutar da vida também significa aproximar-se da natureza. Embora seu castelo – símbolo de seu lugar dominante na sociedade – se erga ao fundo, ele está sentado em seu jardim, com flores na coroa e uvas – símbolo da doçura da vida – decorando seu traje. As próprias folhas e flores parecem fundir-se a seu manto, assim como a água fluía no vestido da Rainha de Copas. A vida é boa para ele, que pretende desfrutá-la.

Certa vez, em uma leitura de tarô, o Louco apareceu atravessado pelo Rei de Pentáculos (as duas cartas têm esquemas de cores muitos semelhantes). A conjunção forma um ótimo exemplo do que chamo de "tempo vertical e horizontal", ou seja, os mundos interior e exterior. O Rei simboliza a atividade comum, realizações, posição social e sucesso, enquanto o Louco representa a liberdade espiritual interior que permite a uma pessoa desfrutar dessas coisas e basear-se nelas sem ficar presa a uma estreita visão materialista. Considere duas pessoas com os mesmos mundos exteriores – ambas bem-sucedidas, respeitadas e ricas. Contudo, internamente, uma pode ser tensa, frustrada ou receosa, enquanto a outra permanece alegre e em paz.

Se virmos o Louco como o início dos Arcanos Maiores e o Rei de Pentáculos como a última carta dos Menores, então os dois estão nas extremidades opostas do tarô. Entretanto, essa polaridade se aplica apenas se considerarmos as cartas em uma linha. Se as concebermos em um círculo, o Louco e o Rei de Pentáculos se unem.

INVERTIDA

O Rei está destinado ao sucesso. Sua inversão sugere fracasso ou simplesmente mediocridade. A falta de realização traz insatisfação, sensação de fraqueza e dúvida. De outro ponto de vista, podemos ver o Rei invertido como símbolo da ideia de sucesso corrompido, a imagem do homem ou da mulher que usará todos os recursos para alcançar seus objetivos.

Se descrevermos o Rei de Pentáculos como alguém que precisa de uma conexão vital com a natureza (nem todos necessitam dela, apesar dos pressupostos contemporâneos), o Rei invertido representa o estado de quem foi eliminado desse fluxo rejuvenescedor. Também nesse caso, o rompimento resulta em insatisfação, fraqueza e até em risco psíquico.

(a)   (b)

Figura 68

RAINHA

Enquanto o Rei está sentado diante de um castelo, o trono da Rainha, emoldurado por rosas, está em meio a um campo. Enquanto o Rei olha de relance para seu Pentáculo, a Rainha segura o seu com ambas as mãos, profundamente consciente da magia na natureza e da força que dela recebe. Mais do que qualquer outra carta dos Arcanos Menores, ela representa um amor pelo mundo e a união com ele. O coelho no canto inferior direito representa não apenas fertilidade sexual, mas também fecundidade de uma vida que encontrou seu próprio ritmo no mundo ao seu redor.

Suas qualidades, bem como seu simbolismo sexual, a relacionam com a Imperatriz, protetora dos Pentáculos. Ao mesmo tempo, como personagem dos Arcanos Menores, ela traz uma característica que falta ao trunfo arquetípico da paixão: a autoconsciência. Ela se conhece e acredita em si mesma e na magia de sua vida. Nas leituras, com frequência essa qualidade de autoconfiança se mostrará como a mais importante.

Se o Rei está ao lado do Louco, então a Rainha se posiciona junto ao Mago. Como ele, ela veste uma túnica vermelha sobre uma camisa branca; ambos são emoldurados por folhas e flores; um céu amarelo brilha atrás de cada um deles. Enquanto o Mago manipula as forças ocultas no mundo, a Rainha de Pentáculos se une a essas forças, permitindo-lhes fluir através dela em sua vida cotidiana.

INVERTIDA

Nas leituras, a Rainha invertida pode significar que a pessoa não confia em si mesma em uma situação específica. Em termos mais gerais, ela se refere a uma fraqueza psíquica, pois isolar a Rainha de sua conexão vital com a terra resulta, mais do que com o Rei, em nervosismo e confusão. Ela se amedronta, sente até fobia e desconfiança em relação aos outros e, em especial, em relação a si mesma, duvidando de suas habilidades e de seu valor como pessoa. Essa separação significa mais do que estar isolada das plantas e dos animais. Significa, antes, uma perda do ritmo diário da vida, uma insatisfação com o ambiente como um todo e uma incapacidade de apreciar o que ele tem a oferecer.

Em uma leitura, a Rainha invertida não apenas indica essas características no consulente, mas também sugere um remédio duplo. Em primeiro lugar, um incremento da confiança. Além de enfatizar suas realizações e boas qualidades, a pessoa pode fazer isso por meio da meditação com a Rainha virada para cima. Em segundo, uma ancoragem das emoções nas coisas naturais, nos prazeres comuns e no trabalho gratificante.

Figura 69

CAVALEIRO

A responsabilidade do Cavaleiro pela ação evidencia as qualidades práticas do naipe. Ao mesmo tempo, negar a propensão natural do Cavaleiro à aventura tende a distorcer e estreitar sua atitude em relação à vida. Ele é responsável, esforçado e resignado. Em seu melhor sentido, está profundamente enraizado no mundo exterior e na simplicidade, uma qualidade sugerida pelo modo como seu cavalo está firme no solo, com seu cavaleiro montado em posição ereta.

Embora ele também segure um pentáculo, não olha para ele, mas por cima dele. O simbolismo sugere que ele perdeu de vista a fonte e o significado de sua força na vida. Ao se dedicar a questões puramente práticas, isolou-se das coisas mais profundas da Terra.

INVERTIDA

Às vezes, o Cavaleiro invertido pode significar um despertar das outras consciências. Com mais frequência, mostra um fracasso – ou exagero – das virtudes mais óbvias do Cavaleiro. Sua estabilidade desacelera até alcançar a inércia, e sua responsabilidade perseverante dá lugar ao ócio. Uma personalidade serena, levada um pouco longe demais, torna-se fraca e deprimida, especialmente se sua placidez cobriu um desejo reprimido de aventura ou de maior avanço.

Às vezes, o Cavaleiro de Pentáculos invertido pode indicar uma crise. Se a pessoa dedicou a própria vida a um emprego ou a uma responsabilidade externa semelhante e esse significado é eliminado – por exemplo, por demissão ou aposentadoria –, poderá ser acometida por desânimo ou depressão. Outro exemplo seria o de uma mulher que dedicou a vida aos filhos e descobre que eles cresceram e se afastaram dela.

Embora esses significados extremos raramente ocorram nas leituras atuais, eles ainda estão implícitos no paradoxo básico do Cavaleiro: profundamente enraizado na magia abaixo dele, mas alheio a ela, ele se identifica com suas funções. Precisa descobrir a verdadeira fonte de sua força, em si mesmo e na vida.

Figura 70

VALETE

Em contraste direto com o Cavaleiro, o Valete olha apenas para seu pentáculo, mantendo-o ligeiramente erguido. Enquanto o Cavaleiro é o protótipo do trabalhador, o Valete representa o estudante, perdido em seus estudos, fascinado e pouco preocupado com qualquer coisa além deles. Não obstante, quando comparado à inspiração simbolizada pelo Valete de

Copas, ele participa da natureza prática do naipe, pois simboliza o trabalho atual do estudante, o estudo e a escolaridade.

Aqui, o estudante atua como um símbolo. O Valete não se refere, necessariamente, a quem está na escola, mas a quem estiver iniciando uma atividade com essas características de fascínio, envolvimento, menor preocupação com as recompensas ou a posição social do que com o trabalho em si.

INVERTIDA

Novamente, o Valete aparece como o oposto do Cavaleiro. Na realidade, os dois dividem as duplas qualidades dos Pentáculos: praticidade e magia. Enquanto o Cavaleiro, sem seu trabalho, torna-se desanimado e inerte, o Valete, sem seu senso de trabalho duro, abre caminho para a impetuosidade e a dissipação, o que Waite chama de "prodigalidade". No entanto, às vezes a carta pode significar simplesmente um relaxamento após uma tarefa difícil, como um estudante que se descontrai depois das provas.

Figura 71

DEZ

Uma das cartas mais simbólicas e profundamente estratificadas dos Arcanos Menores, o Dez nos mostra a imagem do Portal abrindo-se para a experiência oculta nas coisas comuns. Como o Dez de Copas, ele trata da vida doméstica, mas enquanto em Copas os homens e as mulheres celebram a dádiva, aqui a família não nota a magia ao seu redor. Superficialmente, a carta representa o lar estabelecido, a boa vida, uma posição segura e confortável no mundo. No entanto, as pessoas envolvidas parecem ter o conforto como algo certo; acham a segurança maçante ou sufocante. Ao contrário do Dez de Copas (com frequência, as duas cartas aparecem juntas nas leituras), aqui os membros da família não parecem se comunicar bem uns com os outros. O homem e a mulher estão voltados para direções opostas, embora a mulher olhe ansiosamente para homem, por cima do ombro. A criança agarra-se nervosamente à mãe, mas olha ao longe. E nenhum deles nota o velho fora do arco.

Embora a carta expresse certa trivialidade, ela é coberta por sinais mágicos. Os dez pentáculos formam a Árvore Cabalística da Vida, algo que não aparece em nenhum outro lugar do baralho. Também vale notar a vara mágica apoiada no arco. Nenhuma outra carta dos Arcanos Menores contém semelhante objeto. O próprio arco apresenta em relevo uma balança equilibrada (logo acima da cabeça do velho). A balança representa a Justiça e, além dela, as forças sutis que impedem o mundo cotidiano de entrar no caos. Por "forças sutis" entendo não apenas as chamadas leis "ocultas", como a polaridade ou a lei das correspondências (o que acontece em cima vale para o que acontece embaixo). O termo também se aplica aos fenômenos da natureza, geralmente mais aceitos, tal como a gravidade ou o eletromagnetismo. Não é porque os aprendemos que devemos considerá-los menos extraordinários.

Mais ainda do que as outras imagens, o velho evoca a magia. Ele lembra a ilustração, oriunda de toda cultura, do deus ou anjo que vem disfarçado de mendigo ou viajante para visitar uma família, testar suas virtudes de hospitalidade e generosidade e depois lhes deixa um presente mágico. No caso de Abraão e Sara, os anjos lhes deram um filho, Isaque. Em muitas histórias semelhantes, apenas os cães reconhecem o visitante (assim como em outros contos, apenas os cães fogem do Diabo quando ele chega disfarçado). Como não enterraram seus instintos em um racionalismo humano *blasé*, os cães são capazes de sentir o extraordinário quando ele se apresenta.

A maioria desses contos enfatiza a seguinte moral: "Seja gentil com todo mundo. Você nunca sabe a quem pode estar virando as costas". Mas podemos dar à história uma interpretação mais sutil. Agindo de certa maneira, as pessoas criam *nelas próprias* a habilidade para reconhecer e receber as bênçãos do mundo ao seu redor.

Todos esses sinais e prodígios ocultos apontam para o tema básico dos Pentáculos: o mundo cotidiano contém uma magia maior do que normalmente conseguimos enxergar. A magia está ao nosso redor, na natureza, no fato de que a vida existe e de que esse vasto universo não se desfaz.

Dentro do arco vemos um esplendoroso dia comum; fora dele prevalecem tons mais escuros, inclusive no manto colorido do velho, com seus signos astrológicos e de ritual de magia. A família se encontra sob o arco, como se estivesse em uma peça teatral. Pois toda a sua firme realidade, o mundo cotidiano, a vida confortável que damos por certa e até os problemas e sofrimentos que muitas vezes ocupam nossa mente não passam de uma peça, na qual todos nós representamos os papéis que nos foram destinados por nossa educação e pela sociedade (o reconhecimento de que somos produto de nosso condicionamento é o primeiro passo para nos libertarmos dele).

A verdadeira realidade ainda é antiga, escura e misteriosa. Embora olhemos através do arco, a perspectiva da carta nos coloca fora dele, junto com o visitante misterioso. Ao nos unirmos a essa carta, podemos encontrar a nós mesmos depois do Portal, olhando para os pequenos dramas de nossa vida cotidiana. Indo além, podemos vivenciar o universo intenso e vibrante que existe no centro da vida comum.

Ao voltar de suas andanças pelo mundo selvagem e cheio de monstros, fora da Grécia civilizada, o herói Ulisses chegou disfarçado de mendigo. Apenas seu cão o reconheceu. Embora vestisse farrapos, eram andrajos gloriosos (parecidos com o manto de retalhos do visitante), pois a deusa Atena o dera a ele. Ulisses retornou ao mundo doméstico vindo do mundo selvagem. Destruiu o mal em sua casa e restabeleceu a ordem moral. No entanto, primeiro teve de vivenciar o que havia além. O Dez de Pentáculos também nos leva até lá.

INVERTIDA

Se a sensação de tédio em relação à vida aumenta, ela pode nos levar a assumir riscos, sobretudo financeiros ou emocionais. Às vezes, dependendo do contexto ou dos resultados previstos, os riscos se justificam. Por exemplo, o Louco ao lado do Dez de Pentáculos nos exortaria a apostar. Em outros momentos, os riscos aparecem menos por necessidade do que por impaciência com o que já temos. Essa situação se torna mais evidente quando o Dez de Pentáculos aparece com o Dez de Copas.

O paralelo com Ulisses se destaca quando a carta é invertida. A maioria dos problemas do herói surge em virtude de uma série de imprudências que o obriga a agir sem cautela justamente no momento errado. A vontade de apostar entra em oposição com suas qualidades básicas de precaução, habilidade e previsão. No entanto, a temeridade mantém o equilíbrio. Sem ela, Ulisses não teria conhecido o mundo além de seu lar e de sua família, para os quais finalmente retornou.

(a)   (b)

Figura 72

NOVE

Como cartas materiais, os Pentáculos tratam do sucesso e do que ele significa na vida de uma pessoa. Ao contrário da personagem no Dez, aqui a mulher está profundamente consciente das boas coisas em sua vida. Sua mão repousa sobre os Pentáculos, e seu polegar segura um ramo de videira. A consciência é um dos significados básicos da carta, sobretudo a autoconsciência e a habilidade para distinguir o que é importante na vida e quais objetivos de fato requerem nossos melhores esforços. A carta significa sucesso, mas não simplesmente as vantagens materiais. Também significa a sensação de segurança que temos quando sabemos que fizemos as escolhas certas e realizamos as ações necessárias. Os pentáculos crescendo nos arbustos simbolizam uma vida produtiva e ativa.

Aqui, "sucesso" tem menos o significado de realização mundana e mais o de "criarmos" a nós mesmos a partir do material que nos é fornecido pelas circunstâncias e pelas condições de nossa vida. E a "segurança", em seu sentido mais intenso, significa mais do que olhar para trás e ver que fizemos a coisa certa. Também implica a habilidade de *saber*, enquanto os outros conseguem apenas intuir. O Nove de Pentáculos simboliza essa qualidade, verdadeira marca da pessoa evoluída (para uma discussão mais aprofundada, ver o fim da seção em Leituras). Portanto, o estudo e a meditação com essa carta ajudarão a alcançar essa segurança.

Vimos que as cartas de número 9 mostram compromissos e escolhas. Esse tema também surge nos Pentáculos. A mulher está sozinha em seu jardim. Para conseguir o que tem, ela precisou desistir de uma companhia normal. Nas leituras, esse simbolismo não significa que a carta recomenda inevitavelmente desistir de um relacionamento, mas ela pede autoconfiança e certa solidão na busca pelos objetivos.

A imagem na Figura 72 (b), ligeiramente diferente da versão oficial do Tarô Waite-Smith [Figura 72 (a)], provém de uma edição americana de vários anos atrás. Nesse Nove de Pentáculos, uma sombra escurece o rosto da mulher e as uvas no lado direito da carta. Ela está claramente dando as costas para o sol. O simbolismo sugere um sacrifício. Para fazer o que deseja com sua vida, ela tem de desistir não apenas de uma companhia, mas também de coisas como espontaneidade, deambulações e descuido. Se o sacrifício parece grande demais, talvez isso signifique que não valorizamos o suficiente as recompensas do desenvolvimento pessoal.

A imagem do pássaro leva essas ideias mais além. Como caçador que voa alto, o falcão simboliza o intelecto a imaginação e o espírito. No entanto, o capuz o subjuga à sua dona, ou seja, à vontade consciente. Portanto, enquanto à primeira vista a carta significa sucesso, um conhecimento mais profundo muda o primeiro significado para o da disciplina. Entrar pelo Portal dessa carta nos ajudará a alcançar a alegria da verdadeira disciplina, que não paralisa, mas eleva.

INVERTIDA

As qualidades da carta são negadas ou invertidas: falta de disciplina e o fracasso que dela deriva; projetos assumidos e abandonados; inabilidade para canalizar a energia para propósitos úteis. Pode significar que não sabemos o que queremos ou o que realmente é importante para nós. A falta de autoconsciência traz irresponsabilidade e infidelidade em relação aos outros e a nós mesmos.

Figura 73

OITO

Para os Pentáculos, o caminho rumo ao Espírito reside menos no sucesso ou até na consciência do valor das coisas comuns do que no trabalho que nos permite apreciar essas coisas. O Nove mostra disciplina; o Oito mostra o treino que traz disciplina e habilidade.

O trabalho – quer seja físico, artístico ou espiritual (o sufi Idries Shah fala de "trabalho" como a mais básica das doutrinas sufis) – não pode ter êxito se a pessoa pensar apenas no resultado. Muitos artistas e escritores atestaram esse fato, advertindo os esperançosos de que, se eles desejam apenas se tornar famosos ou ricos, nunca terão sucesso. Temos de nos preocupar com o trabalho em si.

Por isso, vemos o aprendiz perdido em sua tarefa. No entanto, o trabalho também precisa estar relacionado ao mundo exterior. No entanto, por mais que sigamos nossos padrões e instintos ou busquemos nosso próprio desenvolvimento, o trabalho que fazemos não terá significado se não servir à comunidade. Desse modo, ainda que bem distante, atrás oficina ilustrada na carta vê-se uma cidade e uma estrada amarela (o amarelo representa a ação mental) que estabelece a ligação entre ambas.

INVERTIDA

Quando invertida, a carta sugere principalmente impaciência e as situações que dela resultam: frustração, ambição não realizada, inveja ou ciúme. Essas sensações podem derivar da atitude de olhar apenas para o sucesso, e não para o trabalho que o produz. Também podem ser consequência de um trabalho insatisfatório, ou seja, de um emprego ou uma carreira que não requeira habilidades, envolvimento pessoal nem orgulho.

Figura 74

SETE

Da imagem do trabalho passamos para sua recompensa. Tal como o Nove, o Sete mostra os pentáculos como um desenvolvimento ativo do trabalho do indivíduo. Um trabalho importante confere mais do que benefício material, pois o indivíduo também cresce. O Sete mostra o momento em que se consegue olhar para trás com a satisfação de ver algo realizado. Esse "algo" pode ser tão amplo quanto uma carreira ou tão simples quanto um projeto imediato. De acordo com a carta, o que quer que tenha sido construído (incluindo relacionamentos pessoais) alcançou o ponto em que pode crescer sozinho, e a pessoa pode recuar sem destruí-lo.

INVERTIDA

Para muitas pessoas, simplesmente não há trabalho que seja relevante. De modo geral, o Sete invertido mostra a insatisfação disseminada e a sensação de estar preso a uma armadilha, resultantes de empregos ou compromissos frustrantes. Mais uma vez, o Sete invertido pode significar qualquer insatisfação ou ansiedade específica, sobretudo proveniente de um projeto que não vai bem.

Figura 75

SEIS

As próximas duas cartas, relacionadas por seu simbolismo, estão entre as mais complexas dos Arcanos Menores; na realidade, de todo o baralho. Ao mesmo tempo, demonstram a diferença entre camadas de interpretação e a dimensão extra que chamo de "Portal", pois enquanto o Cinco permite vários significados, o Seis nos mostra o próprio mecanismo do Portal.

Superficialmente, o Seis de Pentáculos ilustra a ideia de compartilhamento, generosidade e caridade. Vale notar, no entanto, que as pessoas formam uma hierarquia, colocando-se uma acima das outras. Por isso, a carta significa um relacionamento no qual um indivíduo domina os outros. Ele ou ela dá, mas sempre a partir de uma base de superioridade. A balança está em equilíbrio. Esses relacionamentos costumam ser muito estáveis, justamente porque as pessoas se dão bem. Assim como um deseja dominar, o(s) outro(s) deseja(m) ser dominado(s). A posição inferior não chega a implicar fraqueza. Com frequência, o indivíduo dominado incentiva o relacionamento e, na verdade, insistirá sutilmente em mantê-lo quando aquele que desempenha o papel dominante quiser mudar.

Às vezes, a hierarquia não indica uma pessoa, mas, antes, uma situação – emocional, econômica ou outra – que domina uma pessoa ou um grupo.

Ela pode lhes dar muito pouco, mas o suficiente para impedi-los de buscar outra coisa. Isso pode acontecer em um trabalho que renda benefícios materiais, mas pouca satisfação ou oportunidade de aperfeiçoamento; ou em um relacionamento no qual as pessoas estão infelizes, mais acomodadas; ou em uma situação política, na qual os indivíduos reconhecem que são oprimidos, mas não querem pôr em risco a pouca segurança que têm.

A carta comporta uma relação (distorcida) com todas as cartas dos Arcanos Maiores (o Hierofante, o Enamorado, o Diabo etc.), nas quais alguma força mantém unidos os opostos da vida ou os reconcilia. Aqui, nada é reconciliado de fato, mas a situação mantém o equilíbrio e seu funcionamento.

Até esse momento, os significados enfatizam os dois mendigos. Mas e quanto ao doador? Ele mostra generosidade, mas a balança equilibrada indica que ele não faz sua doação espontaneamente, mas separa o que pensa que pode dar. Em outras palavras, dá o que não lhe faltará. Do ponto de vista emocional, isso simboliza uma pessoa que tem facilidade para se relacionar com as outras, mas guarda para si seus sentimentos mais profundos.

Como dissemos anteriormente, o relacionamento vem de ambos os lados. Muitas pessoas só aceitarão "doações" limitadas de outras. Demonstrar emoções fortes, por exemplo, pode constrangê-las ou assustá-las. O mesmo vale para quem se ofende com a "caridade" e coloca toda oferta de ajuda nessa categoria. Por isso, o Seis de Pentáculos pode indicar *dar às pessoas o que elas são capazes de receber*.

Destaquei essas palavras porque elas implicam algo além de seu sentido literal. Muitas pessoas separarão inconscientemente sua doação de acordo com o que os outros esperam delas e evitarão colocar a si mesmas e aos outros em uma posição desconfortável. Por outro lado, a fim de dar *conscientemente* às pessoas aquilo de que elas precisam e podem usar (e não que o que podem pensar que querem), o indivíduo precisa ter alcançado um elevado grau de autoconhecimento e de consciência da psicologia humana em geral. Poucas são as pessoas que alcançam de fato esse nível de doação. Muitas, que acreditam perceber o que alguém precisa, na verdade projetam suas próprias necessidades e temores nessa pessoa. Como fonte mais objetiva de informação, o tarô pode nos ajudar a compreender nossas próprias necessidades ou as de alguém. Em virtude desses significados, o

Seis de Pentáculos está relacionado ao Nove no contexto dessa carta como um símbolo de certeza.

A ideia de dar o que as pessoas são capazes de receber também carrega um sentido religioso. Místicos e esotéricos costumam dizer que a verdade oculta em uma religião específica pode ser quase o oposto do que a religião parece expressar de maneira superficial. Por exemplo, enquanto uma doutrina nos ensina a controlar nossos desejos por meio de pensamentos devotos, o ocultista tenta produzir e trabalhar com seus anseios mais secretos. Essa divisão existe porque a maioria das pessoas não apenas é incapaz, mas até não quer lidar com ensinamentos religiosos ou psicológicos em sua forma explícita. Mesmo as que tentam podem achar impossível assimilar a verdade. Lembremo-nos do rabino Ben Abuysh, que perdeu sua fé quando pensou ter visto dois deuses.

Idries Shah narra a fábula de dois homens que chegaram a uma tribo que nutria um grande temor por melancias, pois acreditava que fossem demônios. O primeiro viajante tentou contar-lhes a verdade e foi apedrejado como herege. O segundo aceitou sua ortodoxia, ganhou sua confiança e, aos poucos, trabalhou para educá-los. Tal como esse conto, o Seis de Pentáculos indica a maneira pela qual a religião e os ensinamentos esotéricos dão o que somos capazes de receber. Ao descrever essa carta, Waite diz: "Uma pessoa em trajes de mercador" – não um mercador, mas uma pessoa "em trajes de" mercador. E em *Assim Falou Zaratustra*, Nietzsche faz um eremita dizer a Zaratustra: "Se quiseres ir até eles, dá-lhes não mais do que uma esmola e deixa-os implorar por ela". Dê algo a mais e ninguém o ouvirá.

No entanto, quem é essa pessoa em "trajes" de mercador? Seria simplesmente um professor ou uma doutrina religiosa ou psicológica? A balança sugere algo mais: a Justiça, que representa a verdade, não apenas como "informação correta", mas também como força viva que une e equilibra o universo. No Dez de Pentáculos, vimos essa força como o velho junto ao portão; aqui, ela aparece como o mercador. *A vida* nos dá aquilo de que precisamos, o que podemos usar. Especialmente quando nos colocamos em posição de receber.

Quem trabalha com meditação, tarô ou disciplinas semelhantes (assim como quem realiza trabalhos artísticos) costuma notar um fenômeno curioso. A vida parece conspirar para lhe dar o necessário e ajudá-lo em seu caminho. Nada grandioso, mas o suficiente para lhe dar um empurrãozinho no momento mais oportuno. Temos aqui um exemplo. Na época em que eu trabalhava com esses significados para o Seis de Pentáculos, fiz para mim mesma uma leitura de tarô, na qual o Seis apareceu atravessando o Cavaleiro de Copas. Entendi que, se mantivesse um estado de espírito meditativo, eu seria beneficiada. Isso ocorreu alguns meses depois da morte de minha mãe. Enquanto eu visitava meu pai, comecei a usar um *mezuzah* (espécie de amuleto judaico) de minha mãe. No *mezuzah* estava inscrito o nome "Shaddai". Reconheci essa palavra como o nome de Deus, mas não sabia o que significava. Dois ou três dias depois da leitura, fui com meu pai a uma sinagoga para as orações de sábado (algo que eu nunca faria por conta própria). No caminho, vi o nome Shaddai em uma joia exposta em uma vitrine e mencionei minha curiosidade a respeito de seu significado.

Quando olhei para a passagem da Bíblia destinada àquele dia, descobri uma nota explicando o significado de Shaddai. Traduzido como "Onipotente", o termo deriva de uma raiz hebraica que significa "dominar", mas também está relacionado à palavra árabe que significa "benevolência, presentear". O livro não apenas respondeu à minha questão imediata, como também me deu uma compreensão maior sobre o Seis de Pentáculos. O "mercador" simboliza a força da vida, que não apenas nos dá aquilo de que precisamos e que podemos receber, mas também nos domina (normalmente não o faz se não o desejarmos) com prodígios espirituais. Tive essas percepções (e, por tê-las sentido, elas significaram mais para mim do que se as tivesse vivenciado como ideias intelectuais) colocando-me literalmente na posição de receber, ou seja, indo com meu pai à sinagoga.

Com o Seis de Pentáculos, aprendemos que o valor do estudo do tarô ou de outras disciplinas reside não apenas no conhecimento específico que adquirimos, mas também no estado de espírito criado pelo *ato* de fazê-lo. O trabalho em si nos muda. Podemos desenvolver essas mudanças consciente e deliberadamente por meio do mecanismo das cartas Portais. Ao contemplar e unir suas imagens, permitimo-nos receber seus presentes.

INVERTIDA

Os possíveis significados estão relacionados aos da carta virada para cima. Falta de generosidade e egoísmo, quando se espera compartilhamento. Às vezes, isso se refere a uma situação em que a pessoa se encontra em uma posição superior. Nesse caso, o doador é desafiado a dar com mais liberdade, não para medir o que ele pode se permitir, mas realmente para compartilhar. Em outras ocasiões, a carta indicará o ressentimento das pessoas que recebem caridade ou sua contrapartida emocional, a piedade.

Muitas vezes, o Seis invertido indica que uma situação estável, mas basicamente desigual ou insatisfatória, foi interrompida. Se essa interrupção resultará ou não em uma situação mais livre ou equilibrada, isso dependerá de vários fatores, entre os quais se encontra sobretudo o desejo e a coragem das pessoas envolvidas de continuar um processo iniciado por elas ou por algum agente externo.

Por fim, naturalmente, significa que não nos colocamos em posição de receber, seja porque nos isolamos da espiritualidade, seja porque perdemos uma oportunidade prática, talvez por conta da arrogância ou da desconfiança em relação às motivações de outras pessoas.

(a) (b)

Figura 76

CINCO

Os vários significados dessa carta ilustram novamente o problema da certeza, discutido na seção das Leituras. Como podemos saber com certeza qual significado se aplicará a uma situação real? Ao mesmo tempo, os significados mostram o modo como uma situação pode tomar rumos muito diferentes.

As cartas de número 5 ilustram conflitos e perdas de alguma natureza. No que se refere aos Pentáculos, isso significa, em primeiro lugar, problemas materiais, como pobreza ou doença. Às vezes implica um longo período de adversidade. Vale observar que, apesar de curvadas e incapacitadas, as pessoas sobrevivem. Essa carta pode indicar amor, em especial o de duas pessoas que se mantêm unidas em uma situação ruim. Pode acontecer de a adversidade se tornar um dos fatores mais importantes a mantê-las unidas. Desse modo, talvez a redução de seus problemas materiais acabe abalando sua união ou as leve a pensar que isso acontecerá, fazendo com que temam qualquer mudança.

Vale notar que estão passando por uma igreja. Como santuário, a igreja representa repouso e calmaria. No entanto, as pessoas não a veem. Os seres humanos são capazes de se acostumar a tudo e, quando o fazem, muitas vezes deixam de enxergar as oportunidades de mudança. Chegam até a resistir a pôr um fim em seus problemas. Se compararmos essas pessoas com os mendigos ajoelhados do Seis, veremos que o Cinco representa orgulho e independência, às vezes em um grau desproporcionado, quando a ajuda é oferecida com sinceridade.

Examinando a carta mais de perto, descobrimos sentidos alternativos e até opostos. A carta não mostra a porta da igreja. Como acontece com muitas igrejas atualmente, que trancam suas portas como escritórios às cinco da tarde, talvez essa tenha deixado as pessoas do lado de fora. O santuário falhou. Em primeiro lugar, vemos um comentário sobre a religião moderna, que muitos sentem ter falhado na tarefa de oferecer conforto e cura às almas perturbadas. Em um nível mais simples, em muitos países as igrejas enriqueceram à custa dos fiéis. Mais uma vez, vale a pena comparar o Cinco com o Seis. No primeiro, o mercador pode simbolizar a igreja secular moderna, oferecendo a assistência material que pode (ou quer), enquanto as necessidades espirituais dos indivíduos continuam desassistidas.

Podemos chamar o parágrafo anterior de interpretação "sociológica" da igreja sem porta. Se deslocarmos a ênfase para as pessoas, teremos uma visão psicológica. Às vezes, podemos encontrar nós mesmos em uma situação, na qual forças externas – instituições sociais, família, amigos etc. – não podem nos ajudar e temos de lutar sozinhos contra os problemas.

Podemos estender essa ideia de interpretação "mágica" ou ocultista. Na Parte Um deste livro, discorri sobre o modo como o Mago, ao iniciar uma trajetória de desenvolvimento pessoal, posiciona-se contra a Igreja estabelecida, que tradicionalmente age como uma intermediária entre os seres humanos e Deus. A escolha pode trazer consequências tanto práticas quanto políticas. Se o Mago deparar com forças psíquicas perigosas, a religião tradicional não vai poder (muito menos vai querer) ajudá-lo a superá-las. Comparemos o Cinco de Pentáculos com o Hierofante, número 5 nos Arcanos Maiores. No primeiro, dois suplicantes se submetem a uma doutrina que os guia em todas as situações. No segundo, as pessoas rejeitaram essas doutrinas ou simplesmente as acharam irrelevantes.

INVERTIDA

Segundo Waite, o sentido é de "caos, desordem, ruína, confusão". Isso sugere que a situação com o lado certo para cima ruiu. As pessoas já não estão sobrevivendo. Enquanto a situação imediata pode parecer muito pior, às vezes ela pode levar a alguma melhora. Quando as pessoas se acostumam a sofrer, um colapso pode libertá-las. Se conseguirão construir algo mais positivo, isso vai depender em parte delas próprias e em parte da influência e das oportunidades ao redor delas.

Figura 77

QUATRO

Em primeiro lugar, vemos a imagem de um avarento e, por extensão, dependência de conforto e segurança material em prol da estabilidade, simbolizada pelo número 4. Como em resposta às preocupações mostradas na carta anterior, o homem atribuiu-se uma camada protetora contra qualquer problema econômico (ou de outra ordem) que possa surgir no futuro. No entanto, enquanto o Cinco mostrava duas pessoas, aqui vemos apenas uma, que exclui as outras por meio de sua necessidade de segurança pessoal.

Como signos mágicos, os pentáculos simbolizam uma energia emocional/psíquica básica. Nessa carta, o homem utiliza seus pentáculos para isolar-se do mundo exterior. Cobriu seus pontos mais vitais: o topo da cabeça (aqui, literalmente uma coroa), o coração, a garganta e a sola dos pés. Quem trabalha com a meditação de chakra reconhecerá os dois primeiros como pontos vitais de conexão com o Espírito e outras pessoas. Cobrir os pés simboliza bloquearmos nós mesmos em relação ao mundo ao nosso redor. No entanto, o homem não pode vedar suas costas. Sempre permanecemos vulneráveis à vida, não importa o quanto tentemos ser egocêntricos.

Em determinadas situações, o Quatro, normalmente considerado uma carta "problemática", torna-se muito apropriado. Quando a vida se torna caótica, o Quatro indica a criação de uma estrutura, seja por meio de coisas materiais, seja direcionando a energia emocional e mental para dentro de si. A carta é uma imagem de egoísmo, mas às vezes o egoísmo pode ser justamente o que precisamos. Quem medita utilizando sua aura tenderá a seguir, ao final da meditação, um ritual que "veda" a aura nos pontos de chakra. Essa prática evita tanto o escape da própria energia quanto a inundação do eu com influências externas.

Por fim, em um nível bastante profundo, o Quatro de Pentáculos simboliza o modo como a mente humana dá estrutura e sentido ao caos do universo material. Essa ideia não contradiz o conceito de forças que equilibram a natureza, como descrito no Dez e no Seis. Ao contrário, ela contribui com ele, mostrando que a mente não apenas percebe, mas, na verdade, ajuda essas forças a funcionar. O fato de os seres humanos existirem no universo como criadores, e não como observadores passivos, forma um dos pontos de encontro entre os ensinamentos místicos/esotéricos e a física contemporânea.

INVERTIDA

Nesse caso, a energia é liberada. O ato pode significar generosidade e liberdade – se o lado correto para cima indicar cobiça ou confinamento em nós mesmos –, mas também pode representar a incapacidade de sustentar e estruturar a própria vida. Mais uma vez, em uma situação real, o significado depende de outras influências.

Figura 78

TRÊS

Com essa carta, voltamos ao tema do trabalho, considerado tanto em seu sentido literal quanto como símbolo de desenvolvimento espiritual. O homem à esquerda é um escultor, um mestre em sua arte. Às vezes, a carta aparece em conexão com o Oito de Pentáculos, significando que o trabalho árduo e a dedicação resultaram ou resultarão em mestria.

À direita encontra-se um monge e um arquiteto segurando as plantas da igreja. Juntos, os três personagens significam que o melhor trabalho combina habilidade técnica (Ar) e compreensão espiritual (Água) com energia e desejo (Fogo). Vale observar como os pentáculos formam um triângulo de Fogo que aponta para cima, mostrando que o trabalho pode nos elevar a níveis mais altos. Abaixo deles se vê uma flor dentro de um triângulo de Água que aponta para baixo, simbolizando que é preciso ancorar esse trabalho na realidade do mundo e nas necessidades da comunidade. Refletindo essa dualidade, a carta, tal como o Nove, refere-se ao trabalho atual, mas também pode ser um símbolo do eu evoluído. Esses dois significados não se anulam reciprocamente. Como já observado, o trabalho prático, realizado de maneira consciente e empenhada, pode servir como veículo para o autodesenvolvimento.

Parte do significado dessa carta reside no fato de que esse simbolismo de desenvolvimento psíquico deveria ocorrer mais nos Pentáculos mundanos do que nas imagens normalmente mais exóticas dos outros naipes.

INVERTIDA

Mediocridade: o trabalho, físico ou espiritual, vai mal, com frequência por preguiça ou fraqueza. Às vezes o significado se estende a uma situação geral, na qual pouco acontece. As coisas continuam piorando ou melhorando, em um ritmo lento e constante.

Figura 79

DOIS

Assim como o Dois de Espadas, o Dois de Pentáculos atinge um equilíbrio precário, mas, de modo geral, feliz. De fato, vemos o próprio conceito de equilíbrio na imagem do malabarista. Às vezes, a carta significa fazer malabarismos com a própria vida, mantendo tudo no ar ao mesmo tempo. De maneira mais simples, ela implica a ideia de desfrutar da vida e divertir-se – tal como o Nove de Copas, mas de forma mais leve, mais uma dança do que um banquete.

Como muitas cartas de Pentáculos, esta sugere uma magia oculta em seus prazeres comuns. O malabarista segura seu emblema mágico dentro de um laço ou de uma fita, moldados como o símbolo do infinito, o mesmo que aparece acima da cabeça do Mago e acima da mulher na Força. Algumas pessoas acreditam que o desenvolvimento espiritual ocorre apenas em momentos de seriedade. Prazer e divertimento também podem nos ensinar muitas coisas, desde que prestemos atenção.

INVERTIDA

Nesse caso, o jogo se torna forçado. Nas palavras de Waite, "diversão simulada". Diante de um problema que não queremos encarar ou de uma pressão social para não armar confusão, podemos fingir para nós mesmos e para os outros que não levamos nada a sério. É bem provável que o malabarismo não dê certo.

Figura 80

ÁS

Os presentes da Terra: natureza, riqueza, segurança, vida alegre. Esse é o único Ás no qual não vemos *yods* caindo do céu. Em sua completude e realidade sólida, a Terra carrega sua própria magia.

Com as outras cartas (sobretudo as de número 10), vimos como a magia muitas vezes permanecerá escondida de nós simplesmente porque consideramos seus resultados como muito comuns. Aqui, a mão entrega seus presentes em um jardim, lugar protegido do deserto além dele. A civilização, quando trabalha bem, nos dá sua proteção básica. Por meio do trabalho da civilização, a humanidade molda a matéria-prima da natureza em um ambiente seguro e confortável.

O trabalho espiritual nos leva a reconhecer a magia em coisas normais, tanto na natureza quanto na civilização, e a ir além delas, rumo ao conhecimento maior, simbolizado pelas montanhas. A saída do jardim forma um arco muito semelhante à coroa da vitória que circunda a dançarina do Mundo. Como os Arcanos Menores chegam ao fim, o Ás de Pentáculos nos mostra mais uma vez que, quando estamos preparados, o Portal sempre se abre para a verdade.

INVERTIDA

Como os presentes materiais existem de um modo diferente daqueles dos outros Ases, são mais passíveis de mau uso. O Ás de Pentáculos invertido pode significar todas as formas pelas quais a riqueza corrompe as pessoas: egoísmo, competição extrema, desconfiança, dependência excessiva de segurança e conforto.

De outro ponto de vista, às vezes o jardim pode representar proteção, tanto de eventos quanto de outras pessoas, contra os problemas da vida. Invertida, a carta indica que essa proteção se encerrou e que a pessoa terá de lidar com seus problemas, ou então que ela deseja permanecer nesse refúgio depois de ter chegado o momento de deixá-lo. Tal como o Eremita invertido, pode simbolizar uma recusa em crescer — especificamente, em se tornar independente dos pais.

No entanto, em outras ocasiões, o Ás invertido pode significar reconhecer (como com o Oito de Copas) que chegou a hora de deixar o que é familiar para trás e atravessar o Portal rumo às montanhas da sabedoria.

PARTE TRÊS

LEITURAS

INTRODUÇÃO

O uso das cartas de tarô em leituras – "adivinhação", para dar à prática seu nome apropriado – tem sido controverso pelo menos desde que o estudo ocultista e "sério" das cartas começou, no século XVIII. Paradoxalmente, enquanto muitos ocultistas escarnecem da adivinhação, a maioria das pessoas não conhece outro propósito para o tarô.

Atualmente, muitas pessoas ainda acreditam que foram os ciganos a inventar o tarô, apesar das evidências em contrário. A conexão entre ambos permanece tão forte que muitas mulheres que desejam ler cartas profissionalmente usam lenços brilhantes, saias com babados e brincos de ouro (calça largas, colete bordado e *um único* brinco, no caso dos homens) e adotam nomes como "Madame Sosostris", a fim de satisfazer o público.

A longa associação da leitura de tarô a performances baratas provavelmente explica, pelo menos em parte, o desprezo ou a falta de interesse de muitos estudiosos de tarô pela adivinhação. Por considerarem o tarô tanto um diagrama quanto uma ferramenta da evolução da consciência, ocultistas e esotéricos dispensam automaticamente o uso das cartas para prenunciar "desconhecidos altos e morenos" ou heranças misteriosas. No entanto, por enxergarem apenas o mau uso e não as possibilidades mais profundas nas leituras, esses ocultistas acabaram limitando o verdadeiro valor do tarô.

Em seu livro *The Pictorial Key to the Tarot* (A Chave Ilustrada do Tarô), Arthur Edward Waite comenta da seguinte maneira a adivinhação: "A atribuição de um aspecto divinatório a essas cartas é a história de uma prolongada impertinência". Isso nos leva a um interessante paradoxo. Por menosprezarem a cartomancia, Waite e outros ocultistas divulgaram uma aplicação indevida das leituras. A maneira depreciativa como escreveram a esse respeito estabeleceu na mente de muitas pessoas a imagem de tentativas triviais de prever o futuro. Quanto às razões que os levaram a escrever sobre o assunto, só podemos intuir que eles ou seus editores imaginavam que essa era a abordagem requerida pelo público. Afinal, mesmo hoje a maioria das pessoas que pega um livro de tarô está mais interessada em mensagens misteriosas do que em adquirir uma transformação psíquica. Certamente, os *best-sellers* de tarô são os que oferecem as fórmulas mais simples para os significados das cartas e, ao mesmo tempo, prometem um conhecimento completo.

Mais importante do que saber por que eles se preocuparam em escrever sobre isso é o simples fato de que poucos esotéricos contribuíram para eliminar a imagem da adivinhação como algo trivial. Esse descaso estendeu-se até mesmo a todos os Arcanos Menores. Como essas cartas estão associadas a leituras, muitos livros sérios sobre tarô as tratam de maneira muito superficial, quando o fazem (a observação de Waite se aplicava apenas às cartas dos Arcanos Maiores). O livro *The Tarot* (O Tarô), de Paul Foster Case, apresenta apenas as fórmulas mais básicas em uma espécie de apêndice. Muitos outros tratam apenas das cartas dos Arcanos Maiores. Quase único entre os modernos estudos esotéricos, *O Livro de Thoth*, de Crowley, aprofunda-se nas cartas dos Arcanos Menores, associando-as a um complexo sistema astrológico.

No que se refere aos métodos de leitura, os mais importantes estudos esotéricos forneceram apenas a informação mais básica, algumas "tiragens" ou padrões de como dispor as cartas, com explicações das fórmulas para as diferentes posições. Mais uma vez, Crowley é uma exceção, pois apresenta um sistema de leituras tipicamente complicado por meio de um "relógio" astrológico.

O impacto da psicologia profunda e da astrologia humanística levou muitos escritores contemporâneos a buscar um uso mais sério da adivinhação. Infelizmente, por tratarem as leituras com tanta displicência, os autores mais antigos criaram uma tradição de fórmulas da qual os modernos tiveram dificuldade para se livrar. Por essa razão, ainda encontramos o mesmo tipo de explicação para as cartas dos Arcanos Menores, como: "Nem tudo está perdido; a boa sorte ainda é possível" (Douglas); e as mesmas descrições breves de tiragens, com explicações como "o melhor resultado possível" para as posições. Seguindo Crowley e outros, vários livros contemporâneos tentaram ampliar o significado das cartas, associando-as não apenas à astrologia e à Cabala, mas também ao I Ching, à filosofia junguiana, ao tantra e até à mitologia da América Central. Essa associação favorece a compreensão sobretudo por parte das pessoas com um conhecimento prévio do outro sistema (seria interessante consultar um livro sobre, por exemplo, a psicologia da *Gestalt*, que explica seu tema em termos de correspondência com o tarô, e não o contrário). Entretanto, em qualquer estudo cuidadoso sobre o tarô, a ênfase tem de incidir nas próprias cartas e em seu uso na meditação e nas leituras. Nesta seção do livro, esperamos dar ao menos uma noção de quão complexo e profundamente instrutivo pode ser o tarô como instrumento de adivinhação.

SENSO COMUM

Muitas pessoas dizem que as leituras de tarô as "assustam". Na verdade, em primeiro lugar, elas querem dizer que se sentem desconfortáveis por imaginar que algo poderia expor suas experiências, seus medos e suas esperanças; em segundo, que é um baralho a fazer isso. Inicialmente, podem aproximar-se do tarô como um jogo, sobretudo se for um amigo ou parente a fazer a tiragem; assim, elas não terão de pagar pela leitura. Embaralham as cartas sorrindo, pois se sentem tolas. O leitor as dispõe uma a uma, talvez consultando um livro para saber seus significados, e surpreendentemente aparece o novo emprego, o amor infiel ou, se o leitor fizer uma abordagem um pouco mais sutil, talvez o medo de adoecer ou uma dolorosa revolta contra o pai ou a mãe. "Você está inventando isso a partir do que sabe sobre mim", dizem, ou: "Você poderia dizer tudo isso só de olhar para mim, não poderia? Na realidade, você não viu isso nas cartas". Então, da próxima vez que alguém sugere ler as cartas, elas riem e dizem: "Não, obrigada, essas coisas me assustam".

O fato é que o futuro assusta a maioria das pessoas. Elas não esperam que algo bom aconteça. Contentam-se com as coisas como estão – um equilíbrio entre dor, felicidade, uma boa dose desse de tédio, frustração e um pouco de tristeza; mas até mesmo essa estabilidade aparece improvável. Para muitas pessoas, as coisas só podem piorar, e provavelmente é o que vai acontecer.

As leituras de tarô nos ensinam muitas coisas além da informação específica que recebemos delas. Uma delas é a predominância do pessimismo. Se as cartas de um consulente saem todas positivas, radiantes de uma felicidade promissora, é bem provável que ele diga: "Ah, é? Só acredito vendo". Mas se uma única carta indicar um problema ou doença, a resposta mudará para: "Eu sabia! Eu sabia! O que eu faço agora?". Com uma atitude como essa, imagine como o medo e, talvez, o ressentimento, aumentam quando a temida informação vem de um baralho.

Há outro aspecto nessa questão de aceitar as cartas. Normalmente, quem procura leitores de tarô exibe uma atitude do tipo "mostre-me que quero ver". Como considera a adivinhação algo "mágico" (mesmo sem saber exatamente o que isso significa), quer que o leitor demonstre seus poderes mágicos. Para essas pessoas, o valor da leitura está no grau de precisão com o qual ela corresponde ao que sabem ser verdadeiro sobre sua vida, além, é claro, de um pouco de informação recente. Para se assegurarem de que o leitor é "honesto", elas escondem o máximo possível de sua própria vida. Lembro-me de uma mulher que me procurou para receber conselhos sobre seu trabalho. Passou a leitura inteira olhando ora para mim, ora para as cartas com ar inexpressivo, sem me dar nenhuma indicação se o que eu dizia significava algo para ela. No entanto, mais tarde, repassou todas as cartas, explicando como cada uma estava diretamente relacionada à sua experiência do momento.

Em outra ocasião, prometi fazer uma leitura da Árvore da Vida (ver abaixo) para uma amiga como presente para o seu aniversário de 21 anos.

Quando ela contou a uma colega que alguém leria as cartas para ela, a mulher disse, alarmada: "Oh, não faça isso. Você não sabe o que essas pessoas fazem. Elas vão até a prefeitura e investigam tudo a seu respeito, onde você nasceu, onde você mora..." Minha amiga não contou à mulher que eu já sabia todas essas coisas.

Essas pessoas parecem não se dar conta de que desperdiçam seu tempo e dinheiro se aprendem apenas o que já sabem, além de um punhado de fatos novos. Parecem esquecer que procuraram o leitor não para testá-lo, e sim para receber conselhos. A mulher poderia ter descoberto muito mais sobre sua carreira se tivesse me dado a oportunidade de me aprofundar nas relações entre as cartas em vez de apenas observar o quão perto eu chegava dos fatos.

Por trás do medo e do ceticismo encontra-se o mesmo problema: as cartas do tarô ofendem o "senso comum", ou seja, a imagem do mundo que temos em comum, que normalmente é a imagem ensinada a nós pela sociedade. Podemos chamar essa imagem de "científica", embora apenas no sentido histórico da palavra, significando a visão propagada pelos cientistas reconhecidos oficialmente (excluindo, por exemplo, os astrólogos e os yogues) desde o século XVII. Por ironia, as próprias ciências naturais, em especial a física, estão se afastando de um universo estritamente mecânico. Entretanto, um atraso cultural faz com que a maioria das pessoas ainda pense a ciência em termos do século XIX.

Desse modo, a visão que o "senso comum" tem do mundo e que surgiu em uma cultura – a europeia – reinou por não mais do que dois ou três séculos e já começou a se apagar. Não podemos negar as realizações dessa visão, apesar de suas limitações. Muitas das pessoas que condenam a ciência não são capazes de oferecer nenhum outro substituto além da nostalgia por um passado romantizado que nunca existiu. Por ironia, o perigo que atualmente a humanidade apresenta à natureza atesta até que ponto ela superou as grandes ameaças – forme, animais selvagens, doenças etc. – que antes a natureza lhe apresentava. Porém, aceitar as realizações da ciência não nos obriga a banir todas as outras contribuições ao conhecimento humano.

A moderna ciência ocidental começou como um movimento conscientemente ideológico, que se opunha de maneira deliberada à visão que a religião tinha do mundo em sua época. Os primeiros a praticá-la e a teorizá-la, como Francis Bacon, consideravam-se revolucionários e propunham uma relação inteiramente nova com a natureza, uma relação que faria muito mais do que aumentar o conhecimento. Segundo pregavam, a ciência criaria um mundo novo. Mesmo hoje, a instituição da ciência conserva um caráter evangélico e dogmático. A fama e a popularidade de Immanuel Velikovsky derivaram, pelo menos em parte, dos ataques histéricos que os cientistas lhe dirigiram (na Holanda, terra da tolerância, os cientistas tentaram fazer o governo banir os livros de Velikovsky). Vale a pena observar a organização recentemente formada por Carl Sagan, Isaac Asimov e outros com o objetivo de atacar a popularidade da astrologia.

É interessante notar que, enquanto a reputação da ciência tradicional tem enfrentado dificuldades, sua visão do mundo permanece em grande parte incontestada. Com alguma justificativa e confusão, as pessoas recriminam os cientistas pelas várias ameaças que acometem a vida na terra. Contudo, o "senso comum" ainda significa o mundo tal como criado pela ciência dos séculos XVIII e XIX. Esse é o poder do condicionamento.

Como então caracterizar esse senso "comum" (partilhado, habitual)? Em essência, ele insiste que apenas uma espécie de relacionamento pode existir entre eventos, objetos ou padrões. Trata-se do relacionamento da causa física direta. Se eu empurrar uma coisa, ela cairá. Isso faz sentido. Faria sentido eu pensar em uma coisa e ela cair? Ou se eu empurrasse uma miniatura dela e ela caísse?

A pessoa sensata dirá que não. Se isso acontecer, será coincidência, palavra que significa que duas ou mais coisas estão relacionadas no tempo; elas *coincidiram*, mas não têm nenhuma outra relação. A causalidade permanece restrita à ação física observável.

No entanto, mesmo em seu período mais mecanicista, nos últimos dois séculos, a ciência teve de estender esse conceito a limites dúbios, a fim de explicar o mundo observável. A Terra e os outros planetas giram em torno do Sol. Esse é um fato demonstrável. Podemos calcular as relações matemáticas desses corpos em movimento com tamanho grau de precisão que conseguimos descobrir novos corpos graças a um movimento irregular dos que já conhecemos (Netuno e Plutão foram descobertos dessa maneira). Porém, os fatos não explicam como isso acontece. Nenhuma mão gigantesca empurra ou puxa a Terra ao redor do Sol. Contudo, a regularidade do movimento nos impede de chamar isso de coincidência. Por essa razão, os cientistas inventaram conceitos como "leis naturais" e "campos de força". A mesma pessoa que dirá "isso não faz sentido", por alguém ter derrubado uma cadeira ao pensar nela, achará perfeitamente pertinente o fato de a "gravidade" fazer a Terra girar ao redor do Sol (no século XX, a "teoria da relatividade geral" de Einstein produziu uma explicação mais complexa para os movimentos de corpos de grandes dimensões, como os planetas, mas a maioria das pessoas ainda recorre à "lei natural" da gravidade).

O que dizer, então, da visão antiga – a da "correspondência", na qual a relação entre objetos e acontecimentos é a da similaridade? Nela, "faz sentido" alguém poder derrubar uma cadeira ao derrubar uma miniatura dela. E faz sentido que a posição dos planetas no momento do nascimento de um indivíduo tenha alguma influência sobre sua personalidade.

Na verdade, atualmente essas duas visões convivem lado a lado, embora a ideia de correspondência permaneça menos respeitável. Algumas plantas parecem órgãos humanos. Várias pessoas (sobretudo as da "nova geração" ou os terapeutas alternativos) alegarão que faz sentido que essas plantas ajudem a manter esses órgãos saudáveis. Outras dirão que faz sentido que essas duas coisas não têm nenhuma relação uma com a outra. O "senso" dos dois grupos não é nada comum.

Apesar da excepcionalidade, às vezes as duas visões se sobrepõem. Quem deseja justificar a astrologia para maioria das pessoas costuma evocar a "lei" da gravidade para explicar as influências astrológicas, embora o tipo de influência que cada planeta supostamente exerceria depende em grande medida das associações mitológicas atribuídas a determinado planeta pelas antigas civilizações.

Suponhamos que aceitamos o senso comum antigo. Isso nos ajudaria a aceitar o fato observável de que as leituras de tarô refletem com precisão a vida de uma pessoa? Nós as interpretamos de acordo com certas correspondências – o padrão das cartas embaralhadas reflete o padrão dos acontecimentos. Entretanto, para muitos que acreditam firmemente no sentido da astrologia, o tarô ainda é considerado um ultraje. Os planetas formam um padrão fixo e específico no momento do nascimento, um padrão que é determinado por todo o caminho que retrocede até a criação, quando a gravidade os encaixou em suas órbitas previsíveis. No entanto, cartas embaralhadas não carregam essa determinação. Além disso, os planetas são corpos enormes, que se movem lentamente no céu. Cartas podem parecer muito triviais. Como aceitá-las?

Para muitas pessoas, a autoridade da astrologia deriva da vastidão do cosmos e, em última instância, de Deus. Faz "sentido" que algo tão pequeno quanto um ser humano receba sua personalidade do amplo movimento dos planetas. E mesmo que essa afirmação possa constranger algumas pessoas, sabemos *quem* colocou os planetas e as estrelas em movimento pela primeira vez. Contudo, apenas os seres humanos embaralham cartas. E se as embaralharem de novo, obterão um novo padrão. Portanto, como pode o primeiro ter um significado sério?

Por trás dessa última pergunta há uma suposição muito importante: a de que apenas padrões fixos são reais. O fato é que a visão de mundo da correspondência pode tender a atitudes mecânicas, tal como ocorre com a lei natural. Ambas levantam a questão de Deus ou das primeiras causas. Assim como nenhuma delas explica as leis naturais, os padrões do zodíaco nem como o mecanismo passou a existir, tampouco requerem que nos preocupemos com isso. Deus pode ter colocado tudo em movimento, mas agora as coisas funcionam por si só. Embora um bom astrólogo use a intuição para interpretar um horóscopo, o próprio mapa pode ser construído por qualquer pessoa com um pouco de treinamento.

Já o tarô é mais dinâmico do que determinista. Nenhuma regra fixa governa o modo como uma pessoa vai embaralhar as cartas. E elas sempre podem ser embaralhadas de novo. (Cheguei a fazer seis leituras sobre uma questão e obtive basicamente sempre a mesma resposta, embora com importantes variações, e muitas cartas iguais aparecendo em cada leitura. No entanto, a observação de que algo funciona não explica *como* ele funciona.)

Na década de 1930, Carl Jung e Wolfgang Pauli decidiram estudar a "coincidência significativa". Jung se interessou pelo tema graças à astrologia e às experiências com o I Ching – que o assustavam do mesmo modo como o tarô assusta a maioria das pessoas. Pauli dedicou-se ao objeto de pesquisa a partir de um envolvimento mais pessoal. As coincidências pareciam segui-lo como um cão fiel e, muitas vezes, atrapalhado.

Na realidade, as investigações de ambos não foram muito além do estágio de proclamar que essas coincidências existem e que deve haver algum princípio por trás delas. No entanto, acrescentaram uma nova palavra às línguas do mundo: sincronicidade. Os eventos são sincrônicos quando nenhuma causa observável os une e, não obstante, um significado existe entre eles. Por exemplo, se precisarmos consultar um livro raro e, sem saber disso, alguém vem à nossa casa carregando um exemplar desse livro, chamamos isso de "conjunção sincrônica".

Muitas vezes, as pessoas usam o termo "sincronicidade" como um amuleto contra as dificuldades filosóficas de eventos sem causa aparente. Quando algo aparentemente impossível acontece, dizemos: "É a sincronicidade", e fugimos do ataque ao senso comum. Jung e Pauli, é claro, viram mais do que isso no termo. Estavam tentando sugerir que um "princípio sem causa" poderia unir eventos com a mesma certeza com que o fazem os princípios causais das leis naturais. Em outras palavras, se juntarmos pedaços de informação de maneira aleatória e livre de conexões causais de direção consciente, a sincronicidade sem causa os reunirá de maneira significativa. Sem dúvida, isso é o que acontece na adivinhação. Nesse caso, vale notar que o princípio sincrônico só pode prevalecer se antes removermos o princípio causal. Em outras palavras, qualquer método de produção de padrões aleatórios, como embaralhar cartas e lançar moedas para cima, é necessário para dar ao princípio uma chance de funcionar.

De certo modo, a adivinhação realmente deriva de uma visão de mundo mais antiga até mesmo do que a das correspondências. Podemos chamar essa visão de "arcaica" e descrevê-la como aquela na qual Deus ou os deuses estão sempre presentes, participando ativamente do destino e do funcionamento do universo. Em um mundo como esse, nada acontece em razão de alguma lei, e sim porque Deus determina que aconteça. Portanto, não é a gravidade, mas a Grande Mãe quem faz com que a primavera venha depois do inverno. E ela também pode preferir que isso não aconteça.

Para quem sustentava essa opinião, a comunicação com os deuses, além de possível, era necessária. As pessoas queriam não apenas que os deuses ficassem felizes ou, pelo menos, não se zangassem, mas também ter uma ideia do que eles pretendiam. Quem não pudesse contar com a previsibilidade das leis naturais ou dos movimentos compassados dos planetas teria de perguntar.

As pessoas podiam se comunicar com os deuses de duas maneiras. Primeiro, era (e é) possível entrar em transe e visitar os deuses em suas moradas celestes, como sempre fizeram os grandes xamãs. A maneira mais fácil e menos perigosa era deixar que os deuses falassem em código, ou seja, mediante a adivinhação, usando dados, entranhas, desenhos formados por revoadas de pássaros, talos de milefólios e cartas.

Mas por que esses padrões aleatórios constituiriam a fala de Deus? Tal como ocorre com a sincronicidade, a resposta é: porque *são* aleatórios e *ferem* o senso comum racional. Eles se desviam do modo comum como as pessoas vivem cada momento da vida. Como os sonhos, eles escapam da linguagem normal, limitada pela lógica, da humanidade consciente. E, ao fazerem isso, transcendem a linguagem.

Nessa visão arcaica, Deus está presente em todas as coisas e em todos os acontecimentos. Ele fala conosco o tempo todo. No entanto, nossa percepção limitada nos impede de sentir essa comunicação. É bom que essa limitação exista. Como bem aprenderam os três rabinos que entraram no Paraíso com o rabino Akiba, o discurso de Deus nos sobrepuja e nos cega. De fato, como dissemos na Parte Um deste livro, o véu do ego existe não apenas como uma limitação incômoda, mas também como uma graça para nos salvar do verdadeiro poder do universo. O objetivo do treinamento esotérico não é simplesmente remover o véu, mas, antes, habituar o eu a fazer um uso adequado do relâmpago da palavra divina. Entretanto, se como pessoas comuns quisermos alguma informação de Deus – ou seja, que ultrapasse nossas percepções limitadas –, precisamos de alguma forma enxergar além dos antolhos que nos isolam do mundo da Verdade. Precisamos produzir sincronicidade.

Qualquer dispositivo que produza um padrão "aleatório" servirá a essa função. É possível que todos os artifícios usados originariamente em jogos de azar sirvam para a adivinhação e pela mesma razão. Dados, cartas embaralhadas e rodas girando, tudo isso interfere no controle do resultado, realizado pela mente consciente.

Identificar algumas das antigas raízes do tarô (não estou sugerindo que o tarô remonte a tempos antigos, apenas que os conceitos por trás de seu funcionamento o fazem) não o explica para as mentes modernas. No entanto, alguns aspectos da visão de mundo arcaica começaram a retornar, adequadamente revestidos com a terminologia moderna da física e da psicologia profunda, e não da linguagem mitológica de deuses e deusas. "Sincronicidade" é um desses termos.

A moderna teoria quântica sugere que, no nível mais básico, a existência não segue nenhuma regra nem lei determinada. As partículas interagem aleatoriamente, e o que observamos como leis naturais são, na verdade, agregados de probabilidade dando a aparência de determinismo, algo como uma moeda lançada para o alto várias vezes cair o mesmo número de vezes como cara ou coroa, levando-nos a pensar que uma "lei" de equilíbrio requer uma distribuição regular. (De fato, muitas pessoas acreditam que a "lei das probabilidades" pode determinar o resultado de um evento "específico" – "Você falhou todas as outras vezes; a lei das probabilidades diz que você vai conseguir desta vez" –, quando o ponto central da probabilidade é justamente o contrário, ou seja, de que ela não é capaz de prever eventos específicos.)

Enquanto a física está corroendo o universo de leis fixas, a moderna psicologia (ou, pelo menos, algumas de suas áreas) começou a olhar para teorias não racionais do conhecimento. Enquanto povos arcaicos falavam de "outros mundos" ou da "terra dos deuses", atualmente falamos do "inconsciente". Os termos mudam, mas a experiência subjacente permanece: um reino do ser, no qual o tempo não existe e o conhecimento não é limitado às imagens que recebemos de nossos sentidos. E os métodos usados para "contatar o inconsciente" não se alteraram em relação aos empregados para ouvir os deuses há milênios – sonhos, transes (dos quais a livre associação de Freud é uma espécie de versão inferior), moedas lançadas no ar.

Descobrimos que o tarô funciona justamente por não fazer sentido. A informação existe. Nosso eu inconsciente já sabe disso. O que precisamos é de um dispositivo que atue como uma ponte para a percepção consciente.

Como mencionado anteriormente, alcançar esse nível de conexão, essa sincronicidade do senso não comum, não depende do sistema que usamos. O tarô, o I Ching, os dados, as folhas de chá, todos realmente desempenham a mesma função. Produzem informação aleatória. Talvez no futuro surjam modos mais "modernos" de produzir padrões aleatórios. O mais "puro" poderia ser um sistema de adivinhação baseado nos movimentos e saltos energéticos de partículas subatômicas. Pois é nesse nível mais básico que podemos ver a implicação mais importante da sincronicidade, a de que a existência *não* segue leis deterministas rígidas, para as quais todos os eventos provêm de causas fixas. No entanto, ao mesmo tempo, os eventos têm significado ou, antes, o significado emerge dos eventos. A matéria sólida vem dos disparos e das rotações aleatórias das partículas. A personalidade emerge das ações e experiências separadas da vida de uma pessoa. E a consciência surge das cartas embaralhadas do tarô.

Se qualquer dispositivo pode fornecer um significado, por que o tarô? A resposta é: qualquer sistema nos dirá algo, mas a qualidade dessa informação depende dos valores contidos no sistema. O tarô contém uma filosofia, um perfil de como a consciência humana evolui, bem como um vasto compêndio da experiência humana. O ato de embaralhar as cartas coloca todos esses valores em jogo uns com os outros.

Podemos argumentar que atribuir uma filosofia às cartas destrói sua objetividade em termos de previsão de eventos. Valores humanos e interpretações invadiram um sistema que era puro. Creio que essa ideia venha de uma compreensão errônea do conceito de "objetividade". O tarô é objetivo porque evita a decisão consciente, mas não é imparcial. Ao contrário, ele tenta nos impelir em determinadas direções: otimismo, espiritualidade, crença na necessidade e no valor da mudança.

Neste livro, os significados dados às cartas deixam ao leitor uma boa margem para a interpretação. Na verdade, requerem isso, pois o leitor experiente traz para seu trabalho muito mais do que um conhecimento detalhado das cartas e de seus significados tradicionais. Igualmente importante é a sensibilidade – tanto em relação às imagens quanto em relação ao consulente, que está sentado na frente do leitor e olha com nervosismo e agitação para as cartas. Um bom leitor não repete significados tradicionais e fixos. Ao contrário, encontra novos significados e novas interpretações e amplia as tiragens.

Enquanto algumas pessoas desejam leituras objetivas e não gostam de interpretações, outras argumentam que o leitor não deveria usar nenhum significado definido, mas sempre trabalhar a partir de como "sente" as imagens no momento da leitura. Contudo, fazer isso limitaria o leitor ao estreito conjunto de suas próprias percepções, que, ao menos em parte, sempre virão de suas experiências e de seu condicionamento cultural. Pouquíssimas pessoas alcançaram um nível de consciência no qual conseguem escapar do viés de sua própria história. Para a maioria de nós, as emoções obscurecem nossa intuição. O subconsciente entra no caminho do inconsciente. (Para a diferença entre "inconsciente" e "subconsciente", ver nota na página 337.)

Um leitor que confie nas emoções pode ser afastado da verdade ou levado até ela. Mas há outra razão pela qual deveríamos trabalhar com os significados tradicionais, pertencentes às imagens. Se não usarmos a sabedoria que outras pessoas colocaram nas cartas, estaremos nos privando de seu conhecimento e de sua experiência. Por isso, parte do treinamento do leitor está simplesmente em estudar as cartas; a outra parte está em adquirir uma percepção pessoal delas por meio da prática, da meditação e do trabalho criativo.

As leituras de tarô nos ensinam muitas coisas. Uma das mais valiosas é o equilíbrio necessário entre objetivo e subjetivo, ação e intuição. Recentemente, a ciência experimental "descobriu" que os dois hemisférios cerebrais não desempenham as mesmas funções. O esquerdo (que comanda o lado direito do corpo) lida com atividades racionais e lineares, enquanto o direito (que comanda o lado esquerdo do corpo), lida com atividades intuitivas, criativas e holísticas. Essa "descoberta" evoca a discussão sobre quem descobriu a América: Colombo, Leif Eriksson ou São Brandão. Assim como os nativos norte-americanos viviam no continente havia milênios, os esotéricos também já conheciam a divisão do cérebro havia séculos.

Depois de embaralhar as cartas do tarô, o leitor, se for destro, pega-as com a mão esquerda, depois as deita com a direita. Fazemos isso só para enfatizar um pouco mais a necessária combinação de intuição e conhecimento consciente. A mão esquerda ajuda a canalizar a sensibilidade, mas viramos as cartas com a direita porque queremos que o cérebro racional explique a tiragem de maneira intuitiva.

Na Parte Um deste livro, escrevi que as leituras partilham tanto os princípios do Mago quanto os da Sacerdotisa, ou seja, a consciência e a intuição. Podemos ir além e dizer que as leituras de tarô nos ajudam a adquirir um equilíbrio e uma unidade desses princípios em seu estado prático de vontade e abertura. Sempre que fazemos uma leitura, afirmamos nossa vontade de impor um significado aos padrões lançados pelo caos. O ato sugere não apenas o Mago (número 1), mas também a Roda da Fortuna (número 10). A última carta traz uma visão de mundo no tempo (vale lembrar a versão de Wirth da Roda parada em um barco – a consciência –, flutuando no mar da existência). No entanto, o significado imposto pela consciência contém um valor verdadeiro somente se nos abrirmos para as figuras e para o impacto que elas causam em nós. Desse modo, as leituras de tarô sugerem a Sacerdotisa (número 2), mas também o Pendurado (número 12), imagem de uma conexão tão próxima com a vida que já não nos vemos como separados dela ou opostos a ela. E a carta que une os trunfos 10 e 12 também pode representar as próprias leituras de tarô: a Justiça, com sua balança sempre equilibrada, não por uma ponderação cuidadosa dos opostos – tanto de intuição para o mesmo tanto de conhecimento objetivo –, mas por um verdadeiro compromisso com a verdade.

CAPÍTULO 11

TIPOS DE LEITURA

PRIMEIROS PASSOS

Os verdadeiros leitores clarividentes, que são mais raros do que muitas pessoas imaginam, podem simplesmente tirar algumas cartas de qualquer lugar no baralho, dispô-las de um modo qualquer e usá-las como um gatilho para entrar em transe ou fornecer a informação a partir de fontes do inconsciente.

No entanto, para a maioria das pessoas, a tiragem as ajuda a encontrar o sentido em uma adivinhação. À medida que as cartas são retiradas do topo do baralho, o leitor as coloca em posições específicas, cada uma das quais com seus próprios significados, como "influência do passado", esperanças e temores. O significado da carta torna-se, então, uma combinação entre a imagem e a posição. A partir dos significados simbólicos de todas as cartas, surgirá (assim esperamos) um desenho completo.

Seja qual for a tiragem usada pelo leitor, antes de embaralhar as cartas vem a escolha de uma delas para representar o sujeito ou "consulente", como muitos escritores chamam a pessoa que as embaralha. Costumamos chamar essa carta de "Significadora" (nem todo mundo segue essa prática; alguns a seguem apenas em tiragens específicas, sobretudo na da Cruz Celta). Escolhemos a carta do consulente e a colocamos de lado por duas razões. Em primeiro lugar, para que a pessoa que embaralha as cartas possa se concentrar na figura e, assim, evitar distrair-se. Em segundo, para que o baralho se reduza a 77 cartas, ou seja, 7 (o número da vontade) vezes 11 (o número do equilíbrio).

Alguns autores sugerem usar o Louco para representar o consulente em todas as leituras. Com frequência, os leitores escolhem outra carta dos Arcanos Maiores, dependendo de suas favoritas. Normalmente não incentivo essa prática com base no fato de que as cartas dos Arcanos Maiores simbolizam forças arquetípicas, enquanto o consulente é uma pessoa integral, que existe em uma época e em um lugar específicos. Além disso, remover um trunfo do *deck* elimina a chance de que essa carta apareça em algum momento da leitura.

A maioria dos leitores prefere usar uma das cartas da corte para representar o consulente. Por tradição, os Valetes sempre simbolizaram as crianças (algumas pessoas veem nele o fim da infância e o início a idade adulta como a perda da virgindade); os Cavaleiros, os homens jovens; as Rainhas, as mulheres; e os Reis, os homens mais velhos e maduros.

Quem leu *The Pictorial Key* (A Chave Ilustrada do Tarô), de Waite, certamente se lembrará da associação confusa que ele faz entre os Cavaleiros e os homens acima dos 40 anos, e entre os Reis e homens jovens. Esse sistema deriva do tarô cabalístico da Aurora Dourada. Nesse *deck*, os Cavaleiros representam o Fogo, e o Fogo, como se poderia esperar de uma ordem de magos, está à frente dos naipes. Por conseguinte, os Cavaleiros da Aurora Dourada representam homens maduros. Contudo, o *deck* da Aurora Dourada (e o tarô de Thoth, de Crowley) não contém Reis e, de resto, tampouco Valetes. Ele usa Cavaleiro, Rainha, Príncipe e Princesa. Faz sentido que um Príncipe represente um homem mais jovem do que um Cavaleiro. Não se pode dizer o mesmo em relação a um Rei, e muitos leitores não seguem as instruções de Waite a esse respeito, mesmo quando usam seu baralho.

O sistema tradicional contém um símbolo para um homem jovem, mas nenhum para uma mulher jovem. Como as mulheres saltam da infância para a maturidade completa de maneira tão abrupta quanto os homens, achei importante fazer com que os Cavaleiros servissem para ambos os gêneros, assim como fazem os Valetes. Na verdade, como Reis e Rainhas simbolizam diferentes valores e abordagens da vida, também podem significar tanto um consulente masculino quanto um feminino. Um ex-aluno meu, um psicoterapeuta que usa o tarô como uma forma de abordar os problemas de seus pacientes, segue essa prática.

A menos que eu veja uma clara indicação em contrário, normalmente escolho uma Rainha para uma mulher e um Rei para um homem. No entanto, lembro-me de um homem que me impressionou como a Rainha de Espadas, com seu intenso sofrimento. Quando lhe mostrei a carta e a descrevi, ele concordou plenamente.

Depois de escolherem a figura, o leitor e o cliente têm de escolher o naipe. Normalmente, é o leitor quem faz isso, seguindo um dos dois métodos. O primeiro é a cor. Os Bastões ou qualquer naipe que represente o Fogo simboliza pessoas louras ou ruivas; as Copas, as de cabelo e olhos castanho-claros ou cor de avelã; as Espadas, as de cabelos e olhos castanho-escuros; e os Pentáculos, as de cabelos e olhos pretos. Não é preciso pensar muito para ver os inconvenientes desse sistema. Além de sua arbitrariedade geral, ele transforma a maioria dos chineses em Pentáculos, a maioria dos suecos em Bastões, e assim por diante.

Um sistema mais objetivo usa signos astrológicos. Como descrito anteriormente, os quatro elementos significam signos do zodíaco, assim como os naipes do tarô. Muitas pessoas conhecem seu próprio signo solar. Se não o conhecem, o leitor pode determiná-lo rapidamente a partir da data de nascimento. Obviamente, a maioria dos astrólogos diz que o signo solar constitui apenas um duodécimo do mapa de uma pessoa e que outro elemento pode ser dominante.

Em meu trabalho, acho válido aumentar o envolvimento do consulente deixando que ele ou ela escolha o naipe. Depois de decidir o nível (Rainha, Rei, Cavaleiro ou Valete), tiro do *deck* as quatro cartas apropriadas e as coloco diante da pessoa. Se ela conhecer algum simbolismo do tarô, peço-lhe para desconsiderar os atributos formais e escolher apenas de acordo com sua reação às imagens.

Normalmente, não interpretamos a carta "Significadora". Ela representa a pessoa como um todo, e não um aspecto qualquer relacionado a essa carta. No entanto, em algumas situações a escolha se torna importante. Suponhamos que uma mulher casada escolha a Rainha de Copas para representá-la. Se o Rei de Copas aparecer na leitura, ele pode representar seu marido ou, mais precisamente, já que a leitura aborda a situação a partir do ponto de vista do consulente, a influência do marido sobre ela. Se o marido tender para a imaturidade e/ou dependência da mulher, então o Cavaleiro pode aparecer no lugar do Rei.

Outras cartas do mesmo naipe também podem simbolizar o consulente em vez de outra pessoa. Se o consulente escolher o Rei de Bastões para representá-lo, o aparecimento da Rainha poderá indicar o surgimento de um aspecto mais "feminino" de apreciação e receptividade. Se o consulente for um Cavaleiro, então o aparecimento do Rei ou da Rainha poderá representar imaturidade, regressão ou uma atitude mais juvenil.

Chamamos essas mudanças de "verticais", pois elas se movem para cima e para baixo no mesmo naipe. Mudanças "horizontais" ocorrem quando uma ou mais cartas aparecem no mesmo nível, mas com diferentes naipes. Se a pessoa escolher a Rainha de Espadas, então a Rainha de Copas que aparece na leitura pode indicar uma mudança na pessoa. Muitas vezes, essas "transmutações", como costumo chamá-las, trazem um grande significado.

Para muitos, a questão de como interpretar as cartas da corte – como outra pessoa ou um aspecto do sujeito – ainda é um dos elementos mais difíceis da leitura de tarô. Normalmente, ela requer experiência e uma profunda sensibilidade para que as cartas ajudem a indicar a interpretação correta. Com frequência, mesmo leitores muito experientes acharão as alternativas confusas.

Após a escolha da Significadora, é o momento de embaralhar as cartas. Se o consulente não estiver fazendo uma pergunta específica, eu o instruo a esvaziar a mente e concentrar-se nas mãos, ou simplesmente na carta Significadora. Se a leitura se referir a uma pergunta específica, peço ao consulente para focar nela e até pronunciá-la em voz alta para fixá-la melhor na mente.

O método de embaralhar não importa, mas tem de ser minucioso, e algumas cartas devem ser viradas para permitir que os sentidos invertidos apareçam. Um método que às vezes recomendo é o de deitar as cartas na mesa ou no chão (alguns leitores sempre fazem suas leituras sobre o lenço de seda que usam para embrulhar o *deck*). Em seguida, com as duas mãos, devem-se espalhar as cartas, como uma criança faria ao brincar na lama. Peço, então, ao consulente para reunir as cartas. Além de ser meticuloso, esse método comporta um belo simbolismo. Qualquer leitura de tarô representa uma tiragem pessoal que emerge do caos das possíveis combinações. Mesmo que façamos a leitura de apenas dez cartas, o *deck* como um todo traz a marca da pessoa que por último o embaralhou. Ao espalhar o baralho, retornamos ao caos. Quando o reunimos, ele traz a nova tiragem.

Com as cartas embaralhadas, o consulente tem de separá-las em três montes da seguinte maneira: usando a mão esquerda, ele deve retirar algumas cartas do topo e colocá-las à esquerda; em seguida, novamente deve retirar algumas cartas do topo desse monte e colocá-las à esquerda.

Nesse momento, o leitor assume sua função. Algumas pessoas discordam quanto ao modo de reunir o *deck*; outras simplesmente pegam o monte à direita com a mão esquerda, colocam-no sobre o monte do meio e dispõem esses dois montes sobre o da esquerda. Outras ainda mantêm a mão esquerda um pouco acima de cada monte até que uma espécie de calor pareça emanar de algum deles. Em seguida, colocam esse monte sobre os outros dois.

Seja como for, depois que o *deck* é rearranjado, o leitor, usando a mão direita, começa a virar as cartas na tiragem que decidiu seguir. Existem centenas de métodos de leitura. Dos três apresentados aqui, um foi inventado por mim, enquanto os outros dois são variações sobre temas tradicionais. Quase todo livro sobre tarô apresentará mais tiragens.

A CRUZ CELTA

Ao longo dos anos, essa tiragem mostrou ser a mais popular. A Cruz deriva seu nome de seu formato, uma cruz com braços iguais (uma carta de cada lado do centro), com quatro cartas alinhadas como uma "Estaca" ao lado dela (ver Figura 83, p. 326).

Como é de se esperar, os estudiosos discordam quanto ao significado de posições específicas e ao modo de descrevê-las. Alguns, como Waite e Eden Gray, apresentam uma espécie de ritual ao leitor, a ser pronunciado enquanto ele deita as cartas: "Isso o cobre" ou "Isso vai embaixo dele". Outros preferem expressões mais convencionais. Pouco importa o sistema empregado, desde que ele seja constante. Os significados descritos abaixo são os que utilizo. Eles seguem o sistema tradicional, com algumas alterações.

A PEQUENA CRUZ

Seja qual for o modo de dispor a Cruz Celta, as duas primeiras cartas formam uma pequena cruz. A primeira, de "cobertura", é colocada diretamente sobre a Significadora, e a segunda é disposta horizontalmente sobre ela.

Normalmente, a carta de cobertura representa uma influência básica sobre o consulente, uma situação geral ou um ponto de partida para a leitura. A segunda carta, que sempre lemos com o lado certo para cima, não importa como ela saia do *deck*, representa nos sistemas tradicionais uma "influência oposta", algo contrário à primeira. Na prática, essa "oposição" pode formar uma segunda influência que dê suporte à primeira.

Por exemplo, suponhamos que a carta de cobertura seja o Louco, indicando o sentido de seguir os instintos, a despeito do que possa parecer mais sensato na prática. Se a Temperança ficar atravessada sobre ele, podemos chamar isso de oposição, pois normalmente a Temperança se refere à precaução. Contudo, se for o Cavaleiro de Bastões a cruzar o Louco, as duas cartas tenderão a se apoiar reciprocamente, e outras cartas poderão, de fato, sugerir a necessidade de uma influência mais moderada para equilibrar todo esse anseio.

Em meu trabalho, desenvolvi um modo ligeiramente diferente de observar as duas primeiras cartas, referindo-me a elas não como cobertura e "oposição", mas como "Centro" e "cruzamento". Quanto a seus significados, defino-os como aspectos "internos" e "externos" ou, algumas vezes, como tempo "vertical" e "horizontal", ou simplesmente como "ser" e "fazer".

A carta do Centro expõe algumas características básicas da pessoa ou de sua situação. A carta cruzada mostra, então, como essas características afetam a pessoa ou como elas se traduzem em ação. Em outras palavras, a primeira exibe o que a pessoa é, e a segunda, como ela age.

Consideremos o exemplo na Figura 81. O Louco indicaria uma pessoa com uma tendência interna a se arriscar, a seguir seu instinto. Se a Temperança o cruzar, isso significa que, quando se trata de agir, a pessoa tende a uma abordagem mais cuidadosa, misturando a energia instintiva com considerações mais práticas.

Figura 81

Outro exemplo ajudará a ilustrar essa parte mais valiosa da leitura de uma Cruz Celta. O Ás de Copas no Centro indicaria um período de felicidade na vida de uma pessoa ou, mais precisamente, uma chance de felicidade, pois os ases representam oportunidades. Se o Dez de Copas cruzar o Ás, os dois significariam que a pessoa reconhece as oportunidades e as usará. Porém, se for o Quatro de Copas a atravessar o Ás, surgirá um significado diferente, mostrando uma atitude apática, que impedirá o consulente de apreciar o que a vida lhe oferece. No entanto, essa apatia não cancelará a oportunidade.

Ressaltei a pequena cruz devido à sua importância. Em algumas leituras, as duas primeiras cartas podem contar a história inteira, enquanto as outras a preenchem com detalhes. Como descrito na Parte Um, a expressão "tempo vertical e horizontal" deriva de interpretações simbólicas da crucificação, na qual a Eternidade, personificada em Cristo como Filho de Deus, cruzou o movimento "horizontal" da história, ou seja, a morte de um ser humano. Para os místicos cristãos, a crucificação lhes permite – por meio da meditação sobre a cruz e outros métodos de identificação com Cristo – trazer um sentido de tempo "vertical" para os fatos horizontais de sua própria existência física. Em muitas outras culturas, a imagem da cruz simboliza as quatro direções horizontais na superfície da terra, enquanto o ponto de intersecção ou de encontro das quatro sugere a direção essencialmente vertical do centro. Por conseguinte, a cruz também simboliza o próprio tarô, uma vez que os quatro braços representam os quatro naipes, e o centro remete aos Arcanos Maiores.

Em termos de leitura, o simbolismo da cruz pode mostrar o modo pelo qual a substância ou a essência de uma pessoa pode se combinar com o modo como ela age no mundo. Vale a pena repetir aqui o exemplo original, que sugeria o simbolismo do tempo cruzado. A leitura foi feita para um homem inseguro quanto ao rumo que deveria tomar na vida. Seu longo caso de amor estava no fim, e a carreira que ele escolhera como cantor profissional não se havia concretizado. A leitura iniciou com a Sacerdotisa cruzada pelo Hierofante. À primeira vista, essas cartas, às vezes chamadas de Papisa e Papa, representam valores contraditórios. A Sacerdotisa simboliza o instinto, o mistério, o silêncio, enquanto o Hierofante, como pregador de uma doutrina pela qual as pessoas podem orientar sua vida, simboliza ortodoxia, comportamento planejado e clareza. Desse modo, parecia que as duas cartas simbolizavam abordagens conflitantes em relação à vida. No entanto, quanto mais eu as observava, com suas imagens religiosas, mais eu pensava em conjunções, e não em opostos. As duas pareciam quase prescrever um modo de lidar com a vida. A Sacerdotisa indicava que, dentro de si, aquele homem carregava características de instinto e compreensão que talvez nunca aflorassem por completo, mas que poderiam conferir substância à sua vida. Por outro lado, o Hierofante mostrava que ele necessitava de um plano de ação mais racional em sua vida cotidiana. Precisava organizar-se e tomar decisões claras para alcançar o que desejava. Contudo, esses planos e as medidas práticas funcionariam melhor se tivessem o respaldo de seus próprios instintos e de sua consciência interior, e não das ideias socialmente aceitáveis sobre objetivos e comportamentos adequados. Justamente quando eu estava tentando explicar como essas características poderiam complementar-se mutuamente, o homem me interrompeu para dizer que as via em constante oposição e oscilava entre uma e outra, cedendo primeiro a seus desejos ou simplesmente à passividade, e depois tomando o caminho contrário, rumo a uma ação bastante direcionada e ortodoxa, como arranjar um emprego responsável e de classe média, em vez de continuar a cantar. Parte do meu trabalho na leitura foi mostrar-lhe como essas características poderiam funcionar em conjunto.

"BASE"

Após a pequena cruz, o leitor coloca a próxima carta diretamente abaixo do Centro. Essa posição representa a "Base" da leitura. Em geral, trata-se uma situação ou evento no passado – embora nem sempre –, que ajudou a criar a situação atual. Em razão do modo como nosso passado nos molda, às vezes essa carta pode explicar e unir todas as outras. Em uma leitura extraordinária sobre as dificuldades de uma mulher em relação a seu marido, o Imperador na posição de Base indicava que seu relacionamento com o pai ainda dominava sua sexualidade inconsciente e a estava impedindo de resolver seus problemas naquele momento.

Normalmente, a Base não mostra um tema muito amplo, mas com frequência indica uma situação prévia, sobretudo se existir uma conexão com o número ou o naipe de uma das duas primeiras cartas. Considere estas três cartas: o Mago cruzado pelo Cinco de Copas, com o Cinco de Espadas abaixo deles (ver Figura 82). Como a essência da pessoa, o Mago mostra uma personalidade forte, altamente criativa e dinâmica. Já o Cinco de Copas indica que a pessoa está preocupada com alguma perda, de modo que a personalidade forte se atenuou. Quanto às imagens, o Mago cobriu sua esplêndida túnica branca e vermelha com uma capa preta.

Figura 82

No entanto, o Cinco de Espadas mostra que a perda se iniciou com uma derrota dolorosa e humilhante. Foi essa derrota que diminuiu o fogo do Mago. Porém, a mudança de Espadas para Copas mostra que um processo de renovação já se iniciou. A pessoa pode começar a ver a situação mais como arrependimento do que como vergonha. O que torna esse movimento possível são as características do Mago, momentaneamente encobertas, mas ainda ativas na vida da pessoa.

"PASSADO RECENTE"

A próxima carta fica à esquerda da pequena cruz e é intitulada de "Passado Recente". Na verdade, trata-se de uma designação errônea, pois a diferença entre essa posição e a Base reside menos no período em que determinado evento ocorre do que em seu impacto sobre a pessoa. O Passado Recente se refere a eventos ou situações que afetam o consulente, mas que já perderam ou estão perdendo a importância. Normalmente, ele se refere a acontecimentos recentes. Às vezes, porém, pode indicar algo muito remoto ou de extrema importância. No exemplo acima, da mulher cujo pai teve forte influência sobre ela, se o Imperador tivesse aparecido no Passado Recente, e não na Base, isso indicaria que o bloqueio estava regredindo em sua vida e não a afetaria tanto no futuro.

"CONSEQUÊNCIA POSSÍVEL"

A próxima carta localiza-se logo acima da pequena cruz. Algumas pessoas nomeiam essa posição de "A Melhor Consequência Possível". Entretanto, um pouco de prática mostrará a limitação desse título otimista. Por exemplo, se o Nove de Espadas aparecer nesse caso, dificilmente ele poderá ser chamado de "melhor" resultado. Por isso, como muitos outros autores, refiro-me a essa posição simplesmente como "Consequência Possível". Entretanto, como chamamos a carta final de "Consequência", as pessoas podem achar os dois termos confusos. Por "possível" entendemos, em primeiro lugar, uma tendência mais genérica que pode resultar das influências mostradas na leitura. No momento, o resultado ainda é vago e talvez nem chegue a acontecer. Ele apenas significa que a pessoa está se encaminhando nessa direção.

Às vezes, a relação entre a Consequência Possível e a Consequência inclui causa e efeito. O Possível pode resultar da Consequência. Como um simples exemplo, imagine que a Consequência mostra o Oito de Pentáculos e a Possível Consequência mostra o Três. O Oito indica que o consulente passará por um período de trabalho e aprendizado árduos. O Três indica que esse esforço provavelmente produzirá o resultado desejado de grande habilidade e sucesso.

Às vezes, a Consequência Possível indica um resultado mais incerto do que a Consequência. Temos o exemplo de uma leitura feita há vários anos para uma mulher que havia se candidatado para um emprego e queria saber quais eram suas chances de consegui-lo. A carta da Consequência indicava atrasos e suspense, mas a Consequência Possível mostrava sucesso. Quando a mulher finalmente recebeu a resposta, o empregador lhe disse que haviam contratado outra pessoa, mas seu nome havia sido colocado em uma lista alternativa. Alguns dias depois, ele ligou para ela para comunicar que a outra pessoa havia mudado de ideia e que ele queria contratá-la. O possível se tornou real.

Há outro modo de comparar a Consequência Possível à Consequência, especialmente se as duas se contradisserem (em vez se se complementarem, como nos exemplos anteriores) ou se mostrarem uma relação direta, como o mesmo naipe ou número. Nessas situações, leio a Consequência Possível como algo que poderia ter acontecido, mas não acontecerá. Nesse caso, a tarefa consiste em procurar nas outras cartas a razão pela qual a consequência deveria acontecer.

Suponhamos que a Estrela se encontre na Consequência Possível do consulente, indicando que ele pode aparecer sentindo-se livre, cheio de esperança e aberto para a vida. Suponhamos, então, que o Diabo surja como a verdadeira Consequência, indicando uma submissão a uma situação opressora. O que deu errado? Por exemplo, se o Nove de Espadas invertido estivesse na posição da Base, isso nos daria uma pista, pois significaria que o consulente tem dentro de si um sentimento de vergonha e humilhação, oriundo de fraquezas e temores passados, e que o "aprisionamento" simbolizado pelo Nove impede que ele realize o potencial da Estrela.

Esses exemplos nos ajudarão a ver que o verdadeiro sentido de uma leitura de tarô não provém de cartas específicas, e sim de configurações formadas por elas em conjunto.

"FUTURO PRÓXIMO"

O braço final da Cruz surge à direita do desenho central. Oposto ao Passado Recente, ele é intitulado de "Futuro Próximo" e mostra uma situação que o consulente terá de enfrentar em breve. Não carrega a mesma totalidade que a Consequência; em vez disso, forma outra influência, nesse caso, a influência dos acontecimentos. Se a situação se iniciar de certo modo, mas terminar de maneira bem diferente, a razão pode estar no Futuro Próximo, que traria uma situação nova ou outra pessoa para mudar a direção. Por outro lado, se a Consequência tiver características muito diferentes do Futuro Próximo, isso pode indicar que a situação futura não terá um efeito duradouro. Por exemplo, se o Cinco de Bastões estiver no Futuro Próximo e o Três de Copas na Consequência, isso pode sugerir que o consulente atravessará um período de conflito com amigos, mas que esse conflito não durará muito tempo e dará lugar a laços mais estreitos e à colaboração. Muitas vezes, essa informação pode ser de grande ajuda para o consulente, pois lhe assegura que o período difícil que ele está para atravessar não vai durar. Se o contrário aparecer (ou seja, uma situação feliz dando lugar a outra ruim), o leitor só pode esperar que o leitor faça bom uso dessa informação. Dar más notícias é sempre menos agradável do que dar as boas.

Depois de dispor a Cruz, o leitor vira as últimas quatro cartas, uma acima da outra, à direita da Cruz. A tiragem final terá a seguinte aparência:

1. Centro
2. Cruzada
3. Base
4. Passado Recente
5. Consequência Possível
6. Futuro Próximo
7. Si Mesmo
8. Ambiente
9. Esperanças e temores
10. Consequência

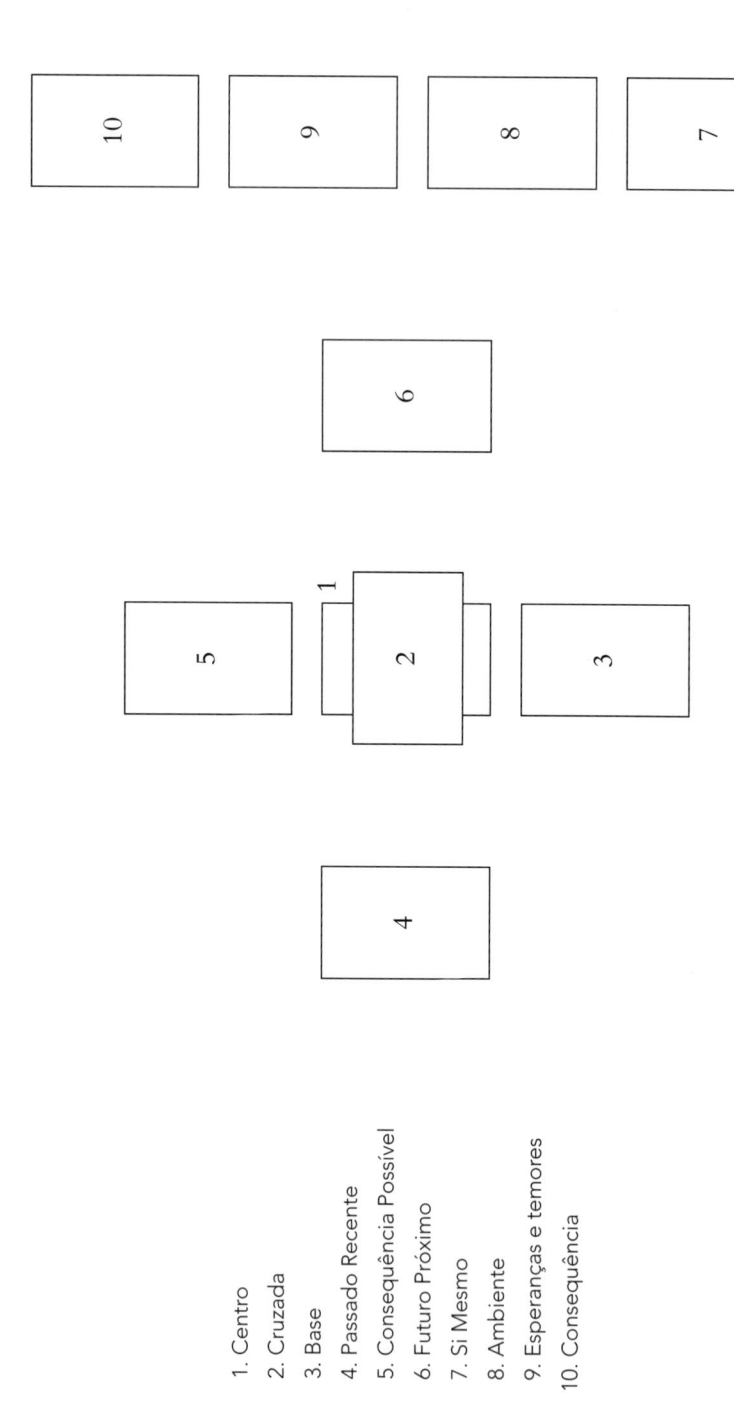

Figura 83. A tiragem da Cruz Celta.

"SI MESMO"

A carta na extremidade inferior da Estaca é chamada de "Si Mesmo" e se refere não à pessoa como um todo, mas ao modo como ela contribui para a situação. Que atitudes são mostradas pelo consulente? O que ele ou ela está fazendo que afetará a situação descrita nas outras cartas? Suponhamos que, em uma leitura iniciada com o Dois de Copas, a posição do Si Mesmo mostre o Dois de Espadas. Isso sugere que o consulente acha difícil abrir-se para o novo relacionamento indicado pela primeira carta. O comportamento tenso e até hostil do consulente afeta em grande medida a situação como um todo. A consequência indicaria o resultado do conflito.

"AMBIENTE"

Assim como o consulente influi sobre a leitura, as pessoas e as situações genéricas ao redor dele fazem o mesmo. Chamamos a oitava carta de "Ambiente" ou de influência dos "Outros". Se uma carta da corte aparecer nessa posição, normalmente isso significa que uma pessoa está influenciando o consulente. De outro modo, a carta pode apresentar o efeito de uma pessoa importante ou de uma situação mais genérica. Com frequência, indicará se o ambiente está ajudando ou obstruindo a direção na qual o consulente avança. Por exemplo, em uma leitura sobre trabalho, o Cinco de Bastões invertido no Ambiente sugeriria que uma atmosfera de hostilidade, trapaça e competição traiçoeira está deixando o trabalho desagradável.

Às vezes, o Ambiente indica mais o consulente do que outras pessoas. Ele mostra como o consulente reage ao que o cerca. Em uma leitura feita algum tempo atrás, o Quatro de Espadas no Ambiente mostrava o hábito do consulente de retirar-se de conflitos com pessoas ao seu redor.

"ESPERANÇAS E TEMORES"

Acima do Ambiente vê-se uma posição semelhante ao Si Mesmo, mas com um enfoque mais preciso. Chamamos essa posição de "Esperanças e Temores", pois ela mostra como as atitudes do consulente em relação ao futuro afetam o funcionamento dos eventos. Com frequência, essa carta praticamente dominará a leitura, sobretudo se a Consequência for muito diferente da Consequência Possível, indicando que o que parece provável não acontecerá. A influência mostrada por essa carta pode trabalhar a favor ou contra o consulente. Suponhamos que a leitura trate de um namoro e que a maioria das cartas tendam ao sucesso, com o Dois de Copas como a Consequência Possível. Entretanto, a Consequência mostra o Enamorado invertido, um claro sinal de que o relacionamento vai mal. Se a carta das Esperanças e dos Temores fosse o Três de Espadas, isso significaria que o temor do consulente de se decepcionar o impediu de investir no relacionamento o necessário empenho emocional. Em outros momentos, uma carta muito positiva nessa posição, como a Estrela ou o Seis de Bastões (ambas significando esperança), indicaria que a atitude do consulente pode gerar sucesso.

Às vezes, essa posição e a da Base ou do Si Mesmo trabalharão juntas, com a Base explicando as origens das atitudes do consulente em relação ao futuro. Por exemplo, se o Dois de Copas invertido apareceu como Esperanças e Temores, e o Oito de Bastões invertido saiu na Base, isso indicaria que um fundo de ciúme estava conduzindo a uma atitude muito negativa em relação à continuidade do caso amoroso.

Nesse último exemplo, vale notar que o Dois de Copas invertido pode ser um temor, mas também uma esperança. Chamamos essa posição de Esperanças *e* Temores, e não de Esperanças *ou* Temores, como se costuma ver. A terminologia reflete o fato de que, com frequência, ambos aparecem juntos (algo que, inicialmente, me foi salientado por meu aluno terapeuta). No trabalho, muitas vezes as pessoas esperam e temem o sucesso ao mesmo tempo, enquanto nos relacionamentos muitas delas temem o amor que buscam ou, de maneira semiconsciente, esperam ser rejeitadas. A dualidade de Esperanças e Temores aparece de maneira mais intensa nas cartas que lidam com a mudança ou a saída de situações de confinamento para outras de abertura.

A Morte, o Oito de Copas, o Dois de Bastões invertido e o Quatro de Bastões tratam desses temas de liberdade e mudança. Outros exemplos são o Diabo invertido, o Oito de Espadas invertido e a Estrela. Muitas vezes, se o consulente e o leitor examinarem juntos a atitude do consulente em relação a uma dessas imagens na posição de Esperanças e Temores, verão uma ambivalência surgir. O confinamento é mais seguro do que a liberdade. Como o componente desagradável – o medo do amor (ou do sucesso) ou a expectativa de rejeição (ou de fracasso) – costuma permanecer oculto dos desejos conscientes, a descoberta dessa ambivalência pode ajudar o consulente a criar o que realmente deseja.

Ver essa dualidade agir em uma leitura após a outra ensina ao leitor alguns fatos básicos sobre o condicionamento. O subconsciente (material reprimido que podemos chamar de camada inferior do ego – mais uma vez, ver nota de rodapé na página 290) é essencialmente conservador e até mesmo reacionário. Ele não apenas resiste a qualquer mudança, seja ela desejável ou desagradável, mas também prefere lidar com todas as situações do mesmo modo como lidou com situações semelhantes no passado. Para muitas pessoas, todo novo amigo ou namorado se torna um palco para repetir a história de "mamãe e papai". Enfrentamos cada novo problema ou tarefa como aprendemos a lidar com eles na infância. Pouco importa se, nessa época, fomos bem-sucedidos; isso conta menos do que a segurança de ter um padrão fixo para seguir. O subconsciente olha primeiro para a segurança e depois para outras considerações. E a segurança vem por meio da repetição.

Entretanto, esse mecanismo oculto de repetição de padrões antigos traz em si o valor da sobrevivência. Somos capazes de lidar com novos problemas porque o subconsciente automaticamente os compara com problemas anteriores e os encaixa na resposta pronta. A menos que a pessoa deseje enveredar por um programa deliberado de autocriação (tal como delineado pelos Arcanos Maiores), esse sistema funcionará relativamente bem, e é provável que não demande nenhuma interferência. No entanto, se a pessoa vir um romance após o outro cair em um clima de ciúme e amargura, ou um emprego após o outro fracassar, fará bem em analisar o modo como o subconsciente insiste em arranjar novas situações para repetir o passado. Uma maneira de, pelo menos, iniciar essa análise podem ser as leituras de tarô, com sua ênfase na experiência passada e no que realmente esperamos e tememos.

"CONSEQUÊNCIA"

Por fim, a Consequência. Essa carta reúne todas as outras. Mais do que isso, ela as equilibra e mostra quais influências são mais fortes e como elas trabalham juntas para produzir o resultado. Às vezes, a Consequência será um evento. Nesse caso, o importante é saber como ele aconteceu, e não apenas o que é. Se o consulente o achar desagradável, poderá olhar para as outras cartas e ver quais influências o estão impelindo nessa direção, com a esperança de mudar a situação. Se a Consequência parecer desejável, então, um estudo semelhante pode ajudar a aumentar essas influências, já fortes, que tendem para esse resultado.

Como qualquer tiragem, a Cruz Celta consiste em um número fixo de cartas. Se o leitor e o consulente acharem a mistura ambivalente, podem virar mais cartas sem um padrão fixo ou fazer outra leitura. Ao virar cartas extras, normalmente me limito a no máximo cinco (às vezes peço ao consulente para escolher um número), embora a leitura inicial tenha servido de base para virar a maior parte do *deck*. É comum que leitores iniciantes achem mais difícil interpretar cartas aleatórias e, por isso, evitem usá-las.

Algumas vezes, podemos fazer mais leituras para obter informações sobre uma carta específica na primeira leitura. Podemos ter uma pergunta sobre uma pessoa referida na posição do Futuro Próximo. Nessa situação, alguns leitores usarão a carta em questão como a Significadora para a nova leitura. Assim como a Significadora original ajudou o consulente a concentrar-se em si mesmo, a nova carta o ajudará a focar na pergunta específica.

UMA AMOSTRA DE LEITURA

Antes de deixar a Cruz Celta, eu gostaria de apresentar uma amostra de leitura, feita por mim alguns meses antes de escrever este livro. (Devo dizer que a consulente deu sua permissão para incluí-la aqui.)

A leitura foi feita para uma mulher que tinha acabado de ser aprovada no exame da Ordem dos Advogados e pouco antes tinha iniciado um namoro. De modo geral, parecia feliz e entusiasmada com sua vida. No entanto, quando virei as cartas, de imediato percebi um sentimento de tristeza.

Confiando mais nas cartas do que em minhas impressões conscientes, perguntei à mulher se ela andava triste nos últimos tempos. Para minha surpresa, ela logo respondeu que sim.

As cartas apareceram como segue. Para a Significadora, a mulher escolheu a Rainha de Pentáculos. As duas primeiras cartas foram o Três de Bastões, cruzado pelo Cavaleiro de Copas. Na Base estava a Morte; no Passado Recente, o Nove de Espadas; na Consequência Possível, o Cinco de Espadas invertido; e no Futuro Próximo, o Mundo invertido. O Si Mesmo era ocupado pelo Seis de Copas invertido; o Ambiente, pelo Três de Copas; as Esperanças e os Temores, pela Torre; e a Consequência, pelo Eremita (ver Figura 84).

Comecei dando à mulher uma interpretação geral. Ela estava atravessando um período de transição, no qual muitos padrões antigos estavam se extinguindo. O efeito disso era tão assustador quanto estimulante. A tristeza vinha do fato de ela se dar conta do que tinha perdido, de ter crescido e cortado os laços com sua infância. Por si só, a situação não se resolveria rapidamente – havia até mesmo a possibilidade de se desenvolver de maneira adversa, sobretudo se ela deixasse o Futuro Próximo, que mostrava estagnação, assustá-la a ponto de levá-la a uma atitude negativa. Embora as pessoas ao seu redor lhe dessem muito apoio, no final das contas, ela teria de resolver esse problema sozinha.

Sem dúvida, tudo isso era muito genérico. Em seguida, analisamos as cartas, uma a uma. A carta de cobertura, o Três de Bastões, indicava primeiramente suas conquistas imediatas, não apenas a graduação em Direito, mas também o fato de ter sido a primeira colocada no exame. Pois, quando conversamos sobre o que ela havia feito, ela me contou que, antes de estudar Direito, nunca levava sua vida e suas habilidades muito a sério. Naquele momento, tinha chegado a um ponto em que, além de conhecer sua própria força e inteligência, adquirira uma sólida base para buscar um futuro trabalho, graças ao fato de ter passado no exame da Ordem em sua primeira tentativa. Mesmo antes de discutirmos esses fatos, seu significado atravessou a imagem do homem em pé no penhasco, que enviava seus barcos para explorar novas terras.

Contudo, o Três de Bastões contém outro significado, muito adequado a essa leitura. Ele sugere uma atitude contemplativa quando a pessoa repassa suas lembranças. Na verdade, essa análise de sua vida resultou da sensação de conquista. As coisas que ela havia realizado a conscientizaram de que sua vida anterior havia terminado. Ao mesmo tempo, os barcos partindo para águas desconhecidas simbolizavam sua situação de não saber exatamente o que faria em seguida nem a forma que sua vida assumiria no futuro.

A imagem da realização e da exploração aludia a outras coisas na vida da mulher além de sua carreira. Pouco tempo antes, ela havia iniciado uma psicoterapia e entrado para um grupo de apoio, chamado de "círculo de cura". Essas duas atividades aumentaram sua sensação de novidade e desconhecido, pois, ao mesmo tempo que a faziam confiar e acreditar em si mesma, tornavam muito mais difícil para ela agarrar-se aos antigos padrões.

Então, o Cavaleiro de Copas cruza o Três de Bastões, e a segunda carta parece muito mais uma consequência da primeira, pois o Cavaleiro de Copas significa envolvimento consigo mesmo, um olhar para dentro de si. Juntas, as duas cartas diziam que, no centro de sua vida, naquele momento a mulher estava contemplando o passado, pensando em como sua vida tinha sido e olhando para o futuro. Contudo, dentre todos os Cavaleiros, o de Copas é o que menos se conecta à ação. Quando se tratava de tomar decisões práticas, a mulher hesitava muito.

Sob a pequena cruz apareceu a Morte, primeria carta dos Arcanos Maiores. A Morte enfatizava a experiência de ver o passado se extinguir. Durante toda a vida, a mulher manteve alguns padrões: determinados modos de lidar com o mundo, com outras pessoas e consigo mesma. Entretanto, em razão de suas realizações, esses antigos modos deixaram de ser aplicados. Quase sem aviso, ela se viu apartada dos padrões seguros sem saber direito como enfrentar o futuro. Tivemos mais clareza sobre esses padrões quando consideramos as cartas do Si Mesmo e da Consequência, mas, nesse caso, importava apenas ver que o antigo, independentemente da forma que assumira, tinha acabado.

Vale notar a semelhança entre o Cavaleiro de Copas e a Morte. Uma vez que o trunfo se encontra na Base – o passado –, e a carta dos Arcanos Menores, no presente, podemos chamar o Cavaleiro de um desenvolvimento

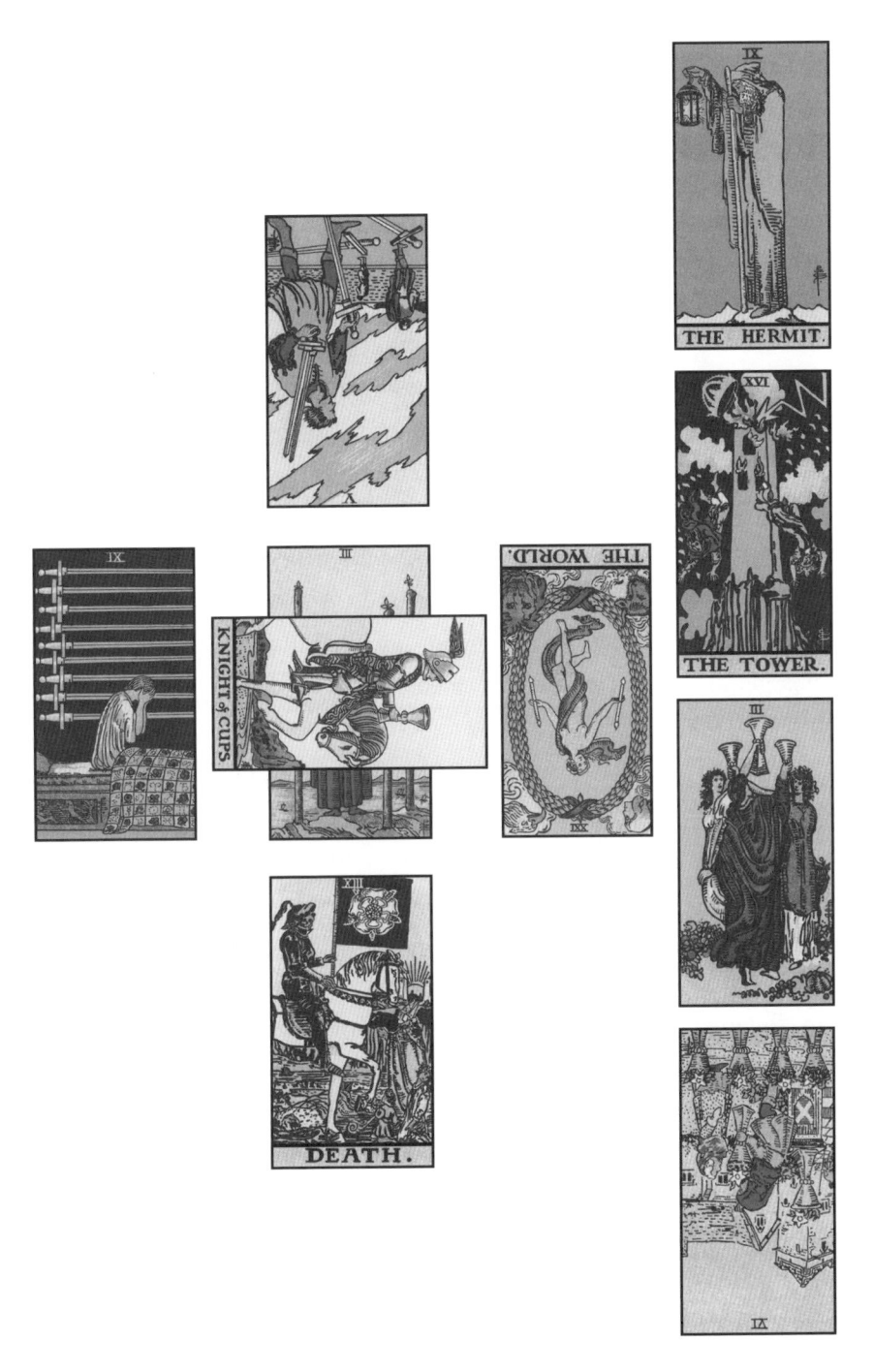

Figura 84. Amostra de uma leitura de Cruz Celta.

prático do arquétipo da Morte. Em outras palavras, abaixo dele, ela está vivenciando a perda de sua antiga vida; porém, na superfície, não se sente segura, tanto do ponto de vista emocional quanto prático, a respeito do que fazer em seguida.

O Passado Recente veio diretamente da Base. Ele mostra como as duas posições podem praticamente coexistir. Em outras palavras, a Base não veio primeiro e, em seguida, deu lugar ao Passado Recente, mas, como a pequena cruz, o Passado Recente originou-se do padrão geral mostrado pela Base. O Nove de Espadas indica tristeza e sofrimento. Às vezes, pode simbolizar o luto. Nesse caso, podemos pensar no "luto" como metáfora. A pessoa chora por ela mesma, pois, como vimos na Base, algo "morreu". Esse algo não era nocivo, simplesmente perdeu seu sentido. No entanto, o fato de sua vida tê-lo superado não a impediu de sentir falta das maneiras seguras e confortáveis de lidar com o mundo. A carta também não sugere que ela sente falta de seu eu antigo por temer a vida. Nesse caso, a tristeza é mais genuína e, na realidade, coexiste com a alegria e o entusiasmo igualmente reais que eu vira antes da leitura.

As quatro primeiras cartas enfatizam sua vida interior; as duas seguintes mostram a habilidade do tarô para indicar tendências e eventos e, sobretudo, fazer uma advertência. Em primeiro lugar, a Consequência Possível. O Cinco de Espadas invertido indica derrota, provocando vergonha e humilhação. Aqui, sua presença mostrou que, apesar de tudo o que a mulher havia realizado, seus esforços poderiam não dar em nada. No entanto, às vezes a carta da Consequência contradiz claramente a Consequência Possível, mostrando que, por alguma razão, a possibilidade não se tornará realidade. Nesse caso, a relação é mais sutil. O Eremita é um bom indicador de que ela não perderá o que conquistou, mas não garante nada. Ele a mostra avançando em uma boa direção, mas sem chegar, pelo menos no sentido prático. Portanto, o Cinco de Espadas ainda era uma possibilidade, e o tarô a advertia para que fizesse o possível – aceitar a ajuda de amigos, não ceder aos próprio temores, especialmente nos períodos de estagnação –, a fim de evitar esse resultado.

O Mundo invertido representa a inação, a falta de sucesso e a inabilidade para reunir as coisas. Tal como o Futuro Próximo, ele indica que sua vida permaneceria instável por algum tempo, sem muitos avanços na carreira e em outras esferas. Por isso, vemos que a derrota de seu novo eu, mostrada como possível, pode acontecer quando esse eu fracassar em obter resultados práticos. O fato de o tarô a ter advertido quanto a esse período de estagnação poderia ajudá-la a atravessá-lo, como também poderia ser de grande ajuda saber que esse período é apenas o Futuro Próximo, e não a Consequência.

Depois da Cruz vem a Estaca. A primeira das quatro cartas, o Seis de Copas invertido, está na posição do Si Mesmo. Nela encontramos uma clara indicação do que morreu. Quando virada para cima, a carta mostra uma criança em um jardim e um personagem maior dando-lhe um presente. Essa imagem sugere proteção, segurança e uma criança cujos pais cuidam de todas as suas necessidades. No entanto, aqui vemos a carta invertida. Com as outras cartas, em especial a Morte e o Eremita, a imagem implica que a mulher subverteu esse modo delimitado e protegido de vida. Ao discutir essa carta, ficou claro que, na verdade, a mulher havia passado a maior parte da vida com os pais, que a tratavam como sua "garotinha". Ela os deixara agir assim porque isso a fazia sentir-se segura. Mesmo no momento da leitura, como ela me explicou, seus pais, em especial seu pai, não conseguia aceitar o fato de que ela havia crescido e tinha de tomar suas próprias decisões e de correr os próprios riscos. E, é claro, ela mesma achara difícil aceitar a mudança. Ir para a faculdade de Direito fora o primeiro passo. Antes disso, nunca tinha se levado a sério o suficiente para fazer algo importante. Ao mesmo tempo, a faculdade permanecera outro "jardim" – uma situação em que ela não tinha de fazer escolhas, mas apenas seguir o rigoroso padrão estabelecido para ela. Quando chegou a época do exame, ficou assustada e, de fato, buscou a ajuda de um terapeuta para passar. Graças à terapia, conseguiu isso e outras coisas também, como perceber que não era mais criança e que não podia deixar que outras pessoas tomassem decisões em seu lugar. A tristeza vinha dessa perda.

De certo modo, a carta seguinte era a mais importante, bem como a mais simples em toda a leitura. O Três de Copas no Ambiente indicava um grande apoio por parte dos amigos. Representava, sobretudo, o "círculo de cura" e o terapeuta. Sua importância reside no fato de ele mostrar quanto apoio ela podia receber dessas pessoas, sem nenhuma crítica, o que se revelava especialmente relevante diante da possibilidade de derrota em um período de estagnação. O Três de Copas não mostra apoio no sentido de caridade ou abnegação. As três mulheres dançam juntas. As pessoas ao redor da consulente lhe dão força simplesmente por estarem com ela, compartilhando suas experiências e deixando que *ela as* apoie. Vale notar também o contraste entre o Três e o Seis. Neste, as mulheres são todas iguais; a carta não traz o sentido de acolher ou mimar.

O Três de Copas indica uma conexão "horizontal" (duas cartas com o mesmo número) com o Tres de Bastões como Centro. Algumas das influências fundamentais nessa imagem – a personagem firmemente plantada no topo da colina – derivam do apoio dado no ambiente. Embora lançar um olhar retrospectivo para sua vida e explorar novas áreas ainda fossem atividades solitárias, ela podia ganhar coragem com as pessoas ao seu redor.

Na posição de Esperanças e Temores encontrava-se uma das imagens mais temidas do tarô: a Torre. Ela significa destruição, colapso, experiência dolorosa. Sem dúvida, representava os temores da mulher de que tudo o que realizara pudesse volatilizar-se de alguma forma. Esse temor poderia facilmente transformar-se em uma profecia que se cumpriria por si só, levando ao Cinco de Espadas invertido, sobretudo sem o sucesso imediato para tranquilizá-la e encorajá-la.

O temor exagerado remete ao Seis de Copas e à sua derrubada. Ela poderia ter desistido de uma atitude infantil de proteção, estar considerando sua vida com expectativa e entusiasmo, mas parte dela ainda pensava: "Como vou fazer isso? Estou sozinha agora. Não estou mais protegida. Tenho de tomar minhas próprias decisões". E, a partir disso, passou a pensar: "Não consigo fazer isso. Não sou forte o suficiente; tudo vai acabar indo para o brejo".

Quando a oposição ou o atraso surgissem, o medo assumiria o comando, fazendo a situação parecer o colapso esperado. E o pensamento semiconsciente seria o seguinte: "Viu só? Eu sabia que não conseguiria. Por que sempre me isolo?" Na leitura, discutimos a possibilidade de a Torre também representar uma esperança subconsciente. O subconsciente, órgão tão tolo quanto conservador,* costuma se recusar a aceitar a perda de uma situação que considerava certa ou segura. Pouco importa se o eu sabe, mesmo que conscientemente, que não pode retomar a proteção dos pais. O subconsciente não aceita a realidade. Ele consegue facilmente convencer-se de que o fracasso dos planos atuais trará a segurança de volta.

A conscientização dessas atitudes ocultas percorre um longo caminho até superá-las, pois o subconsciente depende em grande medida do que está encoberto. É o que podemos ver quando pensamos nos momentos em que nutrimos alguma ansiedade secreta, para então descobrir, quando a enunciamos em voz alta, que a simples tolice da ideia a dissipa de nossa mente. A leitura de tarô pode agir desse modo ao identificar o material oculto e mostrar suas prováveis consequências – nesse caso, o Cinco de Espadas.

Na posição da Consequência encontra-se o Eremita. A primeira coisa a observar em relação a essa carta é que ela não mostra sucesso nem fracasso. Ao contrário do Três de Bastões e do Cinco de Espadas, ela não indica possíveis evoluções práticas. Em vez disso, aponta para qualidades na própria mulher, que, por sua vez, revelarão como ela enfrenta a nova situação.

O significado mais óbvio do Eremita deriva de seu nome e de sua imagem básica. Ele mostra a mulher enfrentando a vida sozinha. Porém, isso não significa que ela perde ou nega o apoio dos que a cercam. Quando muito, indica a necessidade de recorrer a esse apoio o máximo possível. Pois o Eremita significa que, por mais que os outros possam ajudá-la, ela

---

* Não se deve confundir "subconsciente" com "inconsciente", cujos atributos incluem tanto a coragem quanto o verdadeiro conhecimento. O uso desses dois termos como sinônimos gerou uma grande confusão. Aqui, emprego o termo "subconsciente" para representar aspectos – desejos, ansiedade, temores, esperança – reprimidos pela mente consciente quando lida com as realidades externas da vida. "Inconsciente" significa a energia básica da vida, a área do ser além do ego. Apesar de suas qualidades ocultas, o subconsciente é, na verdade, uma extensão do ego. Em certo sentido, ele personifica o domínio absoluto do ego, o reino onde não tem nenhum compromisso com a realidade. Como não se ocupa das consequências, o subconsciente é capaz de colocar você na frente de um caminhão para evitar uma conversa desagradável. O inconsciente, por sua vez, oferece-nos equilíbrio e apoio, unindo-nos à grande onda de vida que ultrapassa nossa essência individual. Nos Arcanos Maiores, o Pendurado nos dá uma poderosa imagem dessa conexão vital.

tem de tomar suas decisões sozinha. Como a figura no Três de Bastões, o Eremita se encontra sozinho em sua montanha.

No entanto, a solidão do Eremita não existe por si só. Nos Arcanos Maiores, ela simboliza o ato de retirar-se conscientemente do mundo e dos eventos externos para considerar seu significado. Obviamente, a ideia de significado se encaixa perfeitamente nessa leitura peculiar. Ter o Eremita como Consequência significa que, na realidade, os temores, os adiamentos e as possíveis derrotas não importam muito, desde que a mulher aceite sua situação. Com efeito, o Eremita simboliza justamente a psicoterapia.

Ao mesmo tempo, o Eremita também indica o sucesso que ela pode ter ao aceitar a vida. Pois, em seu aspecto mais arquetípico, ele significa sabedoria e autêntico conhecimento da alma, adquirido mediante o afastamento e a introspecção. Tal como a árvore do Pendurado, a montanha do Eremita representa a conexão da mente consciente com a sabedoria e a energia vital do inconsciente.

Desse modo, como Consequência, o Eremita indicava que ela deveria entender e aceitar as mudanças que havia feito, de maneira semiconsciente, em sua vida. O simbolismo da montanha relaciona a última carta à primeira, o Três de Bastões. Essa relação, por sua vez, aponta para o sucesso tanto prático quanto emocional.

Por fim, o Eremita significa maturidade. Por meio de sua consciência, ele leva adiante o processo iniciado no Seis de Copas invertido, a derrubada da dependência infantil. Ele mostra que a situação se resolverá por si só quando a mulher superar sua hesitação e seus temores. Em longo prazo, a montanha do Eremita representa não o isolamento, mas apenas uma qualidade que a mulher estava começando a experimentar: a autoconfiança, a confiança em sua própria habilidade e em seus julgamentos.

Como a Consequência mostrava mais uma elaboração do que um resultado, decidi virar outra carta para obter uma indicação de como os acontecimentos eventualmente poderiam terminar. A carta foi outro três, desta vez de Pentáculos. Como carta de realização e mestria, ela mostrava que o sucesso de longo prazo estava atrasado e se encontrava no Futuro Próximo.

O CICLO DE TRABALHO

Apesar de seu poder, a Cruz Celta ainda funciona, sobretudo, como uma ferramenta descritiva, mostrando-nos as diferentes influências que cercam algumas situações. Embora muitas vezes implique um plano de ação ("Aproxime-se com cautela, tente preparar tudo antes de fazer alguma coisa" ou "As coisas não vão funcionar com essa pessoa; você reencontrará seu próprio eu se a deixar partir"), as pessoas se veem sozinhas diante da pergunta: "O que devo fazer?". Embora nem sempre o tarô dê sugestões concretas como "faça um curso de cerâmica" ou "visite sua avó", ele pode indicar o tipo de ação ou a abordagem de que a pessoa precisa, deixando os detalhes específicos para o indivíduo. Como um simples exemplo, o Oito de Pentáculos pode dar o seguinte aviso ao consulente: "Continue seu trabalho. Vai levar tempo, mas talvez traga bons resultados".

Há outras perguntas, mais sutis, que as pessoas às vezes fazem a si mesmas depois de uma tiragem de Cruz Celta: e se eu tivesse seguido um conjunto diferente de influências? E se eu não tivesse tomado essa atitude específica em relação ao futuro ou tivesse considerado algo diferente em meu passado? Como isso mudaria a consequência? Em outras palavras, que possíveis mudanças posso fazer?

Para enfatizar as possibilidades de aconselhamento, elaborei uma nova tiragem para as cartas. Baseada em parte na Cruz Celta e, em parte, em meu próprio modo de dispor os Arcanos Maiores, ela traz três inovações. Em primeiro lugar, toda a sua perspectiva tende mais para o aconselhamento do que para a descrição. Em segundo, o final é aberto. Depois que o leitor chegou à última posição, ele pode deitar mais cartas, até dez vezes a quantidade original. Sem dúvida, o leitor pode fazer isso em qualquer tiragem, mas não em posições definidas. A estrutura do Ciclo de Trabalho, como chamo essa tiragem, permite que o leitor repita várias vezes as posições originais. Seu efeito é permitir que ele visualize a situação de diferentes lados.

A terceira inovação envolve a leitura das cartas em diversas combinações. Em muitas leituras (mas certamente não em todas; ver o método da Árvore da Vida apresentado abaixo), as cartas são lidas individualmente, embora tentemos combinar os significados, como na Cruz. No Ciclo de Trabalho, porém, as posições incluem a ideia de combinações. Os leitores se lembrarão de que minha interpretação dos Arcanos Maiores divide os trunfos em o Louco, mais três linhas com sete cartas cada uma, sendo que cada linha mostra um estágio diferente de desenvolvimento. Certamente também se lembrarão de que, mais adiante, cada linha se divide em três partes. As duas primeiras cartas significam o ponto inicial da linha – os arquétipos ou as qualidades básicas que a pessoa tem de usar ao passar pelas experiências mostradas nessa linha. As três do meio representam o trabalho básico da linha – o que a pessoa tem de assimilar ou superar. As duas cartas finais mostram o resultado. Desse modo, o Mago e a Sacerdotisa na primeira linha indicam os arquétipos básicos da vida. A Imperatriz, o Imperador e o Hierofante mostram os diferentes aspectos do mundo exterior, com os quais deparamos quando crescemos. O Enamorado e o Carro simbolizam o desenvolvimento do indivíduo bem-sucedido. O Ciclo de Trabalho toma de empréstimo e adapta essa estrutura tripartite.

A TIRAGEM – POSIÇÕES E SIGNIFICADOS

A leitura se inicia com a escolha da Significadora e o embaralhamento das cartas, tal como realizado com a Cruz Celta. De maneira semelhante, as duas primeiras cartas formam uma pequena cruz, interpretada como no antigo método de leitura, talvez com mais ênfase no fato de a carta cruzada ser uma consequência ou um desenvolvimento da carta do Centro.

Depois da pequena cruz, o leitor vira sete cartas em uma fileira abaixo da Significadora, e não ao redor dela. A Significadora e a Cruz devem ficar acima da carta do meio. (ver Figura 85.)

Essa linha forma o ciclo básico, e a leitura pode parar com essas nove cartas. No entanto, se depois de interpretar essa linha o leitor e o consulente desejarem mais informações ou simplesmente outra abordagem, o leitor deverá dispor uma segunda linha de sete cartas logo abaixo da primeira, e assim por diante, até o significado ficar claro.

A Interno (ser)
B Externo (fazer)

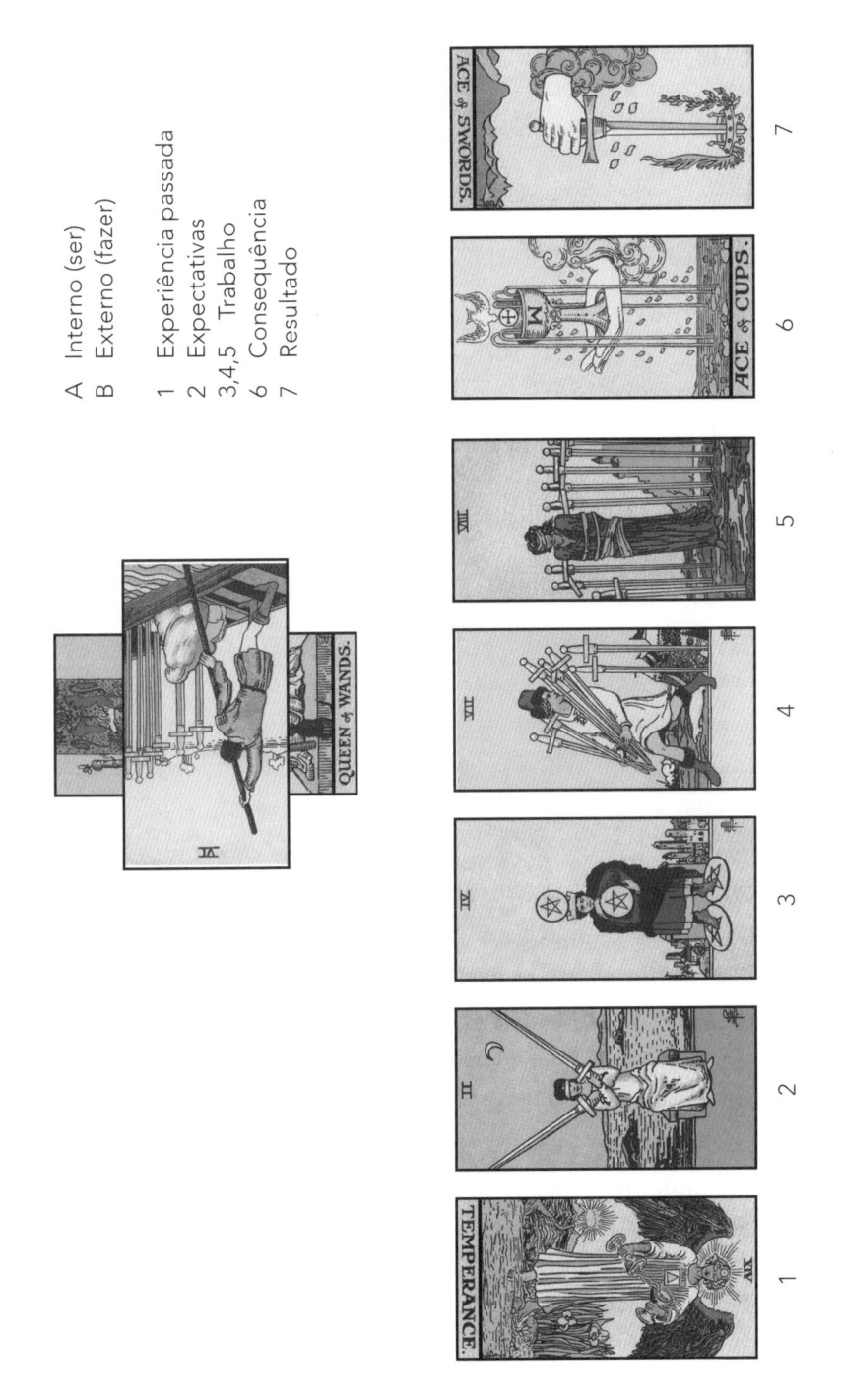

1 Experiência passada
2 Expectativas
3,4,5 Trabalho
6 Consequência
7 Resultado

Figura 85. Uma amostra da tiragem "Ciclo de Trabalho".

Em cada linha, as duas primeiras cartas formam o ponto de partida. Seus significados específicos derivam da Cruz Celta. A primeira carta é a Experiência Passada, interpretada de modo semelhante ao da carta da Base no formato antigo. A segunda se refere às Expectativas, ou seja, a atitude do consulente em relação ao futuro. Na prática, interpretamos essa carta de maneira bem parecida com a da posição Esperanças e Temores da Cruz Celta. Juntas, as duas cartas mostram o que aconteceu e o que o consulente espera, teme ou acredita que vai acontecer.

As próximas três cartas se afastam de forma mais evidente do antigo sistema. Elas mostram o que chamo de "Trabalho" — situações, influências ou atitudes que a pessoa pode usar ou precisa superar. Na Cruz, as posições representam padrões relativamente fixos. É assim que funciona. As cartas do Trabalho indicam possibilidades e até mesmo oportunidades. Elas enfatizam o modo como a pessoa cria a situação e pode mudá-la.

Quando iniciei essa forma de leitura, atribuí um sentido a cada posição. A carta no centro indicava o Si Mesmo, a da esquerda, os Outros, e a da direita, os Acontecimentos. Logo descobri que era melhor não dar nenhuma característica específica a elas, mas interpretá-las juntas, simplesmente como o que o consulente dispõe para trabalhar na situação, uma combinação de possibilidades. Ao mesmo tempo, vale a pena lembrar as três designações, pois uma ou mais delas pode ajudar a identificar o significado em tiragens específicas.

Vejamos um exemplo das três como uma combinação. Suponhamos que uma leitura trate de um novo romance, tema antigo e bastante popular. Uma mulher conhece alguém de quem gosta, mas não sabe o que ele sente por ela nem se ela deveria fazer alguma coisa em relação a seus próprios sentimentos. Na leitura, a seção do Trabalho mostra o Cinco de Bastões, o Eremita invertido e o Dois de Copas (ver Figura 86).

Obviamente, o Dois de Copas indica que o homem sente o mesmo por ela, tal como seria sugerido pela Cruz Celta. Contudo, nesse caso, a carta vai além e aconselha a mulher a revelar ao homem seus sentimentos. Também sugere que ela tem muito a ganhar se ficar com essa pessoa e que o namoro, longo ou curto, afetará intensamente sua vida.

O Eremita reforça essas ideias. Aqui, sua posição invertida não significa imaturidade, mas, antes, a ideia de que esse não é o momento para solidão. Ao contrário, a mulher sairá ganhando ao se envolver nesse relacionamento.

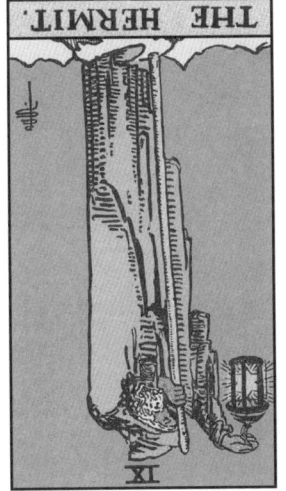

Figura 86

No entanto, o Cinco de Bastões sugere que a situação inclui conflito. Por aparecer com o lado certo para cima, não indica amargura nem uma perturbação séria que a mulher deva tentar evitar. Ao contrário, mostra um estímulo à contenda de ambos, que os anima em vez de exauri-los. E como isso acontece na seção do Trabalho, implica que ela deveria *usar* a energia liberada pelo conflito em vez de tentar evitá-lo.

O Eremita entre as duas cartas talvez indique que mulher passou algum tempo isolada das outras pessoas e agora deseja (ou precisa) voltar ao mundo. Por um lado, ela pode usar seu novo relacionamento para sair de si mesma. Por outro, descobrirá que envolver-se com outras pessoas traz desavenças e competição, e ela tem de aprender a aceitar e usar essas coisas.

Vale notar que as três cartas não se limitam a mostrar o que existe, mas, antes, indicam as direções e os potenciais – coisas com as quais podemos trabalhar. Consideremos agora dois possíveis pontos de partida para essa leitura imaginária e os diferentes modos como eles modificam as cartas do Trabalho. Em primeiro lugar, consideremos o significado se as duas primeiras cartas forem o Cinco de Copas e o Três de Copas, ligadas pela imagem das três taças. A primeira, como Experiência Passada, indica a perda de algo — muito provavelmente o fim de um relacionamento amoroso — e comporia o pano de fundo do Eremita. Portanto, a Experiência Passada nos diz que a etapa do Eremita veio como uma reação a um acontecimento, mas uma reação que agora a mulher pode deixar para trás. O Três reforça essas ideias de novo envolvimento e mostra uma atitude muito otimista, que talvez lhe permita superar os conflitos que surgirem.

No entanto, suponhamos que mudamos o ponto de partida para o naipe de Espadas, especificamente, o Oito seguido pelo Quatro. O Oito indicaria uma história de repressão, isolamento e confusão, enquanto o Quatro sugere que essa situação passada deixou a mulher traumatizada, pois, como Expectativa, a carta mostra o desejo de esconder-se do mundo e evitar o envolvimento com outras pessoas. Ao mesmo tempo, o Quatro representaria o temor — ou a crença — de que ela passará a vida sozinha, sem que ninguém arrombe a igreja fechada para acordá-la e trazê-la de volta ao mundo.

Com esse ponto de partida, as cartas do Trabalho indicariam uma importante oportunidade para a pessoa. Elas lhe diriam que esse relacionamento pode tirá-la do estado solitário do Eremita. É chegada a hora de aparecer, e se esse aparecimento trouxer conflitos e discussões, ela também terá de aceitá-los e até usá-los para se envolver de maneira mais intensa com a vida.

As duas últimas posições na linha apresentam novamente a ideia de combinação. Como a Consequência e o Resultado, elas ultrapassam o uso único que a Cruz Celta faz da Consequência para sintetizar a leitura. A Consequência indica o provável modo como as coisas evoluirão. O Resultado, por outro lado, indica a reação do consulente a essa evolução ou o efeito que ela terá em sua vida. Esse efeito pode ser uma experiência ou uma atitude. Por exemplo, pode indicar um evento ou outra evolução que ocorra em razão da Consequência. O Cinco de Copas seguido pelo Oito de Copas diria que o consulente perde algo ou que uma situação termina mal.

Como resultado, a pessoa decide partir, ir para um lugar diferente ou começar uma nova fase na vida.

Outra possibilidade é a carta do Resultado mostrar o efeito psicológico da Consequência. Um exemplo clássico é a Torre seguida pela Estrela, indicando que uma explosão na vida do consulente conduziria a uma liberação de esperança e energia. Esse exemplo também ilustra a potencial importância de ver não apenas a Consequência, mas também o que vem depois dela. Se a tiragem mostrasse apenas a Torre, e não a Estrela como resultado dela, essa leitura deixaria o consulente com uma sensação de devastação.

Com frequência, a primeira linha exibe uma figura tão forte que a pessoa não precisará de mais informações. Outras vezes, porém, essa linha pode deixar o consulente ligeiramente confuso ou apenas querendo ver a situação de um ponto de vista diferente. Nesse caso, o leitor pode simplesmente dispor outra linha logo abaixo da primeira. As posições permanecem as mesmas, e as sete cartas continuam relacionadas à pequena cruz original, que estabeleceu a situação básica. No entanto, como iniciamos com um ponto de partida diferente, a linha nos permite ver a situação de outra maneira.

Além da nova informação obtida, esse método ajuda a responder a uma pergunta que muitas pessoas fazem sobre as tiragens de tarô: "Se eu repetisse a leitura, outras cartas apareceriam; então, como essas cartas podem realmente significar alguma coisa?" A resposta é que as novas cartas considerarão a mesma situação a partir de um novo ponto de vista.

Muitas vezes, se um leitor dispuser uma Cruz Celta, depois embaralhar as cartas e repetir essa composição, muitas das mesmas cartas, ou outras semelhantes, aparecerão na segunda tiragem. Em duas leituras que fiz para um casal (com a leitura para uma terceira pessoa entre essas duas), seis das dez cartas eram iguais, e a carta do Ambiente na leitura para a mulher foi a que havia sido usada como Significadora para o homem. Como, de fato, impede que as mesmas cartas apareçam, o Ciclo de Trabalho tende a mostrar diferentes aspectos da questão.

Algumas vezes, a segunda linha é quase um reflexo da primeira, indicando que a situação se encaminha com tanta determinação para essa direção que a pessoa dificilmente conseguirá mudá-la. Outras vezes, no entanto, a Consequência-Resultado mostrará uma alternativa definida para a primeira linha. Nesse caso, o leitor terá de olhar para os pontos de partida e as cartas do Trabalho.

UMA AMOSTRA DE LEITURA

Certa vez, fiz uma leitura para uma mulher que tinha um namorado ciumento. Teoricamente, nenhum deles esperava que o outro fosse monogâmico, mas a mulher sabia que, se saísse com alguém – e esse alguém apareceu –, seu namorado ficaria chateado. Ela queria um conselho sobre o que fazer, e fizemos um Ciclo de Trabalho (ver Figura 87 a, b).

Antes da leitura, frisei a ela que o Três de Copas costuma aparecer nessas situações, com o lado certo para cima quando as coisas vão bem e invertido quando vão mal. A leitura começou com o Três de Copas invertido e cruzado pelo Ás de Copas. A combinação mostrava que, apesar das crises de ciúme e das discussões, a situação lhe traria muita felicidade se ela conseguisse resolvê-la. A primeira linha iniciou-se de maneira muito positiva com o Ás de Pentáculos no Passado e o Sol como Expectativa altamente otimista em relação ao futuro. Além de mostrar felicidade e prazer, o Ás de Pentáculos traz um senso de segurança e de situações protegidas e fechadas. Por algum tempo, a mulher e seu namorado não se relacionaram muito com outras pessoas e construíram ao seu redor um "jardim" emocional e restrito, conforme mostrado pelo simbolismo do Ás (de fato, eles viviam em uma casa afastada, no interior do País de Gales).

O Sol mostra a criança, saindo a cavalo do jardim. Esse é o momento em que a mulher espera libertar-se para experiências mais amplas. Como o Ás de Pentáculos tinha mudado no presente para Ás de Copas, pelo menos como possibilidade, as cartas mostravam que ela havia começado a se desprender, a extravasar suas emoções, sem se importar com a segurança.

O Trabalho parecia sugerir mais liberdade ainda. A Estrela, a Torre e o Mundo – todos trunfos da última linha – mostravam, em primeiro lugar, o poder da situação. No centro, a Torre simbolizava as batalhas tempestuosas e as avassaladoras emoções envolvidas. Também sugeria o risco de seu relacionamento seguro ser destruído pelos raios do ciúme e do ressentimento.

Aqui, a Estrela não indicava especificamente uma libertação que ocorreria depois da Torre, como o faria no final da linha. Em vez disso, dizia-lhe que, nessa situação difícil, ela precisava de otimismo e extrema transparência a respeito de seus próprios desejos e de suas próprias emoções. O Mundo também indicava otimismo, implicando a possibilidade de combinar objetivos opostos, como um relacionamento estável e liberdade.

No entanto, apesar de todas essas influências positivas, as cartas finais não pareciam nada promissoras. O Oito de Espadas invertido, seguido pelo Diabo, sugeria que ela tentaria se libertar das características limitantes de sua situação. O Resultado, porém, mostrava que ela provavelmente fracassaria nesse intento. A segurança feliz e confortável do Ás de Pentáculos havia se transformado em uma repressão diabólica, com ela e seu primeiro namorado acorrentados a uma situação que nenhum dos dois queria na realidade.

Para tentar outro ponto de vista – e compreender o que deu errado na primeira linha –, dispusemos uma segunda fileira de cartas (ver Figura 87 b).

Essa linha começou de maneira mais moderada. A Experiência Passada mostrava o Sete de Espadas indicando tentativas tímidas de escapar do confinamento em sua vida. Sugeria que, anteriormente, ela nunca havia levantado a questão com seriedade nem enfrentado os reais problemas envolvidos. Sozinha, essa carta sugeria as razões para o Diabo se afirmar – a mulher nunca tinha tentado descobrir o que deveria ser feito, nunca tinha confrontado seu namorado nem os problemas entre eles.

A segunda carta levava essa ideia adiante. A Justiça mostrava não apenas uma esperança de que todos fossem "justos", e não repressivos ou egoístas, mas até mais, um desejo de ver tudo com clareza e de enfrentar a verdade sobre si mesmo – o que *ela* havia feito com a própria vida e como deveria lidar com as reações dos outros. Demonstrando uma atitude mais dura e muito mais rígida do que o Sol, a Justiça simbolizava um compromisso com a realidade, a fim de criar um futuro real para si mesma. Vale notar que o Sol mostra uma criança livre, sem responsabilidades – o oposto da Justiça.

Nessa linha, o Trabalho – o Nove de Copas, o Quatro de Pentáculos e a Roda invertida – dava continuidade ao tema do realismo. O Nove de

Figura 87 (a). Uma amostra da leitura do Ciclo de Trabalho.

Figura 87 (b). Continuação da amostra de leitura do Ciclo de Trabalho.

Copas mostrava uma necessidade de equilibrar a pressão emocional com algum prazer. Por outro lado, a Roda invertida indicava a capacidade de organizar todas as ilusões envolvidas. Também mostrava a necessidade de adquirir o controle da situação, recusar-se a permitir que a Roda dos acontecimentos simplesmente a girasse em qualquer direção. Desse modo, a Justiça se tornava não apenas uma esperança, mas o principal método para sair da passividade e da subjetividade.

Das três cartas no meio, o Quatro de Pentáculos era a mais interessante, sobretudo quando comparado com a Torre acima dele. Enquanto o trunfo a mostrara despedaçando-se sob o impacto das fortes emoções alheias, o Quatro de Pentáculos mostrava-a protegendo-se, agarrando-se às suas necessidades e à sua compreensão da situação, apesar da pressão que os dois namorados exerciam sobre ela. As duas cartas ao seu redor indicavam maneiras de fazer isso: em primeiro lugar, divertindo-se e usando esse prazer para manter a calma; em segundo, compreendendo o que acontecera e por que acontecera. A Roda invertida à direita indicava a necessidade – e a oportunidade – de realmente realizar sua esperança de Justiça, ou seja, trabalhar arduamente para entender o verdadeiro sentido de todas as mudanças que estavam ocorrendo em sua vida.

Ao discutir essas duas linhas, a mulher disse que a primeira lhe parecia o que ela *deveria* querer, e a segunda, o que ela realmente queria. As pessoas ao seu redor falavam tanto em "liberdade" e relacionamentos abertos sem consequências dolorosas que ela se sentia pressionada a querer esse tipo de comportamento, sugerido pelo Sol. Na realidade, ela se interessava mais pela Justiça, pela verdade. O resultado do ponto de partida na segunda linha, mais rigoroso e realista, mostrava o sentido do que ela dizia. A carta da Consequência era a Rainha de Bastões, com o Seis de Bastões como Resultado. A Rainha indica que, ao olhar primeiro para a Justiça, e não para um Sol extremamente otimista, a mulher encontraria o sentido de sua força e sua alegria. Ela se tornaria mais dependente de si mesma do que da situação externa. Disso proviriam a confiança e a convicção do Seis, um otimismo que contagiaria outras pessoas além dela.

A ÁRVORE DA VIDA

Qualquer leitura de tarô origina-se em um momento particular. Ao descrever as influências e tendências, ela chega ao passado e ao futuro. As formas mais breves tendem a alcançar apenas o suficiente para iluminar uma situação em especial. Quando começamos a conhecer melhor as cartas, podemos procurar um método que ofereça uma imagem mais ampla do lugar de uma pessoa no mundo. A leitura da Árvore da Vida, que usa todo o baralho e cuja abrangência é semelhante à de um mapa astral do nascimento (embora talvez se concentre mais no aspecto espiritual e psicológico), promove essa compreensão mais completa.

A imagem da Árvore vem da Cabala. É possível vê-la no Tarô Waite-Smith no Dez de Pentáculos, desenhada da seguinte maneira:

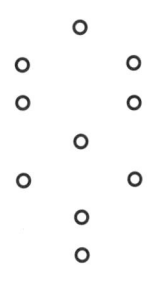

```
      o
   o     o
   o     o
      o
   o     o
      o
      o
```

Figura 88

Na meditação com os Arcanos Maiores, usamos sobretudo as 22 posições ou conexões entre as diferentes *Sephiroth* (as dez posições). Na adivinhação, usamos as próprias *Sephiroth*, adaptando seus nomes clássicos e suas conotações para permitir que sirvam como posições na tiragem, como a Base, o Si Mesmo etc. de uma Cruz Celta, mas com uma abrangência bem maior. Os títulos e as descrições cabalísticas são necessariamente abstratos; contêm uma descrição mística da criação e da estrutura do universo, bem como um caminho para um maior conhecimento de Deus. Por isso, leitores de tarô como eu, que desejavam usar essa poderosa imagem de adivinhação, escolheram significados mais mundanos para corresponder às posições.

A ESTRUTURA DA ÁRVORE

Antes de analisar esses significados, é oportuno considerar brevemente a estrutura da Árvore. Há dois padrões básicos dentro dela, mostrados abaixo:

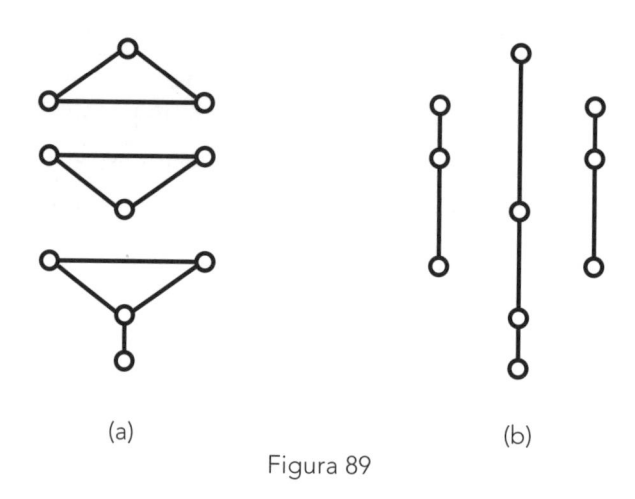

(a)   (b)
Figura 89

A Figura 89 (a) enfatiza os níveis de consciência. O triângulo de cima é o mais próximo de Deus, do qual emanava o ponto inicial de luz para criar a primeira *Sephirah*. Como a luz da criação percorria os diferentes triângulos, ela se diluía cada vez mais ou, para algumas pessoas, chegava a se corromper, até que, na última e única *Sephirah*, era contida no mundo físico, feito de carne, rocha e água. (Obviamente, uma descrição tão sucinta como essa distorce a filosofia cabalística em grande medida. Eu a coloco aqui apenas com a intenção de mostrar um pouco do contexto para a leitura da Árvore da Vida.)

O conceito de uma luz que se dilui em sua trajetória é usado na adivinhação da seguinte maneira: como desejamos descrever a vida de uma pessoa, olhamos para cada triângulo como um aspecto dessa pessoa, usando um sistema tripartite semelhante ao das três linhas dos Arcanos Maiores. O triângulo superior significa a existência espiritual da pessoa, apontando para cima, para seu potencial mais elevado. O triângulo central apontando para baixo, para a manifestação, representa os modos como a pessoa lida com o mundo exterior, os assuntos práticos da vida. O triângulo inferior também aponta para baixo, mas, desta vez, para áreas ocultas do eu. Ele representa as pulsões inconscientes e a energia da imaginação. Também podemos nos referir aos triângulos como superconsciente, consciente e inconsciente.

Isolada, a posição inferior representa não uma característica pessoal como as outras, mas o mundo exterior no qual a pessoa vive. Podemos pensar nessa posição como sendo semelhante ao Ambiente na Cruz Celta, mas em um nível muito mais amplo.

A Figura 89 (b) deriva da ideia de polaridade ou forças opostas. Na Cabala, os lados direito e esquerdo da Árvore significam o modo como Deus conduz a existência. A coluna da direita, a da Graça, tende para a expansão. Suas características ampliam e abrem. Já a coluna da esquerda, chamada de Severidade, contrai, enfatizando qualidades que restringem. Uma dá, a outra tira, preservando, desse modo, a energia. Porém, se essas duas forças existissem, o universo oscilaria com muita intensidade, expandindo-se e contraindo-se constantemente. Por isso, a coluna do meio representa a Reconciliação, uma combinação e uma harmonização dos dois princípios. Vale notar que a última *Sephirah*, que simboliza a existência física, cai na coluna do meio. No mundo material, os elementos arquetípicos se unem em uma forma estável.

A imagem das três colunas aparece de forma menos abstrata na versão do baralho Waite-Smith (bem como em muitos outros) para a Sacerdotisa. A coluna escura representa a Severidade, e a clara, a da Graça. A Sacerdotisa em si cumpre a função da Reconciliação, equilibrando os opostos *yin* e *yang* em uma perfeita quietude.

Assim como precisamos de uma versão "prática" dos triângulos, nosso propósito requer uma interpretação mais direta das três colunas. Desse modo, usamos um padrão recorrente para cada triângulo. A posição à esquerda tende para os problemas que surgem a partir desse nível, e a da direita ilustra os benefícios da direção positiva. A posição central descreve a característica em si, na qual as oposições são combinadas. Essas distinções se tornarão mais claras quando olharmos para as *Sephiroth* individualmente.

Outro aspecto sobre a estrutura: os cabalistas retratam o caminho feito pela luz da criação como um ziguezague, às vezes referido como o raio divino. Iniciando além da primeira *Sephirah* (pois a verdadeira essência divina permanece incognoscível e transcendente), sua imagem é a seguinte:

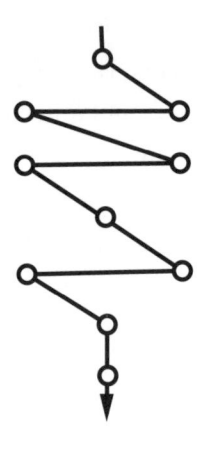

Figura 90

Na meditação, usamos essa imagem sobretudo para que ela nos ajude a avançar pelas *Sephiroth* rumo à união com o aspecto de Deus que vivenciamos no êxtase místico. Em outras palavras, pela disciplina da meditação, retornamos ao início da trajetória do raio, como se estivéssemos desvendando o universo para chegar à sua fonte. O raio atingindo a Torre nos Arcanos Maiores simboliza essa iluminação.

Outra forma de meditação, misturada à magia cerimonial, tenta seguir a trajetória descendente do raio ou, antes, atraí-lo para a pessoa. Chamado de "Cabala Prática", esse uso dos princípios cabalísticos para a magia fundamenta grande parte de seu trabalho na ideia de que um ritual adequado e a meditação podem trazer para o mago um *flash*, não apenas de compreensão, mas de grande poder. Quem segue essas práticas ocultistas é aconselhado a não buscar esse poder para ganho pessoal, mas somente para projetos que sirvam à comunidade. (Às vezes, os avisos contra o mau uso, presentes em livros de magia, são tão impressionantes quanto os encontrados em livros de pornografia: "Material exclusivo para uso medicinal".)

A CONFIGURAÇÃO DA TIRAGEM

Na adivinhação, seguimos o padrão do raio de um modo bem mais mundano, como método de deitar as cartas. Para fazer uma leitura da Árvore da Vida, primeiro o leitor tem de remover a Significadora como nos outros métodos e colocá-la no alto da superfície de leitura (obviamente, é necessário muito espaço para deitar 78 cartas). Depois que o consulente embaralhou e cortou as cartas, o leitor as toma e começa a dispô-las com a face para baixo, de acordo com o seguinte esquema:

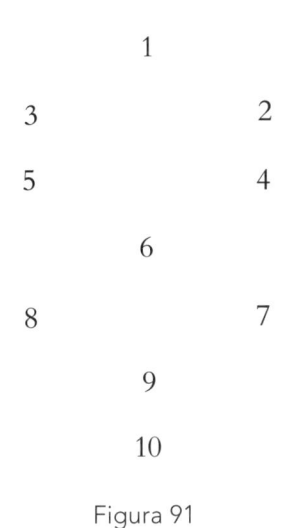

```
            1

     3             2

     5             4

            6

     8             7

            9

           10
```

Figura 91

A Significadora permanece exposta no alto da tiragem. Depois que as dez primeiras cartas forem colocadas, o leitor dispõe mais dez em cima delas, e assim por diante, até cada lugar conter um conjunto de sete cartas. Então, tirando a Significadora do *deck*, restarão 77 cartas ou 11 vezes 7. Por isso, o leitor ficará com sete cartas extras. Muitos cabalistas falam de uma décima primeira *Sephirah* "invisível", conhecida como *Daat* ou "conhecimento". Normalmente, os cabalistas colocam essa *Sephirah* extra na coluna do meio, entre a primeira e a sexta *Sephiroth*, ou seja, entre os triângulos superior e central. Nas leituras de tarô, ela é colocada na lateral ou na base e lida depois de todas as outras. O fato de não a colocarmos em ordem com as outras cartas, mas apenas usarmos as sete cartas "restantes", enfatiza seu caráter único. O conjunto de *Daat* não pertence a nenhuma área geral de influência. Alguns leitores a veem como significado do futuro imediato.

Quando comecei a fazer leituras da Árvore da Vida, eu usava o conjunto de *Daat* como comentário geral, uma informação extra, aplicada à tiragem como um todo. Em seguida, encontrei um significado mais específico para ela, o da Transformação.

Na Parte Um, descrevi a ideia derivada tanto da Cabala quanto da moderna mecânica quântica, de que qualquer mudança ocorre não como uma alteração gradual, e sim como um salto de um estado para outro. Podemos provocar mudanças com anos de preparação gradual, mas a mudança atual ocorre como um salto sobre o abismo. Deixamos de ser uma coisa e nos tornamos outra. Nesses momentos de transformação, às vezes podemos sentir o Nada essencial, subjacente a toda existência fixa. Algumas pessoas descrevem *Daat* como o aspecto que percebe essa verdade do abismo. Outros assinalam que *Daat* une Sabedoria (*Sephirah* 2) e Compreensão (*Sephirah* 3) por meio de suas qualidades de consciência e reflexão.

Com esses significados em mente, considerei vantajoso usar o conjunto *Daat* como uma descrição dos meios pelos quais uma pessoa muda. Relacionado à totalidade da leitura, ele enfatiza a conexão feita por uma pessoa entre os diferentes níveis. As diferentes *Sephiroth*/posições tendem a mostrar níveis e condições distintos do ser. O conjunto de *Daat* nos ajuda a ver como nos movemos entre eles. Por isso, o nome que dei a ele é Transformação.

AS POSIÇÕES E OS SIGNIFICADOS

Quais são as posições específicas das *Sephiroth*? Elaborei a lista a seguir em parte com base em sugestões de vários comentários. Apresento-a como um possível sistema e guia. Os leitores que quiserem trabalhar extensivamente com a adivinhação da Árvore da Vida poderão formular suas próprias posições.

Usando o número padrão, mostrado na página 315, as posições são as seguintes:

1 *KETHER* OU A COROA – O MAIS ELEVADO DESENVOLVIMENTO ESPIRITUAL

Por ele se entendem as melhores e mais verdadeiras qualidades da pessoa e os modos pelos quais ela alcança esses níveis. Nem sempre a Coroa mostra qualidades muito positivas ou felizes. Algumas pessoas alcançam seu melhor desenvolvimento pela luta ou pela tristeza. Lembro-me de uma tiragem na qual a Torre ocupava o centro da linha *Kether*, com a Estrela a duas cartas dela. O consulente achava muito difícil desenvolver-se de maneira estável. Sempre tendia a atravessar ciclos de tensão, explosão e libertação, tema que ecoou por toda a base da leitura, quando o Diabo apareceu no centro de sua linha *Daat*.

2 *CHOKMAH* OU A SABEDORIA

A segunda *Sephirah*, conhecida como *Chokmah* ou a Sabedoria, representa a Inteligência Criativa, os caminhos pelos quais a pessoa se desloca rumo ao objetivo do Desenvolvimento Mais Elevado. Normalmente relacionado à linha da Coroa, ressalta o processo de desenvolvimento, e não o resultado. Por exemplo, se o Sol aparecesse na linha da Coroa, interpretaríamos isso como alegria e liberdade, apreciadas por si mesmas. Se aparecesse na Inteligência Criativa, pensaríamos nessas qualidades como os meios para seguir na direção do que tivéssemos visto na Coroa. Como a primeira linha, a Inteligência Criativa pode incluir cartas desagradáveis ou difíceis, se essas forem as que a pessoa usa para crescer.

Quando essas cartas aparecem, é importante considerá-las não apenas em relação à sua função – para ver como a pessoa pode usá-las de maneira criativa –, mas também em relação a outras cartas na linha. Por exemplo, suponhamos que o Nove de Bastões tenha aparecido em *Chokmah*. Primeiro o leitor ressaltaria a força e a determinação em vez da rigidez inerente a essa carta. Suponhamos agora que o Quatro de Bastões também tenha aparecido nessa linha. Nesse caso, o Nove deverá ser visto como parte de um ciclo de defesa e abertura, cada um deles ajudando-se e alimentando-se reciprocamente.

E como aparecem na segunda linha do triângulo do Espírito, pensaríamos neles não apenas como um ciclo que repete a mesma experiência inúmeras vezes, mas como uma espiral que conduz a quaisquer imagens que surjam em *Kether*.

Deveria ser óbvio que a tiragem da Árvore da Vida requer muita experiência com as cartas e a adivinhação para funcionar corretamente. Não apenas o leitor precisa interpretar sete cartas para cada posição, mas também cada posição tem de estar relacionada às outras.

3 *BINAH* OU O ENTENDIMENTO

Completando o triângulo, encontra-se *Binah*, o Entendimento. Na Cabala, a diferença entre Sabedoria e Entendimento se refere sobretudo ao modo como a alma contempla Deus e a si mesma. Na vivência mais mundana de uma leitura, podemos pensar no Entendimento como as experiências que nos impedem de nos desenvolvermos ou como as Aflições e Sobrecargas. Aqui, as cartas mostram as restrições do consulente e, desta vez, as imagens mais positivas precisam ser adaptadas aos termos da linha. Ao mesmo tempo, o título original, Entendimento, leva-nos a considerar como essas restrições podem ser superadas.

O triângulo central representa os aspectos mais comuns da vida, e aqui iniciamos com os dois lados e terminamos no meio.

4 *CHESED* OU A MISERICÓRDIA

A quarta *Sephirah* representa os Ganhos Materiais, que significam o que a pessoa obterá na vida em termos de trabalho, lar, dinheiro, amigos etc. Normalmente, a linha enfatiza áreas de sucesso, e não de fracasso. Também pode indicar os modos pelos quais os Ganhos Materiais afetam o caráter do consulente. Os três triângulos formam um padrão, um fato que se torna cada vez mais aparente à medida que a leitura avança e as conexões se mostram mais fortes. Por isso, muitas vezes as preocupações mundanas dos Ganhos Materiais refletirão a consciência espiritual da Força Criativa acima deles. E o entendimento das posições inferiores na Árvore será a chave para retornar e interpretar as superiores.

5 *GEBURAH* OU O JULGAMENTO

Em oposição aos Ganhos Materiais, encontramos *Geburah*, ou o Julgamento, representando as Dificuldades. Elas podem incluir qualquer coisa, desde problemas financeiros até a solidão. Em uma leitura, a Rainha de Espadas nessa linha me indicou que a mulher era viúva.

6 *TIPHARETH* OU A BELEZA

A ponta do triângulo representa *Tiphareth*, a Beleza. Nas leituras, uso essa posição para indicar a Saúde. Utilizar o tarô para diagnosticar problemas físicos específicos pode ser uma operação muito delicada, embora existam sugestões para fazê-lo, normalmente relacionando as cartas a aspectos astrológicos ou outros sistemas. Achei melhor obter uma visão mais geral da linha, olhando não apenas para a condição física, mas também para a saúde emocional e espiritual.

Uma recomendação: observe quais elementos são dominantes. Bastões fortes sugerem boa saúde geral ao longo da vida da pessoa, embora, é claro, Bastões como o Nove ou o Dez, bem como Bastões invertidos, possam indicar o contrário. Copas e Espadas tendem a mostrar a condição emocional e espiritual do consulente, enquanto os Pentáculos costumam exibir saúde mais fraca ou a necessidade de cuidar do corpo. O Cinco, por exemplo, seria um sinal claro de alerta. A predominância de cartas dos Arcanos Maiores na linha dificulta a interpretação do significado, dependendo das cartas que aparecerem. Sem dúvida, a Força indicaria boa saúde de modo geral; a Temperança, doença evitada graças à precaução; e o Diabo poderia mostrar mal-estar ou hipocondria. Às vezes, uma única carta dos Arcanos Maiores pode simbolizar uma situação especial que apareceu ou vai aparecer na vida da pessoa. As sequências temporais nessa linha e em toda a Árvore permanecem um problema difícil, em especial para o leitor iniciante.

O terceiro triângulo lida com o Inconsciente, sobretudo com as pulsões imaginativas e sexuais. Na Parte Um deste livro, consideramos a ideia de que superconsciência, ou a energia espiritual e a consciência, consiste no inconsciente transformado e tornado consciente. Desse modo, com frequência a Árvore mostrará fortes conexões entre os triângulos do topo e da base, com o nível intermediário – as experiências conscientes da pessoa – formando uma ligação entre ambos.

Anteriormente, descrevi o subconsciente como o lado reprimido do ego, distinto do inconsciente ou da energia vital da pessoa. Nenhum desses triângulos lida especificamente com esse sentido do subconsciente. Em vez disso, esse material oculto pode aparecer ao longo da leitura, mostrando problemas, agressões ou desejos insatisfeitos. Infelizmente, a extensão do tema me impede de dar exemplos detalhados. (Peço desculpas por usar aqui algo semelhante às insinuações sombrias, muitas vezes encontradas em livros ocultistas: "Nesse ponto, nada mais posso dizer a respeito".) Eu apenas gostaria de destacar que podemos ver o subconsciente trabalhando nas aparentes contradições, como na do Dois de Espadas mostrando-se como um bloqueio na linha da Força Criativa.

7 *NETZAH* OU A ETERNIDADE

A sétima *Sephirah*, *Netzah*, significa Eternidade. Outro nome usado para ela é Vitória. Usei-a nesse sistema para representar a Disciplina, os modos pelos quais a pessoa pode fazer sua imaginação funcionar. Por "disciplina" não entendo o tipo estrito de regras que essa palavra costuma evocar. Em vez disso, refiro-me ao treinamento e à direção deliberados e simbolizados pelo falcão encapuzado do Nove de Pentáculos. Com essa disciplina, a força criadora cresce e se liberta, em vez de enfraquecer-se e fechar-se. Isso porque uma das características do inconsciente é o fato de seu benefício em nossa vida aumentar quanto mais o dirigirmos. A maioria dos artistas sabe disso, assim como as pessoas que trabalharam seriamente com o ocultismo.

Muitos dos que não trabalham deliberadamente com a energia inconsciente acham que ela permanece adormecida. Sua vida pode parecer monótona, ou eles podem se achar desprovidos de criatividade. Para alguns, no entanto, o inconsciente é tão forte que pode aparecer por conta própria, trazendo caos ou até a loucura. Lembro-me de uma leitura (não de uma Árvore da Vida) feita para um homem que havia passado por um grave colapso nervoso após uma série de fortes experiências psíquicas. Na leitura apareceu o Nove de Pentáculos, mas também o Eremita, dizendo-lhe que um professor adequado treinaria aquela energia que irrompera de modo tão doloroso em sua vida. Em seu melhor sentido, a disciplina representa o processo de elevar o inconsciente e transformá-lo em energia criativa.

Como a maioria das pessoas não se sente atraída pelo trabalho psíquico ou ocultista nem impelida para ele, normalmente encontramos preocupações mais comuns refletidas na Disciplina. Ela pode referir-se ao trabalho artístico, mas não necessariamente. Para alguns, o inconsciente se expressa em uma carreira ou na criação de um lar agradável para a família. O importante a respeito da linha é que ela mostra o treinamento ou o trabalho necessário para a pessoa realizar algo com potencial criativo. As cartas bloqueadas, como o Oito de Espadas nessa linha, podem conter um significado importante para toda a leitura, pois muito de nossa vida depende da liberação da energia inconsciente.

8 *HOD* OU A REVERBERAÇÃO

No outro lado do triângulo encontramos *Hod* ou a Reverberação. Outros nomes incluem o Triunfo ou o Esplendor. Normalmente, o título de adivinhação dado a essa linha – Amor e Luxúria – faz o consulente se endireitar na cadeira e ouvir com atenção. Essa linha mostra a pulsão sexual da pessoa e o modo como esses impulsos atuam na prática. Em resumo, o que ela quer e o que recebe. Dependendo da pessoa, essa linha também pode oferecer a chave para todas as outras, embora talvez com menos frequência do que seria de esperar.

Vale notar que o Amor e a Luxúria aparecem no lado restritivo da Árvore, enquanto a Disciplina aparece no lado da expansão. Essa construção reflete o fato de que nossas pulsões sexuais costumam nos dominar, levando-nos a fazer coisas que normalmente evitaríamos ou impedindo-nos de liberar potenciais em outras áreas. Por outro lado, a Disciplina usa a energia da imaginação e a conduz na direção da transformação para o espiritual. Cartas de cunho sexual podem aparecer não no Amor e na Luxúria, mas na Disciplina, sugerindo que a pessoa se desenvolve por meio do amor, no modo simbolizado pelo anjo que se eleva no céu entre o homem e a mulher na carta do Enamorado. Para essas pessoas, o amor é tanto uma disciplina quanto uma tentação ou uma condescendência.

Devo acrescentar que a linha do Amor e da Luxúria aparecendo em um lado da Restrição não requer que a interpretemos como um problema. Se as cartas mostram satisfação e liberdade, então, certamente deveríamos interpretá-las desse modo.

9 *YESOD* OU OU FUNDAMENTO

A nona *Sephirah*, *Yesod* ou o Fundamento, representa a Imaginação, que de vários modos é a verdadeira base do eu. Para a maioria das pessoas que não passa por programas de autocriação, o inconsciente nunca se torna consciente. Ele permanece tanto a fonte quando a força motriz da personalidade. Olhamos brevemente para essa energia em atividades como sonhos, fantasias e desejos – em outras palavras, o que costumamos chamar de imaginação. Ao nomear de Imaginação a linha do Fundamento, na verdade entendemos mais do que essas manifestações. Aqui, o termo representa a própria energia, espiralada sob a personalidade consciente e emitindo *flashes* ao mundo exterior. Nessa linha, as cartas mostram o formato e o humor do inconsciente do consulente. Muitas vezes, elas estão diretamente relacionadas à linha do Desenvolvimento Supremo, acima delas.

10 *MALKHUT* OU O REINO

Sob a Imaginação vem *Malkhut* ou o Reino, que significa o Mundo ao redor da pessoa. Aqui, vemos as influências externas, outras pessoas, situações pessoais e sociais/políticas. Normalmente, é claro, indicações dessas forças externas aparecerão ao longo da leitura. Em uma tiragem, o Imperador, representando o marido dominador, apareceu no centro da linha da Saúde, ou seja, exatamente no meio da Árvore. No entanto, a última linha ressalta influências externas, mostrando também o efeito sobre o consulente. Podemos considerar esse fato como semelhante ao Ambiente da Cruz, porém, mais expandido.

DAAT

Finalmente chegamos ao *Daat*. Embora o deixemos fora da Árvore quando distribuímos as cartas, muitos leitores desejam colocá-lo abaixo de *Malkhut*, produzindo, assim, uma árvore simétrica e mostrando graficamente como as conexões são subjacentes a todas as posições.

Às vezes, essas cartas se referem claramente a uma situação particular, mostrada anteriormente em um dos três triângulos. Normalmente, não damos às cartas do *Daat* uma função específica como fazemos com as outras linhas. Como o Louco nos Arcanos Maiores, ele se desloca por todas elas, unindo coisas e ajudando a configuração geral a se tornar mais clara na mente do leitor e do consulente.

A imagem da Árvore como um todo, 78 cartas de cores vivas, pode ser uma visão impressionante. Já cheguei a tirar fotos dela para mim e para o consulente. Recomendo aos leitores que façam um mapa da Árvore, marcando as posições e as cartas individuais. Muitas pessoas também acham útil fazer uma gravação, para que posteriormente possam ouvir e, assim, assimilar a grande quantidade de informação.

Se o leitor e o consulente começaram um programa regular de tiragens, a Árvore da Vida, escrita e gravada, pode ajudá-los a fazer leituras mais eficazes. Muitas vezes, é melhor não fazer a Árvore de imediato, mas uma ou duas pequenas tiragens primeiro, para ter uma ideia das questões na vida da pessoa. Em seguida, a Árvore da Vida fornecerá uma visão abrangente do consulente, que tanto ele quanto o leitor poderão usar como referência em tiragens posteriores.

Fazer esse tipo de leitura requer um grande conhecimento das cartas e de como funcionam juntas. Vale lembrar que, ao fazer um mapa do nascimento, o astrólogo geralmente é capaz de construí-lo previamente e considerar suas várias características antes de explicá-las ao consulente. No entanto, uma leitura da Árvore da Vida, como qualquer tiragem de tarô, funciona melhor quando interpretamos as cartas à medida que as deitamos.

Vale lembrar também que cada linha contém sete cartas e, por si só, é uma tiragem. Às vezes, as sete cartas aparecem como um grupo de experiências individuais. Na maioria das vezes, um padrão se formará dentro da linha. A compreensão que temos dele pode mover-se, por exemplo, da esquerda para a direita, quase como uma história; ou podemos nos concentrar na carta central como um tema dominante, com as cartas ao seu redor interpretadas parcialmente de acordo com suas posições. Muitas vezes vi na simetria uma pista importante – as cartas 1 e 7 relacionando-se entre si, 2 e 6 etc. Ou então as três cartas à direita podem mostrar uma característica, enquanto as da esquerda mostram outra, possivelmente contraditória. Cada linha traz seu próprio movimento, sua própria perfeição.

CAPÍTULO 12

COMO USAR AS LEITURAS DE TARÔ

Pelo menos para o consulente, o valor de uma leitura de tarô depende do que ele fará com ela posteriormente. Para quem procura um leitor por mera curiosidade ou brincadeira, é bem provável que a leitura passe por sua vida como um espetáculo assistido da plateia. Contudo, esse espetáculo se refere a ele, e se a leitura significar algo real, ele desejará usá-la na prática.

Em primeiro lugar, o leitor e o consulente não poderão fazer bom uso da leitura enquanto não a compreenderem. Por isso, o leitor terá de desenvolver habilidades de interpretação, e o melhor modo de fazer isso é praticando. Quando você começar, não pense em ter um conhecimento profundo, apenas continue tentando. Não se preocupe se não conseguir ver como as coisas se combinam nem fique confuso com todas as possíveis interpretações de uma única carta. Após certo tempo, você descobrirá que percebe coisas que lhe teriam escapado no início.

Estude. Aprenda os significados descritos em quaisquer livros que lhe pareçam úteis. Em seguida, inicie o processo de fazer seu próprio livro. Pegue um caderno e registre suas descrições, seus sentimentos e suas experiências em relação a cada carta. Você poderá fazer isso por meio de palavras, figuras, diagramas ou qualquer método que signifique algo para você. No mesmo ou em outro caderno, registre as leituras que faz e o que aprendeu com elas. Se alguma leitura lhe ensinar algo novo a respeito de uma única carta, da combinação de várias delas ou de todo o baralho, registre essa informação também.

Não considere que já domina o que acabou de aprender. Todos nós temos certas predisposições e, com o passar do tempo, tendemos a nos lembrar de alguns significados e a nos esquecer de outros. Com frequência, uma carta não fará sentido porque insistimos em interpretá-la de certo modo estritamente por hábito, quando outro significado esquecido a esclareceria de imediato. Portanto, de vez em quando, mesmo depois de você pensar que sabe todas as cartas de cor, consulte suas anotações e seus livros. Você se surpreenderá com o quanto poderá reaprender.

Manter um caderno também serve a outro objetivo. Como descrito anteriormente, as leituras de tarô nos ajudam a equilibrar intuição e ação — a Sacerdotisa e o Mago. O caderno é uma forma prática de desenvolver esse equilíbrio, pois ele combina suas próprias impressões com as ideias que você aprendeu com textos publicados. Criar seu próprio livro é importante sobretudo se você é o tipo de pessoa que acredita no que aprende com um livro ou um professor. Você é o leitor e, em qualquer situação, as cartas estão à sua frente, e não diante de outra pessoa. Sem a habilidade para responder de maneira instintiva às figuras, você nunca será capaz de escolher entre as possíveis interpretações, menos ainda de encontrar um novo significado certo para essa leitura.

Todos nós temos a capacidade de responder intuitivamente, mas, como qualquer outra faculdade, esse tipo de percepção requer treinamento e desenvolvimento. Um caderno o ajudará também nesse caso. Além de lhe dar algo permanente para ser consultado mais tarde, o ato de escrever suas ideias lhes dará mais substância. Você descobrirá que as ideias originais se ampliarão de forma considerável, e novos pontos de vista lhe ocorrerão enquanto você as escrever.

Você também poderá treinar a intuição dedicando-se às imagens, observando-as, embaralhando-as, contando histórias com elas e, acima de tudo, esquecendo o que elas *supostamente* significam. Esqueça o simbolismo quando prestar atenção às cores, às formas, ao contato e ao peso das cartas.

À medida que o leitor adquire competência, as tiragens se tornam mais proveitosas. O mais importante que obtemos de qualquer leitura é a informação, mas ela pode ser de diferentes tipos. Para as pessoas que têm consciência das correntes espirituais subjacentes que modelam nossa vida, o tarô pode mostrar as formas específicas que essas correntes assumem no momento da leitura. Para outras, as tiragens podem mostrar as prováveis evoluções de determinada situação ou decisão. Procurar um novo emprego, iniciar uma relação afetiva, continuar a escrever um romance – questões mundanas, aparentemente distantes das peculiaridades místicas dos Arcanos Maiores. Entretanto, essas são as coisas que a maioria das pessoas encontra nas leituras de tarô. Na verdade, também são os modos pelos quais nos desenvolvemos, pois assim nos envolvemos na vida. Elas formam a realidade que surge das correntes espirituais subjacentes. Uma leitura de tarô pode nos ajudar a analisar as consequências dessas ações e decisões.

Portanto, as leituras de tarô podem nos dar informações. Contudo, é muito difícil agir com base nesses dados, em especial se eles vão contra nossos desejos.

Podemos imaginar infinitos subterfúgios para negar a validade das leituras de tarô. Em determinado nível, dizemos a nós mesmos: "É apenas um baralho". Porém, mesmo quem não descarta as previsões do tarô tão facilmente pode pensar: "Agora que sei o que ele está dizendo, posso garantir que não vai funcionar desse modo". Na época em que comecei a usar as cartas de tarô, consultei-as para saber a respeito de algo que eu queria fazer, mas reconhecia que era perigoso. As cartas indicaram um desastre e explicitaram de maneira bastante clara a forma que ele assumiria. Então, eu disse a mim mesma: "Bem, agora que vi os perigos, posso garantir que vou evitá-los". Segui adiante com o que eu queria fazer, e a situação ocorreu exatamente como as cartas haviam previsto. Por não ter aprendido a lição, reli as cartas, torcendo não pela verdade, mas por alguma mensagem tranquilizadora. Nessa época, eu usava um livro de significados e, quando consultei a carta da Base, o livro deu a seguinte interpretação: "Falha ao seguir um bom conselho".

O problema em tomar uma decisão baseada em uma leitura de tarô é que nunca sabemos de que outro modo a situação terminaria. Suponhamos que uma estudante esteja pensando em abandonar a faculdade e as cartas a aconselhem com veemência a não fazer isso. Se ela obedecer à leitura, nunca saberá o que aconteceria se tivesse seguido seu desejo. Sem dúvida, a razão da leitura é dizer à consulente o que aconteceria. No entanto, ela sempre pensará: e se isso não for verdade? Uma previsão, sobretudo feita a partir de um baralho, nunca pode ter o mesmo impacto que uma experiência real. Sozinha, a curiosidade pode nos levar a fazer coisas desastrosas.

É necessário ter coragem para superar a curiosidade e o desejo. Há alguns anos, li que o poeta Allen Ginsberg e sua namorada estavam pensando em ter um filho. Fizeram uma leitura, não me lembro se com o tarô ou o I Ching, e obtiveram uma previsão negativa. Acabaram desistindo da ideia. Não sei até que ponto realmente queriam um filho, mas me lembro de ter admirado sua força para resistir ao desejo. Certa vez, não fui a uma conferência potencialmente importante porque as cartas me mostraram consequências desagradáveis. Fui capaz de reconhecer a verdade do que as cartas indicavam, pelo menos em relação ao que eu teria contribuído para a situação. Mesmo assim, achei difícil não ignorar a informação e seguir adiante.

Podemos inventar desculpas realmente incríveis para evitar a verdade evidente de uma leitura. Se respeitamos demais as cartas para simplesmente declarar que não fazem sentido, com frequência buscaremos algumas imagens "falsas" para desacreditar a leitura como um todo. A carta da Consequência parece não combinar com a situação? Em vez de a interpretarmos à luz das outras, cancelamos toda a leitura.

Alguns livros recomendam aos leitores que nunca façam a tiragem para si mesmos em razão da falta de objetividade. Por muito tempo, recorri a uma amiga para as tiragens, e ela recorria a mim, pois nenhuma de nós confiava em si mesma para interpretar as próprias cartas de forma honesta. Quando comecei a fazer minhas próprias leituras, ainda achava difícil superar várias artimanhas mentais para evitar imagens desagradáveis. A minha favorita funcionava da seguinte forma: eu não podia ignorar as cartas de que não gostava nem simplesmente declará-las inverídicas ou exageradas. Isso pareceria óbvio demais. Então, eu procurava na tiragem por alguma imagem bastante positiva, como Ás de Copas, e dizia a mim mesma: "Bem, isso não pode ser verdade; essa confusão não daria como resultado algo tão bom assim". Em seguida, eu desconsiderava toda a leitura, baseando-me no fato de que, se aquela carta não fazia sentido, nenhuma das outras faria. Outra artimanha que me surpreendi usando foi a de deitar as cartas de maneira muito casual. Desse modo, se algo ruim acontecesse, eu poderia pensar: "Bem, eu realmente não tinha isso em mente, não fiz isso a sério". Só consegui fazer leituras para mim mesma quando comecei a tratá-las da mesma forma como faria para qualquer outra pessoa, embaralhando as cartas com cuidado, trabalhando com as imagens e tentando obter alguma direção para a ação (ou inação).

Nem sempre a leitura dará uma clara resposta afirmativa ou negativa a uma pergunta. Ela pode simplesmente mostrar um conjunto de tendências e influências. Às vezes, a leitura não implica uma escolha, em razão de uma situação em curso que não pode ser evitada com facilidade. Nesse caso, imagens e significados específicos se tornam muito importantes. O tarô pode nos ajudar a identificar os elementos importantes na situação, aqueles que necessitam de mais trabalho para mudar ou promover o resultado previsto.

As pessoas podem usar a ideia "agora que sei o que significa, posso fazer algo a respeito" como uma desculpa para seguir seus desejos. No entanto, a declaração continua válida. Talvez tenhamos uma atitude muito pessimista, um temor exagerado ou uma esperança descabida. Reconhecer tudo isso nos ajuda a adquirir uma perspectiva mais clara. Talvez nossa experiência passada governe nosso comportamento ou torne confuso o que esperamos do futuro. Saber disso de maneira consciente pode nos preparar para superá-lo. Ou talvez as cartas nos mostrem inveja ou a índole vingativa de alguém; nesse caso, podemos tomar medidas para nos libertar de sua influência. Ou, se as cartas mostrarem amor e apoio por parte de alguém, sabemos que podemos confiar nessa pessoa.

Tudo isso requer uma espécie de resposta para se tornar real. Não podemos esperar usufruir da amizade de uma pessoa se nós próprios não nos abrirmos a ela. Sempre que possível, o leitor deve tentar salientar para o consulente medidas concretas a serem tomadas para que a informação seja utilizada da melhor forma. Se o leitor não puder recomendar um plano de ação concreto, ele deverá assinalar qual área o consulente tem de trabalhar.

Acima de tudo, o leitor precisa aprender a formar um padrão coerente a partir da leitura. Com frequência, leitores iniciantes aprendem as cartas e avançam até conseguirem interpretar com habilidade cada imagem em sua posição específica. Ao final, o consulente se vê com um amontoado de diferentes pontos e nenhuma ideia clara de como tudo isso se encaixa. Um bom leitor pode resumir a leitura em poucas frases. Normalmente, tento fazer isso tanto no início quanto no fim de uma tiragem, ressaltando ao consulente os pontos mais importantes. O Ambiente ajuda ou atrapalha? As Expectativas da pessoa auxiliam ou magoam? A Consequência trará algum Resultado importante? O consulente precisa que essas perguntas sejam respondidas, não apenas em toda a sua complexidade, mas também da maneira mais simples possível. E como uma coisa provém da outra? Como o passado ajuda a formar o futuro? Qual a contribuição da pessoa para a situação de modo geral?

Junto com a coerência vem a necessidade de uma abordagem positiva. Não é suficiente retratar as coisas como elas são. A pessoa quer saber o que fazer e o que não fazer. Se as cartas mostrarem uma situação favorável, o consulente ainda precisará saber como agir para que ela ocorra de maneira mais rápida e fácil. Se mostrarem um desastre, o leitor terá de dizê-lo, mas também poderá dizer o que a pessoa poderá fazer, se houver algo a ser feito. O que provoca essa desagradável Consequência? Essas influências podem ser alteradas ou evitadas? Como a pessoa pode combatê-las ou, pelo menos, atenuá-las? Que elementos mostram outras possibilidades? Podemos esperar um bom resultado dessa situação?

Se a Consequência surgir de um plano de ação específico, a pessoa deveria abandoná-lo? Quando fazemos uma tiragem de tarô para alguém, assumimos a responsabilidade de tentar colocar essa pessoa em uma direção positiva.

Além das sugestões específicas para proceder de um modo, e não de outro, existe uma área mais ampla de ação possível, derivada das maneiras como os naipes se contrabalançam. Na introdução a cada naipe, consideramos seus problemas e o modo como poderíamos "adicionar" outros naipes/elementos. Na prática, muitas vezes é difícil fazer esse acréscimo, pois isso significa romper o padrão mostrado na própria tiragem. No entanto, por essa razão, vale a pena tentar em situações nas quais a leitura mostra um impasse se a pessoa continuar com os elementos dados.

A forma mais direta de introduzir influências externas implica sugestões simples. Se a leitura indicar a necessidade da influência básica dos Pentáculos, o consulente poderá tentar realizar atividades mais físicas, como esportes ou jardinagem, ou prestar mais atenção a atividades mais mundanas, como trabalhar, estudar ou se ocupar da casa. Se a leitura mostrar a necessidade das características líquidas das Copas, então o leitor poderá enfatizar os sonhos e as fantasias do consulente e sugerir atividades como meditação ou desenho. Um indivíduo pode suprir uma necessidade dos Bastões ao se tornar mais ativo do ponto de vista físico, competindo com outras pessoas, ou iniciar novos projetos. Já uma necessidade das Espadas pediria uma abordagem mais séria e cuidadosamente pensada para a situação do consulente. O importante a respeito dessas recomendações é que elas ultrapassam a leitura e tratam tanto das cartas que não aparecem quanto das que aparecem. Por isso, leitores iniciantes deveriam usar esse método com cautela, para que não pensem ter muito conhecimento e controle.

MEDITAÇÃO

Até esse momento, consideramos respostas práticas para a informação obtida com a leitura. Porém, a leitura de tarô não é feita das palavras que a descrevem; antes, é uma série de figuras. E a resposta mais direta a uma leitura depende do trabalho realizado com as próprias figuras. Para quem conhece bem as cartas ou tem alguma experiência em meditação, torna-se possível trabalhar diretamente com as imagens para ajudar a produzir os efeitos associados a determinada carta. Não há nada vago nem misterioso sobre esse processo. Ele requer concentração e sensação instintiva e não substitui as medidas práticas; ao contrário, ajuda a torná-las mais acessíveis. Pois, se a carta da Força aparecer na leitura como algo de que necessitamos em nossa vida, por que não deixar a própria carta nos ajudar a conquistá-la?

Além da meditação efetiva, costumo recomendar às pessoas que carreguem determinada carta consigo e tentem permanecer conscientes de sua presença, pegando-a de vez em quando, olhando para ela e pensando no que ela significa. Essa consciência constante também ajuda a manter o foco na leitura como um todo.

Além disso, a meditação pode ajudar a introduzir novas influências externas à leitura. Suponhamos que a Estrela não apareça na tiragem, mas, como leitores, achamos que ela *deveria* aparecer. Em outras palavras, o arquétipo da Estrela parece simbolizar exatamente as características de que a pessoa precisa. Então, podemos mostrar-lhe a carta e discutir as ideias associadas a ela. No entanto, é mais útil transmitir ao consulente a verdadeira experiência da carta.

Em resumo, o método funciona da seguinte forma: inicialmente, conduzimos o consulente a um estado meditativo; o ajudamos a relaxar, a respirar profundamente, a liberar todos os pensamentos e as tensões que sobrecarregam a consciência. Depois que o consulente alcançar esse nível (e com um pouco de experiência podemos sentir isso), passamos a dar sugestões que levem à carta. As sugestões podem ser uma descrição da carta para definir a cena (com a Imperatriz, por exemplo: "Você está em um jardim repleto de flores, com um rio correndo ao lado dele. Há uma mulher em uma poltrona...") ou imagens mais simples e básicas, como o sol, a água e o vento, que estão entre as características arquetípicas da carta.

Normalmente, é melhor fazer essas sugestões iniciais da maneira mais simples possível. Ao descrevermos a carta, não devemos tentar incluir todos os detalhes, mas deixar o consulente criar suas verdadeiras impressões. Funcionamos apenas como guias para encorajá-lo. Algumas pessoas seguem uma abordagem alternativa, muitas vezes chamada de "construção do caminho", pois a usam para avançar pelos caminhos que levam à Árvore da Vida. Nesse método, o guia fala praticamente o tempo todo, assegurando-se de que o consulente visualiza um conjunto específico de imagens.

Podemos manter a experiência nesse nível básico ou desenvolvê-la. Podemos dar sugestões mais complexas e começar a fazer perguntas como: "O que você vê?", "O que a pessoa está fazendo?", "Você consegue ouvir alguma coisa?". Assim, o consulente começará a ampliar a imaginação para além de nossas orientações. Às vezes, a meditação permitirá que a pessoa experimente os elementos arquetípicos de um modo novo. Em outras ocasiões, é possível até ir além; as imagens se transformarão, liberando uma consciência intensa do interior da pessoa. Inúmeras vezes, dei aula de meditação para um grupo e, depois de algum tempo, um dos participantes me procurava para dizer que a meditação lhe tinha permitido resolver um problema ou bloqueio emocional de longa data. Obviamente, esses progressos vinham das próprias pessoas. Elas estavam prontas para sair de seu estado atual e entrar em um novo nível; já estavam prontas havia algum tempo, mas não conseguiam fazer essa travessia. A meditação permitiu que o fizessem, e só o perceberam depois que aconteceu.

A meditação também pode ajudar a pessoa a desenvolver uma percepção mais profunda e pessoal de determinada carta. Certa vez, fiz uma meditação com uma mulher que achava o Imperador uma imagem severa e reservada, quase assustadora e certamente nada atraente. Comecei descrevendo o cenário para ela – um deserto rochoso junto de uma imagem estreita. A paisagem se abria, então, para uma vasta planície, repleta de vassalos do Imperador. Quando a encorajei a descrever essas pessoas, ela viu que todas estavam encapuzadas – ou seja, com a face encoberta – e curvadas, trabalhando como robôs. A expressão feroz do Imperador as impedia de ousar olhar para ele. As pessoas simbolizavam a mulher e sua relutância em se aprofundar na carta.

Em seguida, eu disse a ela que fizesse exatamente isto: não apenas olhar para o Imperador, mas também dirigir-se a ele. Quando seu eu imaginário fez isso, algo estranho aconteceu. O Imperador passou de déspota a uma espécie de boneco inofensivo, enquanto atrás dele se ergueu a figura enorme de um fantasma ou espírito, bela e benevolente. O medo da mulher e a reação à estrutura social do Imperador deram lugar a uma percepção da estrutura espiritual subjacente ao universo.

Essa experiência deu não apenas à *mulher* uma percepção muito maior do significado mais profundo do Imperador; causou o mesmo efeito em mim. Com ela, fui além da imagem do Imperador como sociedade para alcançar um significado mais oculto da carta, que simbolizasse o próprio cosmos. Sempre que ajudamos alguém na meditação, nós também participamos dela.

Ao mesmo tempo, só podemos conduzir um exercício como esse com outra pessoa depois que nós mesmos já adquirimos alguma experiência. Se você é iniciante em meditação, saiba que ela tende a funcionar melhor quanto mais você a praticar. Se nunca a experimentou, ela poderá ter um efeito intenso em sua primeira tentativa. No entanto, é mais provável que você ache difícil concentrar-se ou se sinta fisicamente desconfortável por ficar sentado sem se mexer. Continue firme e, se possível, procure um professor para aprender os fundamentos da respiração e da postura.

Não recomendarei aqui nenhuma técnica específica de indução ao estado meditativo. Há uma grande variedade de livros e aulas sobre esse tema, e muitas pessoas descobrirão que precisam tentar alguns deles antes de encontrar o método que melhor funciona em seu caso. Embora a maioria dessas técnicas se adapte ao trabalho com o tarô, as que envolvem visualização (comparadas com as que ressaltam o canto ou o vazio completo da mente) induzirão com mais facilidade ao estado meditativo.

Pessoas diferentes usam métodos diferentes para introduzir a carta em suas meditações. Algumas começam com os olhos fechados e não olham para a carta até atingirem determinado estado; outras fazem o oposto. Iniciam olhando fixamente para a carta até alcançarem certa união com ela. Depois, fecham os olhos e deixam que as imagens continuem a partir desse ponto. Outras ainda seguram a carta com o braço estendido e a aproximam lentamente do plexo solar, "trazendo-a para dentro da aura".

Independentemente de como você começar, recomendo que trabalhe com as imagens e os sentimentos que surgem a partir da carta, e não do simbolismo que você aprendeu a associar a ela. Deixe que a ilustração aja sobre você, permita que suas reações a ela venham à tona e se afastem de você antes que bloqueiem qualquer outra experiência. Em algumas ocasiões, achei útil olhar fixamente para a carta sem focá-la. Assim, os símbolos e as formas se dissolviam em cores e formas.

Em outras circunstâncias, particularmente quando ajudo outra pessoa a meditar, ignoro a ilustração real e sugiro algum cenário associado a ela. Por exemplo, para o Louco, em vez do personagem peculiar com seu traje multicolorido, uso a imagem mais simples do topo de uma montanha e da luz clara do sol. É mais importante estabelecer a pessoa ou você mesmo no cenário do que seguir a carta com exatidão.

O movimento ou a postura também pode ajudar a evocar algumas cartas. Para o Mago, você pode ficar em pé ou sentado com um braço erguido "para o céu" e o outro apontando para a terra.

Às vezes, a meditação não irá além de uma consciência da carta ou da descoberta de novas ideias a respeito dela e de si mesmo. Em outras ocasiões, você se descobrirá "entrando" na carta, ou seja, encontrando-se na imagem e atuando em alguma situação com os personagens da ilustração. Isso pode acontecer de maneira arrebatadora, fazendo-o sentir todo o seu ser *lá*, e não *aqui*. É bem provável que você sinta isso como a imaginação se desenrolando à sua frente, com uma consciência ao mesmo tempo de si mesmo, sentado no chão ou deitado na cama. Seja como for, é difícil descrever com palavras essas experiências intensas. Elas comportam um significado tanto pessoal quanto arquetípico, pois, enquanto as cartas mostram ilustrações com um significado extremamente profundo, o que fazemos com essas imagens provém de nossas próprias necessidades e experiências.

Várias pessoas, como P. D. Ouspensky e Joseph D'Agostino tentaram descrever suas próprias meditações com o tarô como um exemplo ou guia. Para mim, essas descrições não transmitem realmente a experiência da carta ganhando vida e tornando-se parte da imagem. Cada pessoa sentirá coisas diferentes nesses momentos. Por exemplo, com a Força você poderá descobrir-se correndo com o leão ou envolvido pela guirlanda de flores da mulher, ou ainda tornando-se a própria mulher ou o leão; ou até mesmo, como aconteceu comigo certa vez, a mulher pode libertar o leão para que ele salte sobre você, o arranhe e o morda.

Seguem aqui mais algumas dicas. Se você não dispõe de uma imagem específica com a qual gostaria de trabalhar, poderá fazer uma leitura ou simplesmente dar uma olhada no *deck* até uma carta despertar sua atenção e o atrair. Depois, coloque-a na sua frente e comece a meditar como sempre faz. Conscientize-se da imagem, pondo de lado quaisquer ideias que possa ter sobre ela. Mantenha os olhos fechados ou abertos, dependendo do modo que melhor funciona para você. A maioria das pessoas prefere mantê-los fechados, pelo menos quando está começando o processo de imaginação. Tente ver e sentir-se naquele lugar, com aqueles animais e aquelas pessoas.

Conforme mencionado anteriormente, se você estiver ajudando alguém a meditar, dê-lhe sugestões para que se envolva com a imagem. Após algumas experiências, você poderá descobrir que vai querer usar essas sugestões para si mesmo. Para o Pendurado, costumo usar a imagem de subir em uma árvore alta, parar em diferentes níveis e olhar para a terra e o mar abaixo de mim e para o céu e as estrelas acima de mim. Ou você pode simplesmente desejar uma descrição da carta a ser ouvida com os olhos fechados. Se quiser usar esse tipo de guia, talvez ache útil gravar a descrição com antecedência, para que assim sua mente consciente não tenha de se ocupar em se lembrar do que vem depois. Tente programar a gravação deixando tempo suficiente para momentos em silêncio, nos quais você possa reagir. Você pode incluir o início da meditação na gravação, instruindo-se a relaxar, respirar fundo etc. ou simplesmente deixar um longo silêncio. Seja como for, a maioria das pessoas prefere ligar a gravação no início e ouvir as instruções sem ter de tomar uma decisão consciente. Sem dúvida, você poderá usar a mesma gravação várias vezes, preparando indicações para diferentes cartas, ou fazer uma gravação geral, com instruções sobre relaxamento, união com a carta, e assim por diante.

Acima de tudo, não tente dirigir nem controlar o que surgir. Isso vale tanto para as meditações que você induz em outras pessoas quanto para si mesmo. Há uma linha muito tênue aqui. Um direcionamento insuficiente, e a atenção da pessoa se desviará; uma orientação exagerada, e você impedirá que a imaginação dela crie seu próprio mundo. Como ocorre em outras situações, a experiência é o melhor guia. Tanto para você quanto para os outros, tente não antecipar nem sentir medo do que está sentindo. Muitas pessoas não respeitam o suficiente a própria imaginação. Acham que podem compreender qualquer coisa que ela lhes mostrar. Se de repente veem imagens de monstros, demônios ou da morte, pensam que isso significa algo terrível vindo de dentro delas, algo que não querem encarar. Mas a imaginação é muito mais sutil do que isso. Ela funciona à sua maneira, de acordo com as próprias regras. Com frequência, o que a princípio parece perturbador se transformará em algo inspirador. Jung chamada a imaginação de "o órgão do inconsciente". Se você a deixar agir livremente, ela o levará aonde sua mente consciente jamais imaginaria – ou ousaria – ir.

Tudo isso se aplica especialmente às cartas Portais e às dos Arcanos Maiores. Sua insólita ausência de palavras nos leva muito além dos significados literais a elas associados. Ao mesmo tempo, como representam certas qualidades, também podem nos ajudar a adquiri-las. Se for útil levar uma carta consigo, mais útil ainda será levar uma carta Portal ou dos Arcanos Maiores. São imagens poderosas, com um efeito próprio. O ato de olhar para o Nove de Pentáculos, deixando que ele penetre em você, ajuda a *criar* disciplina, assim como carregar e olhar para o Seis de Pentáculos ou para a Sacerdotisa o ajudará a se concentrar em sua consciência de maneira receptiva.

CRIANDO UMA "MANDALA"

Até aqui, consideramos algumas formas de trazer a influência de cartas individuais para nossa vida. No entanto, uma leitura contém várias cartas que funcionam juntas. Para dar vida a uma leitura, achei importante criar o que chamo de "mandala" – um padrão formado por diversas cartas, que podem incluir não apenas as da tiragem, mas também outras, cujas características darão suporte à direção aconselhada pela leitura. Esse ato de adicionar deliberadamente cartas que não estão na leitura amplia mais uma vez o equilíbrio entre o consciente e o inconsciente. A leitura chegou a áreas inconscientes do conhecimento para apresentar uma imagem da situação no momento. Por meio da mandala e da introdução de novas cartas tiradas deliberadamente do *deck*, podemos ampliar ou transformar a situação.

Apresentamos aqui o exemplo de uma mandala na qual não foi necessário acrescentar nenhuma carta. A própria tiragem providenciou todas as imagens de que precisávamos. O Ciclo de Trabalho subsequente (Figura 92) referia-se a uma mulher que se sentia isolada das pessoas ao seu redor, apesar de contar com diversas amizades aparentemente boas.

A Cruz ilustrava perfeitamente a situação: o Dois de Pentáculos atravessado pelo Seis de Espadas. Isso mostrava sua situação central de fingir que desfrutava da vida e de seu relacionamento com as outras pessoas (Dois de Pentáculos), produzindo um sentido de funcionamento ("as espadas não afundam o barco"), enquanto ela continuava incapaz de conectar-se com as pessoas ao seu redor. Ela estava como a mulher no barco, envolta em seu manto e silenciosa.

Em resumo, interpretei as outras cartas da seguinte maneira: o Eremita invertido na posição da Experiência Passada mostrava a realidade das amizades. Ao mesmo tempo, quando comparado com a Sacerdotisa no

Figura 92. Exemplo de uma leitura do Ciclo de Trabalho.

final, ele sugeria que ela não havia aprendido a usar sua sensação de solidão de forma criativa nem a desenvolver sua individualidade. O Oito de Espadas invertido na posição das Expectativas mostrava um desejo de compreender a si mesma e a situação e, assim, livrar-se dela. Também refletia o lado político do problema, pois grande parte do isolamento da mulher provinha do fato de ela ser membro de um grupo minoritário, com experiências não compartilhadas por seus outros amigos. Em certo nível, ela estava sozinha. Porém, em vez de apreciar sua singularidade em meio às pessoas ao seu redor, ela se permitiu esconder suas próprias experiências em uma tentativa de se misturar a elas.

As três cartas do Trabalho eram o Rei de Bastões invertido, a Morte invertida e o Dez de Pentáculos invertido. O fato de todas as cartas até então terem aparecido invertidas e, no entanto, várias delas – como o Oito de Espadas – pedirem uma leitura positiva mostrava a necessidade de mudança. O Rei descrevia uma atitude que ela deveria tomar em relação a si mesma e aos outros; determinada, mas tolerante com a confusão e a fraqueza. A Morte invertida, como inércia, indicava o perigo de não fazer nada. A necessidade de colocá-la com o lado certo para cima tornou-se mais evidente quando a comparamos com o Seis de Espadas acima dela. Essa carta mostra uma trajetória modelada com base na das almas mortas. Para libertar-se do barco do isolamento, da sensação de vida pela metade, ela teria de completar sua trajetória "morrendo", ou seja, abandonando a personalidade que havia se acostumado a relacionamentos superficiais e ao isolamento interno. O Dez de Pentáculos invertido indica que, para fazer isso, ela teria de arriscar a segurança de sua situação naquele momento e levar suas amizades confortáveis, mas limitadas, a níveis mais intensos.

O Ás de Espadas, como carta da Consequência, mostrava tanto a atitude forte quanto a percepção aguçada de que ela precisaria e que encontraria para resolver sua situação. O Resultado dessa Consequência, o Oito de Bastões, indica o sucesso dessa aposta. A carta implica sugestões de amor e amizade. Simboliza uma trajetória – a jornada espiritual de barco – chegando ao fim. De maneira mais direta, significa a repressão do Oito de Espadas transformada em energia positiva.

Então, viramos mais cinco cartas em uma tiragem de três abaixo das cartas do Trabalho, depois uma e mais outra abaixo do Centro. (Não havia nenhuma razão especial para fazer isso em vez de dispor outra linha. Foi simplesmente uma escolha intuitiva – que valeu a pena.) As três cartas apresentaram mais atitudes e abordagens para a situação. Em primeiro lugar, a Roda da Fortuna invertida indicava as mudanças que ela desejava fazer. A posição invertida sugeria dificuldades e reforçava o elemento de risco do Dez de Pentáculos (vale lembrar que a Roda da Fortuna também é o número 10). O Quatro de Pentáculos aparecia abaixo da Morte invertida. Isso sugeria a ideia de energia liberada e de manter a estrutura em sua vida, enquanto ela questionava o padrão de suas amizades. A terceira carta dava prosseguimento a esse significado. Logo abaixo do Dez de Pentáculos invertido, o Dez de Copas insistia que, enquanto a mulher assumia esses riscos, ela deveria manter uma consciência do amor genuíno de seus amigos por ela. Também se referia à ideia de que ela não deveria duvidar da pessoa com a qual vivia, pois dela recebia total apoio, e de que deveria retribuir esse presente com confiança.

A Sacerdotisa indicava que, em certo sentido, ela deveria permanecer sozinha, pois as pessoas ao seu redor continuariam a não compartilhar de sua condição e de suas experiências. No entanto, o silêncio da Sacerdotisa não é o mesmo do Seis de Espadas. Embora silenciosa com os outros, a Sacerdotisa sugere intensa comunicação interna, aceitação e conhecimento do eu, que uma pessoa não é capaz de expressar em termos concretos e racionais aos outros. A carta dirigia-se especialmente à mulher, que era poeta e pouco antes havia escrito um poema usando a metáfora de uma linguagem pessoal para expressar justamente essa ideia de profundo conhecimento disponível apenas para si mesmo.

Abaixo da Sacerdotisa vinha a Imperatriz, o outro aspecto do arquétipo feminino. Como nos Arcanos Maiores, as duas cartas se complementavam, pois a Imperatriz significava um envolvimento apaixonado com a vida e a amizade, não como uma oposição à consciência interior da Sacerdotisa, mas como resultado dela. A partir de uma posição de autoaceitação, a mulher poderia abrir-se para as pessoas ao seu redor.

Com uma leitura tão poderosa, a mulher quis trabalhar mais com as imagens. Por isso, construímos uma mandala para usar na meditação e no estudo (ver Figura 93). Começamos com a Morte como centro, pois a transformação ainda era a chave. Abaixo da Morte, à esquerda, aparecia a Sacerdotisa, significando que a comunicação interior tem de acompanhar o processo para que a Morte produza resultados reais. O Ás de Espadas, à direita, representava a perspicácia. A Imperatriz aparece acima para concretizar o novo modo desejado de se relacionar com o mundo exterior.

Em seguida, colocamos as cartas nos quatro cantos ao redor da estrutura, começando com o Seis de Espadas e o Oito de Bastões na parte inferior, à esquerda e à direita. As cartas mostravam a trajetória e o fim esperado. Para os cantos superiores, usamos do Oito de Espadas e o Rei de Bastões, ambos invertidos – a ação desejada e a atitude necessária para produzi-la. Por fim, como as "pernas" da mandala, dispusemos o Dez de Copas abaixo do Oito de Bastões, e o Dez de Pentáculos invertido abaixo do Seis de Espadas. As imagens ficaram da seguinte maneira:

Se você tiver um baralho de tarô Waite-Smith, arrume as cartas como no diagrama e olhe para elas por um instante. Note que, para a meditação, você pode se concentrar em uma única carta, como a Morte no centro, ou deixar toda a tiragem penetrar em sua mente, talvez passando pelas imagens. Como a mandala contém todos os elementos, com os trunfos no centro, a mulher podia manter o equilíbrio assimilando a imagem em seu íntimo.

Se você estudar uma disposição como essa, novos relacionamentos surgirão entre as cartas. O Oito de Espadas e o Oito de Bastões são parceiros óbvios; o mesmo se pode dizer do Dez de Copas e do Dez de Pentáculos invertido. Contudo, o Oito de Bastões e o Rei de Bastões invertido também apresentarão novos significados quando os considerarmos juntos, tal como ocorre com o Oito de Espadas invertido e o Seis de Espadas. Como reestruturamos a leitura em um padrão geométrico, podemos traçar linhas, triângulos etc. e descobrir constantemente novas ideias e padrões. De certo modo, a mandala cria leituras a partir das mesmas imagens.

Para construir um padrão como esse, escolha as cartas mais importantes da leitura e trabalhe a partir do centro, tentando construir a imagem de maneira orgânica. Coloque as cartas necessárias para o suporte na parte

Figura 93. Exemplo de uma mandala.

inferior e as que simbolizam os objetivos na superior. Não hesite em introduzir cartas não encontradas na leitura original se você sentir muita falta das características que essas cartas representam. Se você achar que falta Temperança, por exemplo, coloque-a abaixo do centro; ou, se a leitura mostrar que precisa de uma força de vontade mais desenvolvida e de disciplina, você poderá colocar o Carro e o Nove de Pentáculos lado a lado na mandala, como o objetivo. Desse modo, você assume o controle da leitura, abrindo-a para incluir o que sua intuição lhe disser que a pessoa precisa.

CAPÍTULO 13

O QUE APRENDEMOS COM AS LEITURAS DE TARÔ

A maioria das pessoas consulta uma leitura de tarô para uma informação específica. As que compreendem um pouco mais as cartas talvez olhem para a leitura como um recurso para encontrar uma direção. E as que seguem uma série de leituras as verão como um método para manter-se em harmonia com padrões variáveis de vida. No entanto, passar muito tempo lendo cartas para si mesmo e os outros é descobrir muitas coisas além da informação pessoal.

Já vimos algumas dessas coisas. Uma delas se refere às reações pessimistas das pessoas às leituras. Outra, mais importante, é o modo como as leituras de tarô requerem – *e, por conseguinte, criam* – um equilíbrio entre o subjetivo e o objetivo, o intuitivo e o racional, a impressão imediata e o conhecimento estabelecido, o lado direito e o esquerdo do cérebro. Não podemos criar esse equilíbrio simplesmente desejando-o. Temos de deixar que ele se desenvolva. As leituras de tarô podem ajudar isso a acontecer.

Entretanto, o tarô nos ensina outras coisas, como a prestar atenção. Quando começamos a aprender como as pessoas agem e como o mundo age sobre elas, adquirimos cada vez mais o hábito de reparar no que os outros fazem e o que nós mesmos fazemos. Suponhamos que uma pessoa adoeça sempre que as férias se aproximam. Isso poderia se arrastar por anos, sem que a pessoa relacionasse e visse todas essas doenças como uma artimanha do subconsciente para evitar algum problema ou temor associado às férias. Uma leitura de tarô pode conscientizar a pessoa a respeito desse problema – e conscientizar o leitor de outro exemplo de manobra do subconsciente. A simples prática da leitura de tarô nos ajudará a observar essas artimanhas do comportamento, tanto em nós mesmos quanto nos outros.

Quando começamos a prestar atenção ao que fazemos e ao que acontece como resultado, notamos todo tipo de coisas, não apenas por meio das leituras, mas também na vida cotidiana; padrões de raiva e confiança, esperança e medo, como nossa reação às situações pode vir de dentro de nós, e não da situação em si. Tornamo-nos mais conscientes do modo como lidamos com o trabalho e os amigos, da tendência a *afastar* a responsabilidade de nós ("Não é justo" ou "Você fez isso comigo") ou transferi-la *para* nós ("É tudo culpa minha"). Notaremos, por exemplo, que dizer "é tudo culpa minha" costuma ser uma artimanha para não ver o que na verdade fizemos. Ao adotarmos essa ideia do "tudo ou nada", evitamos com mais facilidade uma verdadeira avaliação da situação.

Prestar atenção torna apenas um pouco mais difícil ficar deprimido ou manipular outras pessoas. Quando começamos a observar as razões sutis pelas quais as pessoas choram, sentem raiva ou acusam os outros, pelo menos passamos a conhecer um pouco sobre nós mesmos quando *nós* agimos da mesma forma.

As leituras de tarô nos conscientizam quanto à maravilhosa multiplicidade da natureza humana. À medida que as mesmas cartas aparecem em infinitas combinações diferentes, torna-se evidente que as pessoas sempre podem produzir algo novo. Ao mesmo tempo, a novidade sempre aparecerá no topo dos padrões subjacentes. Por meio das leituras, aprendemos, de modo geral, como o passado afeta as pessoas e como suas esperanças e seus temores ajudam a criar o futuro. No entanto, situações específicas do passado e expectativas em relação ao futuro sempre nos surpreenderão.

Mais uma vez, aprendemos a ter o hábito de prestar atenção. Pois, se começarmos a interpretar as cartas automaticamente, com base em livros confiáveis ou em leituras anteriores, perdemos a verdade, e as leituras se tornam superficiais e confusas. É importante manter um registro com as leituras anteriores, mas não para usá-lo simplesmente como exemplo para trabalhos futuros. Em vez disso, esse registro pode nos ajudar a lembrar a multiplicidade e a renovação constante do comportamento humano.

Vale notar que, ao criar o equilíbrio, o tarô não apenas nos ajuda a prestar atenção. Ele também nos força a fazer isso se quisermos que nossas leituras produzam bons resultados. As leituras de tarô agem como uma espécie de programa de exercício psíquico que fortalece os músculos da percepção.

O que as pessoas fazem com a informação que obtêm a partir das leituras de tarô nos dão algumas importantes lições sobre o livre-arbítrio. Muitos consideram a questão do livre-arbítrio como absoluta. Ou fazemos escolhas constantemente, ou agimos de acordo com o destino. Para expressar essa ideia em um contexto mais moderno, agimos dessa forma por uma escolha deliberada no momento ou como resultado de uma vida inteira (ou de muitas vidas) de condicionamento?

No que se refere ao tarô, isso se torna uma questão prática. Se ajo livremente a qualquer momento, então, como as cartas podem prever o que vou fazer? Que significado pode ter a leitura se minha escolha permanece totalmente indefinida até eu fazer alguma coisa? Ou será que algum poder me obriga a agir como as cartas preveem?

Esses problemas se tornam mais fáceis se desistirmos de abordar essa questão de maneira absoluta, como um "tudo ou nada". Nesse caso, podemos dizer que sim, sempre mantemos o livre-arbítrio, mas raramente o usamos. Nosso condicionamento, nossa experiência passada e, acima de tudo, nossa ignorância em relação a todas essas coisas tendem a nos manipular em determinadas direções. A leitura reflete essas influências e mostra seu provável resultado. As cartas não obrigam a situação a ocorrer de determinada maneira. Elas simplesmente refletem o modo como as influências se combinam na vida real. Podemos tomar uma decisão diferente no momento de agir. No entanto, não o fazemos. Reiteradas vezes na vida, com pouco conhecimento consciente, renunciamos à nossa liberdade de escolha. Permitimos que nossa história e nosso condicionamento nos movam. Fazemos isso em parte por ignorância, em parte por preguiça. É muito mais fácil seguir o condicionamento do que agir com base em decisões verdadeiramente conscientes.

Quando "deixei de seguir um bom conselho"; quando disse a mim mesma: "Agora que fiz a leitura, posso ter certeza de que essas coisas ruins não vão acontecer"; quando segui adiante com meu plano original, fazendo com que os problemas previstos surgissem, provei que não usei meu livre-arbítrio. Evitei fazê-lo e, ao mesmo tempo, fingi estar agindo de acordo com ele. Esse tipo de coisa acontece inúmeras vezes, e o ato de fazer leituras de tarô nos mostra com muita clareza como as pessoas negam sua liberdade. Essa relação entre liberdade e condicionamento compõe um dos exemplos mais valiosos de conhecimento que o tarô pode nos dar.

O tarô também nos ensina a importante lição do contexto. Pouco importa quão absoluta uma qualidade possa parecer do ponto de vista abstrato; na realidade, ela nos afeta apenas no contexto de outras influências. As leituras demonstram esse fato de maneira prática, como no caso da mulher tentando lidar com o ciúme de seu namorado. Na verdade, o Sol, carta normalmente considerada positiva, tendia a um mau resultado, pois, ao esperar pelo Sol, ela não enfrentou as necessidades da situação e acabou permitindo que as ideias de outras pessoas ditassem o que queria.

Com o contexto, aprendemos como os elementos da vida se equilibram mutuamente. Em primeiro lugar, vemos como os naipes e as cartas específicas se combinam para formar uma situação unificada, sem que um naipe seja melhor ou pior do que qualquer outro. Com frequência, os astrólogos descobrem que os clientes esperam que certos sinais e elementos predominem em seus mapas e se mostram desapontados ou até envergonhados se aparecem outros.

De maneira semelhante, se uma leitura mostrar muitas cartas de Bastões ou de Copas, algumas pessoas que conhecem um pouco sobre o tarô se sentirão confortadas; se mostrar Espadas, sentirão medo; e, se mostrar Pentáculos, pensarão nisso como algo trivial ou até ofensivo. Algumas apenas aceitarão uma leitura com muitas cartas dos Arcanos Maiores, pois somente os trunfos, com suas sugestões de poder e consciência espiritual, parece importantes para elas.

Entretanto, mesmo os Arcanos Maiores formam apenas um elemento, sem sentido na ausência dos outros. Nós os estudamos isoladamente, em razão de sua sabedoria e da poderosa descrição que fazem da existência.

Porém, na prática, temos de misturar o espiritual ao mundano, o feliz ao triste, o amor à raiva para compreender o mundo.

As cartas ensinam outro equilíbrio, insinuado pela balança da Justiça. Como o passado se relaciona com as possibilidades do futuro? Como combinamos os efeitos de nossa própria decisão com as influências do mundo exterior? Em que pensamos quando dizemos que assumimos a responsabilidade por nossa vida? Significa que criamos ou controlamos tudo o que acontece a nós? Como no caso do livre-arbítrio, muitas pessoas gostam de pensar na responsabilidade de maneira absoluta. Ou o mundo nos modela inteiramente, ou mantemos o total controle sobre nossa vida. As leituras de tarô enfatizam o fato de que a situação de uma pessoa em qualquer momento deriva de uma combinação dessas coisas. Assim como alguém muito baixo não pode esperar tornar-se um jogador de basquete profissional, essa mesma pessoa não deve considerar que toda a sua vida é dominada pela altura.

Teoricamente, quem aceita essa ideia ainda pode se perguntar: o que conta mais: a situação ou a responsabilidade pessoal? Qual das duas realmente controla uma pessoa? No entanto, as leituras de tarô demonstram a falta de sentido desta e de perguntas semelhantes. Em algumas leituras, a posição do Si Mesmo ou das Esperanças e dos Temores terão uma clara predominância. Em outras, a Base ou o Ambiente aparecerão como fatores determinantes. Tudo depende da pessoa e da situação específica.

As leituras de tarô nos ajudam a desenvolver confiança em nossas próprias percepções. Em parte, isso provém do conhecimento adquirido e, em parte, da necessidade de fazer escolhas e permanecer fiel a elas. Quais significados de uma carta se aplicam a determinado caso? Uma carta da corte se aplica ao consulente, a outra pessoa ou a um princípio abstrato, como o Rei de Espadas significando lei e autoridade, ou a Rainha de Copas representando a criatividade? Quanto mais lemos, mais nos descobrimos começando a sentir as respostas a essas e outras perguntas semelhantes. Como resultado, ganhamos mais confiança em nossa compreensão e em nossa intuição.

Qual o período coberto por uma leitura? Com a Cruz Celta ou os Ciclos de Trabalho, a resposta pode variar de poucos dias a anos, não apenas para a frente, mas também retrospectivamente. Às vezes, para um adulto, a leitura pode chegar à infância. Apesar de normalmente mostrar um panorama da vida inteira, às vezes a Árvore da Vida também pode exibir um período mais curto se a pessoa estiver atravessando uma fase de intensa mudança.

Os diferentes períodos cobertos, especialmente nas tiragens curtas, dependem de dois fatores. Em primeiro lugar, a situação da pessoa e a pergunta feita. Algumas coisas, como questões práticas ou legais e certas situações emocionais, podem produzir uma resposta que se torna aparente em poucos dias. Com outras – resolução de conflitos emocionais, relacionamentos profundos, desenvolvimento espiritual ou artístico –, pode levar um bom tempo até a leitura se cumprir. Isso não significa que as leituras não "se tornarão realidade" por anos. Não estamos falando de previsões, mas de padrões continuados, que se desdobram lentamente à medida que o tempo passa.

Em segundo lugar, os diferentes níveis que uma pessoa pode alcançar quando embaralha as cartas. Às vezes, ela pode evocar situações superficiais, que duram pouco tempo. Em outras ocasiões, a pessoa pode embaralhar as cartas e, de alguma forma, chegar ao centro da experiência. Mesmo quando isso acontece, a leitura pode mostrar o passado profundo ou refletir o potencial da pessoa para um desenvolvimento futuro.

Talvez o nível alcançado não dependa absolutamente da atitude da pessoa embaralhando as cartas. Em geral, essa abordagem faz diferença. Quem vê a leitura como uma brincadeira ou um jogo provavelmente produzirá uma leitura superficial. Já quem pensa a fundo em uma questão, embaralha cuidadosamente as cartas e tenta sentir o exato momento de parar e cortar o baralho tenderá a produzir uma leitura com algum significado. No entanto, às vezes, mesmo uma abordagem cautelosa como essa não irá além dos acontecimentos superficiais do futuro imediato, enquanto em outras ocasiões quem embaralha as cartas da maneira mais casual se verá repentinamente confrontado com a poderosa imagem de uma vida inteira. Para o leitor, esses momentos carregam uma intensa emoção.

Mesmo a pergunta em si pode não ser importante. As pessoas podem perguntar como vai seu trabalho e receber uma resposta sobre seu novo amor, sobretudo se esse assunto ocupar mais sua mente do que o outro sobre o qual perguntaram. Ou, como no caso da mulher que descobriu sua sexualidade bloqueada por conflitos com seu pai, a leitura pode responder à pergunta revelando um material inesperado, oriundo de outra área.

Como sabemos, então, o que a leitura nos diz? Algumas coisas se tornam óbvias a partir das imagens das cartas. Se fizermos uma pergunta sobre trabalho e aparecerem o Enamorado e o Dois de Copas, provavelmente a leitura se referirá não ao trabalho, mas ao amor. No entanto, como leitor iniciante, você não pode esperar descobrir todas as sutilezas. Somente a experiência o ajudará a encontrar o caminho para o centro do labirinto. Continuando com as leituras, você descobrirá que é capaz de sentir essas coisas. E a percepção mais aguçada também se aplicará a outras áreas de sua vida.

Às vezes, nossa experiência ou a acuidade de nossa intuição não faz diferença, pois certamente cometeremos erros. Podemos considerar o Enamorado simbolicamente, quando a carta prevê um caso de amor com uma pessoa que o consulente ainda não conheceu. Na verdade, dessa falta de habilidade para saber exatamente o que as cartas querem dizer podemos tirar uma lição muito importante. Tomamos consciência da Ignorância. Coloquei esse termo com inicial maiúscula em virtude de sua característica essencial. Enquanto a maior parte do conhecimento que construímos na vida é realmente bastante superficial e externa, a Ignorância reside na base de nossa existência. Em primeiro lugar, ignoramos a verdadeira natureza das coisas. O que sabemos do mundo é limitado por nossos órgãos dos sentidos. Para que enxerguemos as palavras nesta página, a luz tem de refletir nelas e ser captada por nossos olhos. Então, o nervo óptico leva os impulsos ao cérebro, que os converte em outros impulsos, organizando-os em padrões significativos, que nossa consciência entende como linguagem. Porém, não podemos saber diretamente, no sentido de nos unirmos com algo do lado de fora. Podemos apenas converter o universo em impulsos, padrões e símbolos.

De maneira semelhante, como existimos fisicamente, temos de elaborar nossa vida nos limites do tempo. Isso significa que, entre outras coisas, não podemos colocar todo o nosso potencial em prática porque precisamos sempre escolher fazer uma coisa e não outra nos poucos anos de que dispomos. Uma pessoa com habilidade para se tornar tanto um dançarino quanto um homem de negócios terá de optar por uma das duas atividades. E, seja qual for sua escolha, terá de trabalhar por anos até conseguir atingir seu objetivo. O tempo também significa que muitas vezes não podemos saber quais serão as consequências de nossas ações, simplesmente porque elas podem ocorrer apenas muitos anos depois, no futuro. Às vezes, as consequências de nossas ações não se mostram a nós, mas a outras pessoas. Algo que fazemos em determinado lugar pode afetar pessoas muito tempo depois de termos saído de lá ou até morrido. Em poucas palavras, o tempo significa que as coisas devem acontecer antes que possamos tomar conhecimento delas.

A meditação com o Oito de Espadas como Portal aumenta nossa consciência a respeito da Ignorância. As leituras de tarô – e os erros que cometemos quando tentamos interpretá-las – podem demonstrar a Ignorância de maneira mais direta. De fato, uma leitura de tarô vai além do tempo, trazendo à tona o verdadeiro padrão que inclui passado e futuro. O padrão aleatório das cardas nos levam a evitar as limitações da consciência. No entanto, a consciência limitada tem de interpretar a leitura. Por conseguinte, experimentamos, ao mesmo tempo, o verdadeiro estado do universo, no qual todas as coisas coexistem, e nosso próprio conhecimento dele, extremamente limitado e dependente do tempo. Vivenciamos tanto a verdade quanto a ignorância.

O outro lado da Ignorância é a Certeza, o estado de conhecer a realidade, e não as impressões e os símbolos que nossa consciência limitada forma a respeito dela. Muitas pessoas consideram o êxtase ou a unidade com a luz divina como o objetivo supremo do místico ou do ocultista. No entanto, como demonstram os Arcanos Maiores do tarô, o raio do êxtase forma apenas um passo ao longo do caminho. O verdadeiro objetivo é a Certeza, o estado de saber, quando antes conseguíamos apenas intuir.

Qual a causa real de uma ação individual? Quais serão suas consequências, não apenas para a pessoa que agiu, mas também para as outras, tanto as conhecidas quanto as desconhecidas? As poucas pessoas que alcançaram a Certeza podem ver as causas e as consequências na própria ação. O restante de nós pode apenas intuir a respeito destas e de milhares de outras coisas. Permanecemos Ignorantes.

Porém, mesmo que não consigamos adivinhar a verdadeira interpretação de uma leitura de tarô, a própria leitura vai além desse estado de

Ignorância, limitado pelo tempo. Se o leitor não trouxer a Certeza consigo, a leitura a trará. E se trabalharmos o suficiente com as cartas, comparando nossas interpretações com eventos subsequentes, envolvendo-nos cada vez mais com as figuras, desenvolvendo nossa intuição, então, às vezes, conseguiremos ter experiências de Certeza, de conhecer o verdadeiro sentido de algo. Enquanto carregam seu próprio valor, essas experiências nos servem sobretudo ao nos dar um senso de direção. Elas nos ajudam a perceber o que queremos alcançar.

Por fim, a prática da leitura de tarô nos ensina algo mais. Como as cartas não são neutras em sua atitude em relação à vida, como personificam certas abordagens e crenças e renunciam a outras, elas nos mudam. Com o tempo – sempre com o tempo –, começamos a ver o equilíbrio das coisas, a harmonia estável na constante mudança e no fluxo da vida. Conscientizamo-nos da Estranheza, sempre esperando além de nossa experiência comum; aprendemos a reconhecer as dádivas que recebemos da existência e nossa própria responsabilidade para entendê-las e usá-las. Mais do que tudo, começamos a compreender a verdade que o tarô sempre encoraja em nós: que o universo, o universo inteiro, vive. E o que podemos saber sobre nós mesmos, podemos saber sobre todas as coisas.

BIBLIOGRAFIA

Butler, Bill. *The Definitive Tarot*. Londres: Rider and Company, 1975.

Case, Paul Foster. *The Tarot, A Key to the Wisdom of the Ages*. Richmond, VA: Macoy Publishing Company, 1947.

Crowley, Aleister. *The Book of Thoth*. Nova York: Samuel Weiser, 1944.

D'Agostino, Joseph. *The Royal Path to Wisdom*. Nova York: Samuel Weiser, 1976.

Douglas, Alfred. *The Tarot*. Londres: Penguin, 1972.

Eliade, Mircea. *Shamanism*. Princeton, NJ: Princeton University Press, 1964.

Gray, Eden. *The Tarot Revealed*. Nova York: Bantam, 1969.

Haich, Elizabeth. *Wisdom of the Tarot*. Nova York: 1975.

Kaplan, Stuart. *The Encyclopedia of Tarot*. US Games Systems, Inc., 1978.

Malory, Thomas. *Work*. Org. Eugene Vinaver; Londres: Oxford University Press, 1989.

Scholem, Gershon. *Major Trends in Jewish Mysticism*. Nova York: Shocken, 1941.

_____. *On the Kabbalah and its Symbolism*. Nova York: Shocken, 1965.

Waite, Arthur Edward. *The Pictorial Key to the Tarot*. Nova York: University Books, [1910], 1959. Todas as citações de Waite foram extraídas desse livro.

Wang, Robert. *An Introduction to the Golden Dawn Tarot*. Wellingborough: Aquarian Press, 1978.

Williams, Charles. *The Greater Trumps*. Londres: Victor Gollancz, 1932.

Impresso por :

gráfica e editora
Tel.:11 2769-9056